广视角 · 全方位 · 多品种

权威 · 前沿 · 原创

皮书系列为

“十二五”国家重点图书出版规划项目

济源经济社会发展报告（2014）

ANNUAL REPORT ON ECONOMY AND SOCIETY DEVELOPMENT OF JIYUAN (2014)

主　编 / 喻新安
副主编 / 谷建全

图书在版编目(CIP)数据

济源经济社会发展报告. 2014/喻新安主编. —北京：社会科学文献出版社，2014.4
（济源蓝皮书）
ISBN 978-7-5097-5817-5

Ⅰ.①济… Ⅱ.①喻… Ⅲ.①区域经济发展-研究报告-济源市-2014 ②社会发展-研究研报-济源市-2014 Ⅳ.①F127.613

中国版本图书馆 CIP 数据核字（2014）第 055485 号

济源蓝皮书
济源经济社会发展报告（2014）

主　　编／喻新安
副 主 编／谷建全

出 版 人／谢寿光
出 版 者／社会科学文献出版社
地　　址／北京市西城区北三环中路甲 29 号院 3 号楼华龙大厦
邮政编码／100029

责任部门／皮书出版分社（010）59367127
电子信箱／pishubu@ssap.cn
项目统筹／任文武
责任编辑／高　启　王　颉
责任校对／任延行
责任印制／岳　阳
经　　销／社会科学文献出版社市场营销中心（010）59367081　59367089
读者服务／读者服务中心（010）59367028

印　　装／北京画中画印刷有限公司
开　　本／787mm×1092mm　1/16
印　　张／19
版　　次／2014 年 4 月第 1 版
字　　数／305 千字
印　　次／2014 年 4 月第 1 次印刷
书　　号／ISBN 978-7-5097-5817-5
定　　价／69.00 元

济源蓝皮书编委会

主要编撰者简介

喻新安 男，河南省洛阳人，经济学博士，河南省社会科学院院长、首席研究员，区域经济重点学科首席专家，享受国务院政府特殊津贴专家、河南省优秀专家，中国区域经济学会副理事长，中国工业经济学会副理事长，国家统计局“中国百名经济学家信心调查”特邀经济学家，央行货币政策委员会咨询专家，《中州学刊》主编。长期从事区域经济、产业经济、经济体制变迁等研究。主持国家社科基金课题、省部级课题30余项。出版《策论中原崛起》《中原崛起的实践与探索》《全面建设小康社会目标体系》《中原经济区研究》等著作30多部，在《求是》《新华文摘》《中国工业经济》《改革》《人民日报》《光明日报》等发表论文400多篇。

谷建全 河南唐河县人，经济学博士，河南省社会科学院副院长、首席研究员，博士生导师。全国及河南省宣传文化系统“四个一批”优秀人才，享受国务院政府特殊津贴专家、河南省优秀专家、河南省跨世纪学术技术带头人，河南省自主创新十大杰出青年、郑州市自主创新领军人才。2000年以来，主持国家、省级重大科研课题30余项；出版理论著作6部，发表理论文章、研究报告150余篇；获得省部级以上科研成果奖励15项，主持编制区域发展、产业园区、产业发展、可持续发展试验区、循环经济等各类规划100余项。多项应用对策研究成果获省领导批示。主要研究方向：产业经济、科技经济、区域经济。

摘　要

本书由济源市与河南省社会科学院联合主持编撰，以“全面深化改革，建设四个济源”为主题，深入系统地分析了济源市2013～2014年经济社会发展的走势，全方位、多角度研究和探讨了济源深化改革、先行先试的举措和成效，并对加快富强济源、文明济源、平安济源、美丽济源建设提出了对策建议。

本书的主报告由河南省社会科学院课题组撰写，代表了本书对2013～2014年济源市经济社会发展分析与展望的基本观点。报告认为，2013年，济源市深入贯彻落实党的十八大精神，紧紧围绕主题主线，坚持“总定位”，围绕“总目标”，把握“总要求”，努力稳增长、调结构、促改革、惠民生，经济社会发展稳中有升、稳中有进、稳中向好。全市生产总值完成460亿元，增长12%，高于全省3个百分点，居全省第2位；结构指标、质量效益指标、民生指标、环境生态指标等总体更趋协调，经济社会发展后劲持续增强，济源市在区域发展中的战略地位明显提升。2014年，预计全市生产总值增长11%，经济继续保持平稳较快发展，社会仍将保持和谐稳定，文化事业和文化产业将会得到长足的进步，生态环境将会得到持续的改善，有望继续保持好的趋势、好的态势、好的气势。

本书主报告部分，立足于对当前济源经济社会的重点领域重点行业发展的态势分析以及对2014年的展望，并给出发展思路和对策。改革试点篇、经济社会篇、文化政治篇、生态文明篇则是分门类、分行业分析济源经济、社会、文化、生态等领域的改革发展探索，探讨如何破发展瓶颈、解发展难题，创发展优势。

在全面深化改革的背景下，针对“四个济源”建设中的若干问题，本书还邀请了省内有关领域的专家学者，从济源经济、社会、文化、生态等各个领域分析了济源深化改革的重点和难点，并从不同角度提出了加快“四个济源”建设的对策建议。

前　言

济源因济水发源地而得名，是愚公移山精神的发祥地。1988 年撤县建市，1997 年成为河南省最年轻的省辖市，2003 年被列入“中原城市群”，2005 年被列为河南省城乡一体化试点城市。

多年来，济源人民秉承着愚公移山精神，务实重干、求实求效，先行先试、改革创新，经济社会各项事业繁荣发展。特别是近年来，济源紧紧围绕“创新创业之城、精致大气之城、美丽宜居之城、山水文化名城”的总定位和“加快建设中原经济区‘三化’协调‘四化’同步科学发展先行区、率先全面建成小康社会”的总目标，坚持走“城乡一体化”的总路径，按照“改革创新、力求先行”的总基调和“发展求特色、建设出精品、创新当尖兵”的总要求，全市经济社会发展持续呈现出好的趋势、好的态势、好的气势。2013 年生产总值完成 460 亿元，增长 12%，高于全省 3 个百分点，居全省第 2 位；规模以上工业增加值完成 295 亿元，增长 15.9%；财政总收入完成 56.4 亿元，增长 19.5%；公共财政预算收入完成 34.6 亿元，增长 19.9%；固定资产投资完成 346 亿元，增长 23%；社会消费品零售总额完成 106.3 亿元，增长 13.1%；城镇居民人均可支配收入 23194 元，农民人均纯收入 11958 元，分别增长 9.2%、12.3%。同时也要清醒看到，济源经济社会发展还存在着一些突出的矛盾和问题：经济转型升级任务繁重，城市转型提质任重道远，一些关系群众切身利益的问题亟待解决，从严治政需要不断加强。

2014 年是全面深化改革的开局之年，是率先实现全面小康社会的关键之年。综合分析研判 2014 年的发展环境，仍要客观清醒地把握有利条件和不利因素。一方面党的十八届三中全会对今后一个时期全面深化改革作出了总体部署，将释放新的改革动力和发展活力；加快推进新型城镇化，将释放出巨大的投资需求和消费潜力；国际国内产业转移仍在持续，为济源调整产业结构、实现转型升级带来了良好机遇；河南省委省政府深入实施三大国家战略规划，有利于争取更多、更大的政策支持；济源市委、市政府确定的事关长远发展的重大战略部署扎实推进，为全市加快发展奠定了坚实基础。另一方面国家加快调整经济结构，淘汰过剩产能，短期内给济源传统产业带来巨大压力；土地资源、资金供给和环境保护政策有新的重大调整，要素保障日益趋紧，持续保持经济较高速度增长难度增大；随着省直管体制范围扩大，济源既面对与17个省辖市的同台竞技，又面临10个省直管县的倒逼压力，形势逼人，不容松懈。对此，济源务必立足市情，审时度势，抢抓机遇，趋利避害，突出改革创新、扩大开放，坚持以城乡一体化为统揽，着力扩大需求稳增长，着力优化结构促转型，着力改革创新增后劲，着力创造优势强支撑，着力改善民生促和谐，调中求进、变中取胜、转中促好、改中激活，切实开创经济社会转型发展新局面。

改革开放以来特别是近年来，济源市在打造“四个济源”（富强济源、文明济源、平安济源、美丽济源）和推进“两项建设”（社会主义民主政治制度建设、加强和提高党的执政能力制度建设）中取得了巨大成就，尤其在城乡一体化、产业转型升级、农村产业制度改革、新型城镇化建设等方面的做法更具有样本作用和示范意义。为了更好地总结经验，服务决策，河南省社科院在济源市委、市政府的大力支持下，从今年开始创研编撰“济源蓝皮书”。

本书秉承专业精神，发挥社科优势，依靠专家团队，围绕新形势下“四个济源”建设面临的新情况新问题，以客观翔实的统计资料为依据，突出科学性、实证性和前瞻性，探索规律，预判未来，服务决策，为济源率先全面建成小康社会提供理论和智力支持。

《济源经济社会发展报告（2014）》是济源第一本蓝皮书。由于我们对济源市情和发展状况的了解不深，加之团队研究水平和能力所限，本书难免有差错和不足之处，敬请读者批评指正。

作　者

2014年3月

目录

𝔹Ⅰ 主报告

𝔹Ⅱ 改革试点篇

𝔹Ⅲ 经济社会篇

BⅣ 文化政治篇

BⅤ 生态文明篇

皮书数据库阅读使用指南

主 报 告

General Report

B.1 2013~2014年济源市经济社会发展分析与展望

河南省社会科学院课题组*

摘 要：

2013年，济源市经济社会发展稳中有升、稳中有进、稳中向好，呈现出平稳较快发展的良好态势。全市生产总值完成460亿元，增长12%，高于全省3个百分点，居全省第2位；结构指标、质量效益指标、民生指标、环境生态指标等总体更趋协调，经济社会发展后劲持续增强，济源市在区域发展中的战略地位明显提升。2014年，全市将持续推进富强济源、文明济源、平安济源、美丽济源建设，预计全市生产总值增长11%，经济继续保持平稳较快发展，社会仍将保持和谐稳定，文化事业和文化产业将会得到长足的进步，生态环境将会得到持续的改善。

* 课题组负责人：喻新安、谷建全；课题组成员：完世伟、王玲杰、唐晓旺、杨兰桥、刘晓萍。

关键词：

济源市　经济社会发展　分析与展望

2013年以来，面对极为错综复杂的形势，济源深入贯彻落实党的十八大和十八届二中全会精神，紧紧围绕“一个中心、两个率先”的发展目标，坚持“发展求特色、建设出精品、创新当尖兵”的总要求，狠抓“三个一”（开放招商“一举求多效”、新型城镇化“一发动全身”、优化发展环境“一优带百通”）工作重点，经济社会发展稳中有升、稳中有进、稳中向好。2014年是全面贯彻落实党的十八届三中全会精神、全面深化改革的重要一年，也是济源加快转型发展、实现“一个中心、两个率先”目标的关键之年。未来经济社会发展既面临复杂多变的外部环境，也面临自身发展中的突出矛盾和问题，必须准确判断重要战略机遇期内涵及条件的变化，坚定信心，持续探索，科学谋划，真抓实干，努力保持全市经济社会平稳较快发展。

一　2013年济源经济社会运行分析

2013年以来，济源市发展面临着进入增速换挡期、结构调整期、改革攻坚期所带来的诸多困难与挑战，在外部环境偏紧、自身结构性矛盾凸显的情况下，把握大势、坚定信心，主动转型、深化改革，推动济源经济社会发展取得了显著成绩。

（一）总体态势

2013年，面对错综复杂的形势和日益严峻的挑战，济源市深入贯彻落实党的十八大和十八届二中全会精神，紧紧围绕主题主线，坚持“总定位”，围绕“总目标”，把握“总要求”，努力稳增长、调结构、促改革、惠民生，经济社会发展稳中有升、稳中有进、稳中向好。2013年，全市生产总值完成460亿元，增长12%，高于全省3个百分点，居全省第2位；结构指标、质量效益指标、民生指标、环境生态指标等总体更趋协调，经济社会发展后劲持续增

强，济源市在区域发展中的战略地位明显提升，继续保持了好的趋势、好的态势、好的气势。

（二）主要特征

1. 区域经济在“调中求进”中平稳增长

2013年，济源市以调结构、稳增长作为首要任务，坚持调中求进，加快解决制约发展的结构性矛盾，努力增强发展的科学性。围绕经济结构优化，以调整产业产品结构为重点，着力构建现代产业体系。

（1）新型工业化快速推进。济源市从优化存量和扩充增量两个方面加快工业转型发展，在工业经济规模不断壮大的同时，工业结构也明显优化。大力培育特色主导产业集群。济源市钢产品深加工、电子信息、装备制造、有色循环等产业集群快速壮大，集聚企业103家，占全市经济总量的40%以上。发挥龙头骨干企业带动作用。规模以上企业达到243家，主营业务收入超亿元企业140家、超百亿元企业4家，豫光连续6年进入中国企业500强，济源钢铁、万洋、金利进入中国民营企业500强，5家企业成为省百强、百高企业，6家企业列入省百家成长企业，18家企业列入省千家培育企业。积极引进培育战略性新兴产业和高成长性产业。2013年高技术产业增长78.3%，高于全市62.4个百分点，高成长性产业占全市工业的20.8%。

（2）农业现代化迈出坚实步伐。农业转型升级载体建设取得突破。国家现代农业示范区建设加快推进，创新融资平台，争取国开行支持贷款5800万元；建成王屋蔬菜制种、下冶烟草、轵城奶牛养殖等精品园区10个，完成投资1.5亿元。现代农业规模壮大。8个农业产业化集群实现销售收入189亿元，双汇生猪和阳光兔业被认定为省级产业集群；与中国农科院合作成立绿茵蔬菜种子院士工作站；隆平高科、植物蛋白、养生嘉源等项目进展顺利，农业龙头企业达到49家；农机化综合作业水平达90%；新型农民专业合作社达695家，沁水农业开发公司、玉泉蔬菜专业合作社、个体经营大户等新型农业经营主体在推进农业产业化经营、带动农民增收致富中发挥了积极作用。

（3）现代服务业加快发展。现代商贸业迅速发展。红星美凯龙家居广场正式签约，信尧城市广场、宏宇国际酒店、新八方家电城等投入运营，印象新城、中原国际商贸城三期、东方国际、美国豪生和德泰酒店等项目加快推进；编制完成中心城区商业网点规划，完成槐仙、商业城、南街等城区夜市整治提升。文化旅游业加快发展。组建市旅游集团，设立王屋山、五龙口旅游管委会，加快文化旅游项目建设，2013 年完成投资 2.7 亿元，累计接待游客 695 万人次，增长 20.6%；实现旅游综合收入 30.9 亿元，增长 25.3%。房地产业健康发展。2013 年济源市房地产业完成投资 31.9 亿元，增长 17.5%；商品房销售面积 91 万余平方米，增长 10.6%。保险业加快发展，实现保费收入 8.6 亿元，增长 17.7%，中国人寿、人保财险实现省直管。金融运行总体平稳，金融机构存贷款余额分别达 274 亿元、210 亿元，分别增长 20.1% 和 12.4%。

2. 转型升级在“变中取胜”中持续推进

（1）强化新型城镇化引领促转型。济源市突出全域城乡一体化发展特色，多措并举推动新型城镇化提速发展，2013 年城镇化率预计达到 55%，比上年提高 1.6 个百分点。充分发挥规划先行、规划引领作用。济源市城乡总体规划获批，实施中心城区、产业集聚区、小城镇、城市重点部位等规划修编 50 余项，济东新区、三湖片区、小浪底北岸新区控制性规划通过评审，规划体系不断完善。重点区域开发建设整体推进。全市九大片区开发全面展开，实施片区项目 65 个，完成投资 38 亿元，城市建成区面积扩大到 37.6 平方公里，城区常住人口增加到 32 万人。实施小城镇建设项目 83 个，完成投资 17.3 亿元，小城镇吸纳农村人口转移集聚能力进一步增强，克井、承留、思礼、轵城 4 镇入围全省百强乡（镇）。新农村建设加快推进。编制完成新型农村社区规划方案 13 个，新开工项目 5 个，完成投资 6 亿元，新入住群众 4000 人，丹桂园、盘溪苑、三湖嘉园等新型农村社区加快推进。城乡建设管理水平持续提升。加强城乡网格化、精细化管理，国家级城市管理服务综合标准化试点获批。智慧济源加快推进，成为首批国家信息消费试点市。自行车租赁系统、智能公交系统、出租车电召系统上线运行，城市管理智能化水平全面提升。国家低碳城市和低碳交通运输试点启动。持续开展“五城联创”、环境卫生秩序集中整治，国家森林城市创建成功，全国文明城市通过省级测评。

（2）强化创新驱动促转型。企业创新能力不断提升。全市共有国家高新技术企业 10 家，省级创新型（试点）企业 5 家，认定优秀创新型企业 1 家，

认定省节能减排科技创新示范企业2家。创新成果不断涌现。全市专利申请量达358件，授权量238件。产学研合作加快推进。2013年共争取省级以上科技计划项目15项，争取上级资金支持753万元。46个项目通过企业研究开发项目鉴定。创新研发平台建设成效显著。引导神龙钻具等4家单位建设省级工程技术研究中心，元丰科技等10家单位建立了市级企业研发中心，财源种业等5家单位建设了市级重点实验室。先后与郑州大学、河南省中国科学院科技成果转移转化中心合作签约，在济源设立了成果转移转化分中心。邀请中科院院士严陆光到济源矿用电器公司考察，并签订建立院士工作站合作协议。

3. 民生保障在"转中促好"中显著改善

（1）社会事业全面发展。民生投入持续增加。2013年财政民生支出41.8亿元，增长19.7%，占财政支出的72.7%，使省定"十大民生工程"和市定"十大幸福工程"较好完成。就业创业工作全面推进。新增城镇就业2.2万人，城镇登记失业率控制在3%以内，被评为全省全民技能振兴先进市。支持创业带动就业，发放小额担保贷款2.3亿元，各类市场主体注册资本达305亿元，增长14%，居全省前列。社会保障水平持续提高。强化社保扩面征缴，新增各类社会保险参保7.9万人次，累计征缴11亿元，增长47.5%，城镇退休职工养老金、失业保险金、城乡低保等待遇提高。将遗留失地居民纳入城乡居民养老保险，敬老补贴扩面至80岁以上老人。新农合参合率稳定在98.5%以上，率先在全省开展城镇职工医保省内异地就医即时结算试点。组建职业教育集团，职教园区入住学生8000余人，济源职业技术学院荣获全国高校毕业生就业50强；黄河科技学院应用技术学院首届招生，实现本科教育零突破；高考本科上线率达71.85%；新建改造幼儿园22所。率先在全省推行"先诊疗、后结算"服务模式，5家市直医院与省内外名医院合作组建了"医联体"。率先在全省实现计生奖励扶助城乡全覆盖，人口出生率稳定在13‰以内。残疾人综合服务中心、公共卫生服务中心主体建成，老年公寓、妇女儿童医院具备开工条件。

（2）平安济源加快建设。大力加强治安防控体系建设，群众安全感指数位居全省前列。广泛开展食品药品安全专项整治，主要农产品、肉类产品检测平均合格率均达99%以上。深入开展安全保障型城市建设，积极推进安全生产标准化和监督监察，安全生产控制指标创历年最好水平。

（3）文化济源扎实推进。社会公共文化服务水平不断提升，广播电视村村通、农村文化中心、农村数字电影等文化惠民工程深入实施。建成文化中心示范村 30 个、社区文化中心 10 个，荣获“中国卢仝文化之乡”。着力打造特色文化精品栏目，《王屋山的女人》荣获中国戏剧梅花奖。

（4）美丽济源成效显著。深入开展美丽济源环保治理专项行动，加强大气、水和农村环境整治，城市集中式饮用水源地水质达标率为 100%，城市环境空气质量得到较大程度的改善，削减化学需氧量 580 吨、氨氮 76 吨、二氧化硫 5300 吨、氮氧化物 6500 吨，完成了总量减排任务。

4. 发展动力在“改中激活”中不断增强

济源市坚持把深化改革、扩大开放作为推动科学发展的根本举措，着力增强经济社会发展的动力活力。

（1）促改革、破瓶颈，发展活力充分激发。济源市不断加快重点领域和关键环节改革，用改革的精神、改革的思路和改革的办法来破解发展难题，推动各项工作。积极争创全国中小城市综合改革试点、省新型城镇化综合改革试点、中原经济区农村金融改革试验区。深化行政审批制度改革，清理减少审批事项 36 项，率先在全省推行模拟审批新机制。积极推动财税体制改革，首次将社会保险基金、国有资本经营纳入政府预算体系，将政府性基金预算与公共财政预算合体并用，率先在全省实行镇级国库集中支付全覆盖。深入推进农村产权制度改革，完成 30 个村的农村产权确权登记和 2 个村集体经济股份合作制试点。理顺产业集聚区管理、财税、投融资等运行体制，把 32 个行政村划入产业集聚区管理。加快推进土地、公交、供热、公立医院、国有企业、事业单位等重点领域改革，进一步释放改革“红利”。

（2）大开放、大招商，发展动力加速蓄积。扩大开放成效显著。2013 年进出口总额为 29.4 亿美元，比上年增长 24%，其中出口总额 14.4 亿美元，增长 83.5%；进口总额 15.0 亿美元，下降 5.5%。项目建设加快推进。全年签订招商引资项目合同 208 个，合同总投资 750.1 亿元；实施千万元以上项目 262 个、亿元以上项目 121 个；开工建设外来投资项目 225 个，到位资金 201.4 亿元，增长 25.9%；实际利用外商直接投资 2.3 亿美元，增长 13.1%。

（三）基本经验

1. 坚持远近结合，着力创优势

济源市把解决当前突出矛盾和夯实长远发展基础统一起来，长短结合、远近结合、内外结合，新活力不断激发，新能量不断累积，发展优势日益凸显。坚持把握战略机遇、谋划长远发展。抢抓党的十八届三中全会全面深化改革、三大国家战略深入实施的重大战略机遇，着眼于在全省、全国发展大格局中去审视济源发展，确立了建设中原经济区新兴的区域性中心城市的总定位和率先全面建成小康社会、率先建成中原经济区“三化协调，四化同步”发展先行区的总目标，确立了持续求进、力求先行的总基调和发展求特色、建设出精品、创新当尖兵的总要求。着力巩固传统优势、构筑新的优势。树立特色品牌优势，叫响了产业转型升级、城乡一体、城市创建、职业教育、民生建设、改革创新等发展特色品牌。构筑战略优势，积极争取全国中小城市综合改革试点市、全省新型城镇化综合改革试点市和全省全域范围规划建设城乡一体化示范市，抢抓机遇、主动作为，力争在新一轮竞争发展中赢得优势、赢得未来。

2. 坚持突出重点，着力谋全局

济源市立足发展大局，突出抓好三项综合性重点工作，带动全局持续发展。

（1）开放改革“一举求多效”。把招商引资作为关系全局的一项重点工作，实行四大班子成员抱团招商和产业招商业主负责制，成立7个招商组强力推进，先后在北京、厦门、深圳等地举办专项推介会10余次，积极参加第八届中博会、港澳经贸交流等重大招商活动，富士康精密机械自动化、北京新纪元电动汽车、西安交大科技园等一批重大项目开工建设，招商引资成效显著，在全省排名第2位。坚持深化改革、探索先行先试，借鉴学习全国先进地区的经验做法，在农村产权制度和金融创新、行政审批、健康服务、文化旅游、社会治理创新等方面做出了有益探索。

（2）科学推进新型城镇化“一发动全身”。抢抓国家加快推进新型城镇化的重大机遇，积极探索符合济源实际的新型城镇化道路。围绕“创新创业之城、精致大气之城、美丽宜居之城、山水文化名城”的城市定位，注重兴产业、集人气，加快农业人口向城镇的转移集聚。注重完善功能、提升承载能力，推动城市不断提质扩容、做大扮靓。加强生态建设、构筑美丽宜居环境，打造了城市水系，促进了城乡生态环境的持续改善。注重智慧发展、提升文化内涵，加快文化发展集聚，启动智慧城市建设，城市品位显著提升。

（3）优化环境“一优带百通”。积极营造务实、诚信、高效的发展环境，深入开展城市创建活动、全民读书月活动，深入推进法治济源、平安济源建设和社会治理创新，“愚公移山、敢为人先”的城市精神深入人心，人民生活水平和城乡环境面貌不断提升，市民素质和城市文明程度显著提高。

3. 坚持标本兼治，着力强基础

济源市始终着力夯实发展基础，基础设施、发展载体、干部队伍等支撑能力不断增强。着力完善科学发展载体。产业集聚区竞相发展，紧紧围绕建设“五百亿元和千亿元级产业集聚区”目标，统筹推进产业集聚区开发建设，虎岭产业集聚区入选全省“十强”，玉川集聚区被评为省循环经济标准化示范区，高新技术开发区荣获全国煤矿用防爆电器知名品牌创建示范区。小浪底北岸生态旅游集聚区、王屋旅游产业集聚区正在加紧申报和推进，为济源现代服务业发展和产业结构优化升级奠定基础。着力强化基础支撑。济源市不断加大城市水、暖、气、电信管网和引黄调蓄工程的建设，着力打造以快速铁路网、高速公路网、坚强电网、信息网、水网和生态系统“五网一系统”对外沟通网络体系的建设。狠抓干部队伍建设。坚持把作风建设作为突破口，全面推行“四化一考”学习制度，坚持开办“月末大讲堂”，连续7年开展“一创双优”集中教育活动，深化干部作风评议，干部队伍的整体素质有效提升，全面增强了领导和推动改革发展的能力。

4. 坚持提质增效，着力促升级

济源市坚持把提质增效升级作为重要目标任务，努力增强发展的科学性，提高发展的质量和效益。始终坚持把产业转型升级作为加快转变经济发展方式的主攻方向，在传统产业做优做长方面，不断推动钢铁、有色等传统产业产品结构加快从产业链的前端、价值链的低端向终端和高端延伸转移，推动矿用电器、装备制造、煤化焦化、节能环保企业与央企和行业龙头企业进行战略合作，进一步加快“退二进三”进程，不断形成集群优势；在新兴产业招大引

强方面，引进了富士康、伊利、北京新纪元、力诺、中国煤科等一批重大战略新兴产业项目，形成新的增长点；在加快服务业发展上，实施“旅游带动、商贸提升、物流突破、金融创新”四大工程，现代物流、商贸服务、金融保险、健康养生、休闲娱乐等现代服务业加快发展，转型的速度和转型的效果已经初步显现。

5. 坚持全面发展，着力惠民生

济源市坚持把保障和改善民生作为各项工作的根本出发点和落脚点，把稳增长与改善民生、实现比较充分的就业结合起来，与提高劳动生产率、增强经济活力、优化经济结构统一起来，与提高经济发展质量和效益协调起来。持续实施“十大幸福工程”，不断改善就业、就学、就医、住房、交通出行条件，实现了全民免费就业培训，职业教育在全省处于领先水平，率先在全省实现“先诊疗、后付费”的医疗模式，各项保障水平在全省位居前列。全面启动“美丽济源”环保治理3个“百日攻坚”行动，全力打造天蓝、地绿、水净的美丽济源，城乡生态环境得到极大改善，为人民群众提供宜居舒适的生活环境。

6. 坚持综合施策，着力保态势

2013 年，面对极为错综复杂的外部环境，济源全市上下众志成城、主动作为，坚持不走错路、少走弯路，着力提升发展思路、完善政策措施。在经济下行压力不断增大的情况下，对结构指标、质量效益指标、民生指标、环境生态指标等进行综合分析，创新工作思路，完善工作机制和方法，集中精力抓重点破难点，全力以赴稳增长促发展。通过坚持按季度召开经济运行会，强化经济运行的服务和指导；搭建产销、银企、用工对接平台，强化要素保障供给。随着一系列措施实施，保持了增长较快、效益较好、运行较稳的良好态势，促进了经济持续健康发展、社会和谐稳定。

二　济源经济社会发展阶段与区域比较分析

近年来，济源市各项事业发展取得了显著的成效，无论是工业化的发展，还是城乡一体化的推进进程和小康社会的实现程度，均具有较高的发展

水平和实现程度，在与周边地区以及河南省其他省辖市的比较中，均处于较高的位次。

（一）济源经济社会发展阶段判断

1. 工业化进程分析

关于工业化进程的判断，通常采用人均 GDP、产业结构、就业结构和城镇化率等相关指标。从人均 GDP 指标来看，2013 年济源市人均 GDP 达到 10390. 4 美元①，按照美国经济学家钱纳里工业化阶段判定标准，人均 GDP 处于 7120 ~ 13400 美元期间时，工业化进入后期阶段，依此判断目前济源市正处于工业化发展的后期阶段。从产业结构指标来看，目前济源市三次产业结构为 4. 7∶74. 8∶20. 5，第一产业比重低于 10%，第二产业比重大于第三产业比重，依据美国经济学家西蒙·库兹涅茨的研究，目前济源市正处于工业化发展的后期阶段。从就业结构指标来看，当第一产业劳动力就业比重介于 30% ~45% 区间时，处于工业化中期阶段，按照这一标准，济源市处于工业化中期阶段。从城镇化指标来看，当城镇率处于 50% ~60% 区间时，工业化处于中期阶段，目前济源城镇化率为 55%，正处于工业化中期阶段。综合以上工业化进程的判断指标，目前济源市工业化水平正处于工业化中期向后期演变阶段，正处在工业化加速推进阶段。

2. 城乡发展一体化进程分析

济源市自 2005 年被列为河南省城乡一体化试点市以来，坚持以科学发展观为指导，以城乡一体化为主战略，统筹推进城乡规划布局一体化、基础设施一体化、产业发展一体化、公共服务一体化、生态环境一体化、要素保障一体化等 6 个一体化工作，城乡发展一体化水平显著提高，城乡发展一体化实现程度居于全省前列。目前，从济源市城乡发展的一体化实现程度来看，在城乡规划布局一体化方面，初步构筑形成了“11334”的城乡发展一体化的新格局，基本实现了城乡的统一规划、统一布局；在城乡基础设施一体化方面，全力推进城乡基础设施建设，使城乡基础建设水平显著提高，支撑保障作用显著增

---

① 按照 2013 年人民币对美元平均汇率 6. 1932 进行换算，后同。

强；在城乡产业发展一体化方面，基本形成了中心城区核心功能区、虎岭转型发展功能区、玉川循环经济功能区、西霞湖生态经济功能区、王屋山生态旅游功能区、东部特色高效农业功能区的"1+5"产业新格局，初步实现了城乡间产业布局和产业发展的一体化；在城乡公共服务一体化方面，积极推进教育公平、全民健康、文体普及、社会保障等基本公共服务均等化，使城乡公共服务发展水平显著提升；在城乡生态环境一体化方面，按照"显山、露水、见林"的生态发展理念，着力沿山、沿河、沿路生态廊道建设，积极打造"四水绕城、多湖点缀"的生态景观系统，使城乡生态环境显著改善；在要素保障一体化方面，积极推进户籍管理制度、土地管理制度、金融制度等的改革创新，着力打破城乡发展一体化的体制机制障碍，使城乡要素保障能力明显提升。

3. 小康社会建设进程分析

根据国家统计局2008年发布的小康社会统计监测指标体系，对济源市全面建成小康社会进程进行分析。分析结果显示，济源市全面建成小康社会实现程度水平较高。以经济发展指标为例，2012年济源市在经济发展指标上，实现全面建成小康程度达到85.4%，高于全省3.4个百分点。其中，从反映经济发展水平各项指标上来看，在人均GDP指标和城镇登记失业率指标两项指标上，济源市实现程度均达到全面小康社会标准；在城镇人口比重指标上，济源市实现程度达到89.0%，高于全省18.3个百分点；在研发（R&D）经费支出占GDP比重指标上，济源市实现程度达到68.0%，高于全省24个百分点；在第三产业增加值占GDP比重指标上，济源市实现程度相对较低，仅为39.6%，低于全省22.4个百分点。未来一个时期，是我国全面建成小康社会的关键时期，济源市要在现有发展基础上，在推进经济持续快速发展的同时，要着力加强和谐社会建设，着力提高人民生活水平，着力推进民主法制建设，着力改善生态环境，着力发展文化教育事业，为进入更高水平的小康社会奠定坚实基础，提供重要保障。

4. 综合判断

综合以上分析判断，未来一个时期，是济源市工业化加速推进期、城乡发展一体化的深度推进期、率先全面建成小康社会的关键期，也是经济社会发展的转型跨越发展期。2013 年，济源市 GDP 达到 460.1 亿元，人均 GDP 达到 64349.7 元，折算成美元达到 10390.4 美元。按照世界银行的衡量标准，人均 GDP 超过 1 万美元，是公认的从发展中状态进入发达状态的标准线，济源市人均 GDP 突破 1 万美元意味着济源市将进入“中等发达阶段的水平”。同时，近年来，随着城乡发展一体战略的实施以及经济结构战略性调整，济源市的铅锌、化工、钢铁等传统产业改造提升效果明显，电子信息、装备制造、有色循环等优势产业不断发展壮大，现代农业、现代服务业发展成效突出，发展动力强劲，发展潜力巨大。此外，长期以来济源市发展所积累的发展基础和发展优势，以及国家全面深化改革的总体部署、中部地区崛起战略的深入推进、河南省三大国家战略规划的深入实施、济源市城乡一体化示范区和新型城镇化综合改革试点等带来的政策叠加效应，济源市必将迎来新一轮的发展机遇期。

（二）济源经济社会发展比较分析

1. 纵向比较

2011 年以来，在一系列稳增长、调结构、促转型、惠民生等政策措施的推动下，济源市各项事业发展取得显著成效，经济运行回升向好，结构调整成效明显，城镇化水平显著提升，社会事业全面进步，人民生活持续提高。

（1）经济运行回升向好。近年来，随着稳增长、调结构、促转型等政策的相继实施，济源市经济运行回升向好，经济增速稳中趋升，经济效益稳中向好。2013 年，济源市 GDP 达到 460 亿元，增长 12%，比 2012 年提高了 0.4 个百分；实现公共财政预算收入 34.6 亿元，增长 19.9 个百分点，比 2012 年提高了 6.8 个百分点；实现出口总额 14.4 亿美元，增长 83.5%，比 2012 年提高了 9.6 个百分点；实现全部工业增加值和规模以上增加值分别为 324.6 亿元和 295.0 亿元，分别增长 13.8% 和 15.7%，比 2012 年分别提高了 0.9 个百分点和 0.5 个百分点。

（2）结构调整成效明显。产业结构调整成效突出，2013 年济源市三次产业结构比例为 4.7∶74.8∶20.5，与 2011 年相比，第二产业下降了 1.9 个百分点，第三产业上升了 1.7 个百分点。工业结构明显优化，2013 年济源市实现规模以上工业增加值 324.6 亿元，占全部工业增加值的 90.9%，比 2011 年提

高了0.2个百分点；实现高新技术产业增加值22.4亿元，占全部工业增加值的6.9%，比2011年提高了5.0个百分点。现代农业规模壮大，2013年实现粮食产量22.2万吨，比2011提高了0.7万吨；有效灌溉面积22970公顷，比2011年增加了2917公顷；农业机械总动力110.5万千瓦，比2011年提高了2.6万千瓦。现代服务业快速壮大，2013年实现服务业增加值94.5亿元，占GDP比重达到20.5%，比2011年提高了1.7个百分点；实现旅游综合收入30.9亿元，比2011年增加了11.1亿元。

（3）城镇化水平显著提升。近年来，随着城乡发展一体化和新型城镇化的快速推进，济源市城镇化发展取得显著成效，中心城区规模不断壮大，小城镇建设快速推进，新型农村社区建设亮点纷呈，城乡基础设施建设持续加强，城市管理水平进一步提高，城镇化发展水平显著提升。2013年，济源市城镇化水平达到54.8%，比2011年提高了3.4个百分点，年均增加1.7个百分点。

（4）社会事业全面进步。民生投资显著增加，2013年济源市民生领域投资累积达到41.8亿元，比2012年增长19.7%，占财政支出比重达到72.7%，比2012年提高了2.7个百分点。就业工作不断加强，2013年济源市城镇就业人口24.2万人，比2011年增加了1.7万人；城镇登记失业率为2.8%，比2011年下降了0.7个百分点；新增农村劳动力转移就业12180人，比2011年增加了1243人。社会保障水平持续提高，2013年参加城镇基本养老保险人数145278人，比2011年增加27708人；参加基本医疗保险人数117985人，比2011年增加18401人。教育、医疗、文化等社会事业全面发展，社会大局保持稳定。

（5）人民生活持续提高。伴随着经济社会的快速发展，济源市城乡居民收入大幅增加，物质生活条件显著改善，居民生活水平持续提高。居民收入水平显著增加，2013年济源市农村居民人均纯收入和城镇居民人均可支配收入分别达到11958元和23185元，分别比2011年提高了2617元和4364元。消费水平不断提高，2013年济源市农村居民人均生活消费支出和城镇居民人均消费支出分别为7890元和17405元，分别比2011年提高了2429元和4941元。恩格尔系数显著下降，2013年济源市农村居民家庭恩格尔系数和城镇居民家庭恩格尔系数分别为30.8%和23.6%，分别比2011年下降了4.5个百分点和6.0个百分点。

2. 横向比较

济源市无论是周边区域和城市相比，还是全省18个省辖市相比，经济社会发展水平相对较高，在区域发展中居于前列。

（1）与周边城市相比，发展水平相对较高。与周边的洛阳市、焦作市、晋城市、长治市、运城市等5个城市相比，济源市发展水平相对较高。从经济发展水平上来看，2012年济源市人均GDP达到62358元，在6市中居于第1位，分别高于洛阳市、焦作市、晋城市、长治市和运城市的17042元、18329元、22835元、18656元和41730元，分别为洛阳市、焦作市、晋城市、长治市和运城市的1.4倍、1.4倍、1.6倍、1.4倍和3.0倍。从城镇化发展水平上来看，2012年济源市城镇化率为53.4%，略低于晋城市1.1个百分点，位居第2位，分别高于洛阳、焦作、长治和运城5.5个、2.7个、8.1个和12.0个百分点。从城乡人民生活水平上来看，2012年济源市城镇居民人均可支配收入为21240元，略低于洛阳市、长治市、晋城市3个城市，居第4位，分别高于焦作市和运城市的1104元和1579元；但在农村居民人均纯收入指标上，2012年济源市农村居民人均纯收入为10648元，在6个市中居第1位，分别高于洛阳市、焦作市、晋城市、长治市和运城市2871元、535元、2611元、2528元和4267元。从生态环境质量上来看，2012年济源市、焦作市、晋城市、长治市4个市森林覆盖率分别为42.4%、25.7%、39.2%和30.9%，在4个市中济源市居于第1位，分别比焦作市、晋城市、长治市高16.7个、3.2个和11.5个百分点（见表1）。

表1　2012年济源市与周边5个市主要经济指标状况

城市	人均GDP（元）	城镇化水平（%）	城镇居民人均可支配收入（元）	农村居民人均纯收入（元）	森林覆盖率（%）
济源	62358	53.4	21240	10648	42.4
洛阳	45316	47.9	22636	7777	—
焦作	44029	50.7	20136	10113	25.7
晋城	39523	54.5	22539	8037	39.2
长治	43702	45.3	22545	8120	30.9
运城	20628	41.4	19661	6381	—

（2）与全省发展相比，居全省前列。在全省18个省辖市中，济源市发展水平相对较高，主要发展指标居于全省前列。从经济发展指标上来看，2012年济源市人均达到62358元，居全省第1位，为全省平均水平的2.0倍。从城镇化发展水平上来看，2012年济源市城镇化率达到53.4%，仅低于郑州市，居全省第2位，比全省平均水平高出11.0个百分点。从人民生活水平指标上来看，2012年济源市城镇居民人均可支配收入达到21240元，仅次于郑州市和洛阳市，居全省第3位，比全省平均水平高出797元；农村居民人均纯收入达到10648元，仅次于郑州市，居全省第2位，比全省平均水平高出3123元。从生态环境指标上来看，2012年济源市森林覆盖率达到42.4%，比全省高出19.4个百分点。从社会事业发展上来看，率先在全省免除中等职业学校学生学费；率先在全省完成乡（镇）卫生院改造和村村有标准化卫生所；率先在全省实现了最低生活保障、医疗保险和社会养老保险的城乡全覆盖和城乡居民医疗保险一体化。从城乡公共服务均等化上来看，率先在全省出台城乡居民就业服务均等化政策，实施无差别的城乡就业创业服务。从基础设施建设上来看，率先在全省实现镇镇通高速、村村通公交、组组通硬化路，率先在全省实现自然村村村通广播电视等。

三　2014年济源经济社会发展走势展望

2014年是全面深化改革的开局之年，是济源率先实现全面小康社会的关键之年，也是济源完成"十二五"规划的攻坚之年。在客观分析发展环境和准确把握发展形势的基础上，全市将持续推进富强济源、文明济源、平安济源、美丽济源建设，预计全市经济、社会、文化、生态仍将保持平稳较快发展态势。

（一）2014年济源经济社会发展面临的新形势新要求

1. 国际环境的新变化

2013年以来，发达国家经济呈现逐步复苏势头。在制造业复兴、房地产复苏和页岩气革命等因素推动下，美国经济持续增长，失业率下降。欧元区各

国推进财政一体化进程，欧洲央行降息并坚持直接货币交易计划，欧元区经济终止衰退，逐步转向温和复苏。英国经济更因政策刺激、外需拉动和资本流入等因素影响，复苏势头强劲。日本实施扩张性的货币政策和财政政策，导致日元大幅贬值，股票市场飙升，产生了一定的刺激效应，推动日本经济超预期复苏。与此同时，美联储 QE 退出预期引发新兴市场动荡。东南亚、东欧和南美等地资本大规模外流，货币贬值，增长迟滞。新兴市场的经济疲软和金融动荡，冲淡了发达国家走向同步复苏的喜气，全球产出增长率仅为 2.4%，低于上一年的 2.6%。展望 2014 年，随着复苏萌芽更广泛地在世界各地舒展，全球经济有望延续缓慢复苏态势，同时也存在大国货币政策、贸易投资格局和大宗商品价格的不确定性。

2. 国家全面深化改革和推进新型城镇化的新要求

党的十八大提出了全面深化改革的目标，就是要构建系统完备、科学规范、运行有效的制度体系。十八届三中全会则对这一目标进行了更加具体的阐释，并就实现这一目标的时间节点进行了明确的说明，即到 2020 年，在重要领域和关键环节改革上取得决定性成果，形成系统完备、科学规范、运行有效的制度体系，使各方面的制度更加成熟更加定型。这是中央对未来一段时期我国政治、经济、文化、社会、生态 5 个方面改革发展的总体部署，也是对全党、全军、全国各族人民提出的总体要求。此外，中央城镇化工作会议明确推进城镇化的指导思想、主要目标、基本原则、重点任务，并就农业转移人口市民化、城镇建设用地利用、城镇化布局和形态、多元可持续的资金保障、城镇建设和管理水平等任务进行了具体部署。这一部署，为全国城镇化指明了方向，也为各地新型城镇化提出了原则要求。

3. 打造“四个河南”、推进“两项建设”建设的新部署

根据党的十八大提出的“五位一体”总体布局和全面提高党的建设科学化水平的新要求，省委提出了打造“四个河南”（富强河南、文明河南、平安河南、美丽河南）和“两项建设”（推进社会主义民主政治制度建设，加强和提高党的执政能力制度建设），全面深化改革开放，推动经济社会各方面工作再上新台阶。2014 年的省政府工作报告，更是把“四个河南”和“两项建设”作为 2014 年全省经济社会发展的总布局，进行明确的贯彻和部署。这一

部署，为全省各地深化改革提出了要求，也为各地区经济社会发展指明了方向。作为全省经济社会发展基础相对较好的地区之一，济源具备了加快发展、跨越发展的基本条件，必须在“四个河南”和“两项建设”的建设中走在前列，这对济源来说是一个压力，也是一个动力。

4. 济源担负国家和省级试点示范的新使命

近年来，济源市坚持科学发展不动摇，经济社会全面快速发展，许多工作走在了全省乃至全国的前列。济源市是全省首批被农业部认定为国家现代农业示范区，全国 15 个“国家智慧城市试点示范”城市之一，首批 68 个国家信息消费试点示范市之一；与北京、上海等 27 个城市一并列入第二批“国家低碳城市试点”，荣获“全国可再生能源示范市”“国家水土保持生态文明市”等称号。需要提出的是，济源自 2005 年被河南省政府确定为城乡一体化试点市，持续推动城乡一体化进程，目前城乡一体化实现率达到 83%。在 2013 年的省委经济工作会议上，省委、省政府提出“济源要在全域范围规划建设城乡一体化示范区”，这对济源市的城乡一体化建设提出了更高要求。目前，济源市正在积极争取全国中小城市综合改革试点市和全省新型城镇化综合改革试点城市，围绕这个新定位，济源市在全面深化改革、科学推进新型城镇化方面先行先试、率先突破，承担为全省、全国提供示范的新使命。

（二）2014 年济源经济社会发展面临的新机遇新挑战

1. 全国改革创新年带来新机遇

2014 年是全面深化改革的第一年，党的十八届三中全会描绘的改革蓝图，将逐步变为政府决策和实际行动。未来一段时间，我国将在激活金融市场、规范集体用地入市、完善社会保障体系、改革财税制度方面出台一系列具体措施。这些举措的逐步落实，将会为济源市深化经济社会改革提供良好的政策环境。在此背景下，济源市能够在更深入的层次上推动农村土地产权制度和行政管理制度改革，在更广泛的层面上推动户籍和社会保障制度改革，充分利用改革的红利，为推动经济社会发展提供最强大的动力。

2. 新型城镇化试点带来新机遇

新型城镇化是党的十八届三中全会全面深化改革的重要内容，中央城镇化工作会议对新型城镇化的方向、原则、任务做出了部署，为各地城镇化发展指明了方向。在此基础上，河南制定了科学推进新型城镇化的指导意见，其中提到“推进鹤壁、济源、巩义、义马、舞钢、偃师、新郑城乡一体化试点”。在2014年的政府工作报告中也提到，“积极推进鹤壁、济源等城乡一体化试点，建设全省城乡一体化发展先行区”，对济源等市推进城乡一体化示范区建设提出了新要求。新的一年，济源要抢抓这一机遇，积极申报全国中小城市综合改革试点和全省新型城镇化综合改革试点，谋划新一轮发展的远景蓝图。此外，省委、省政府调整了复合型城市新区建设意见，要求济源在全域范围规划建设城乡一体化示范区，济源市已站上新的发展平台。

3. 区域协作带来新机遇

2013年9月，习近平在哈萨克斯坦访问期间，提出了共同建设“丝绸之路经济带”的构想，为与欧亚各国加强经济联系，开展相互合作，提供了新的平台。河南地处亚欧大陆桥东段，与中亚、欧洲有着长期的合作基础，打造丝绸之路经济带，将会加深中原与中亚、欧洲的经贸联系与合作，为河南走向世界提供了新平台。对济源来说，丝绸之路经济带是扩大区域合作，加强对外交流的重要平台。借助于丝绸之路经济带，济源可以加强与西北五省乃至西亚各国的合作，也为济源融入全球价值链，融入全球市场带来了新机遇。此外，省委、省政府深入实施三大国家战略规划，济源市正在谋划推动一批重大基础设施项目，这为济源市加强与周边地市的融合发展，提供了有利条件。

4. 国内外产业梯次转移仍在持续带来的新机遇

当前，国际国内产业分工深刻调整，发达国家和东部沿海发达地区产业加速向中西部地区转移。在此背景下，国务院出台了《关于中西部地区承接产业转移的指导意见》，明确了中西部承接产业转移的重点任务、重点产业和支持政策，为中西部地区加快承接产业转移带来了新机遇。济源地处我国中西部，与沿海先进地区相比，资源优势明显，生活成本较低，人力成本也相对较低，具有明显的优势。同时，与河南其他地区相比，济源工业基础较好，科技水平较高，产业配套完备，具有承接产业转移的良好基础。随着国家促进产业向中西部转移的政策的逐步实施，济源的优势将更加凸现，承接加工制造型企业转移面临的机遇前所未有。

5. 清醒认识经济社会发展存在的问题和挑战

（1）转型升级压力加大。在经济结构、城乡结构、发展方式、环境保护、节能减排、民生改善、稳定和谐等方面，都还存在诸多问题，特别是骨干企业生产经营下行压力加大，面临的困难还在加深。

（2）区域竞争日趋激烈。省委、省政府出台了新的目标考核体系，既调整了指标体系，又调整了指标权重，济源和郑州、洛阳、焦作、三门峡5个市分为一类考核单位。未来济源将与郑州、洛阳、焦作等发达地区站到一个平台展开竞争，面临的压力不小。而且，随着10个县（市）省直管体制的实施，济源特殊的体制优势正在弱化。

（3）社会、文化、生态建设领域面临诸多问题。当前济源正处于社会矛盾凸显期，社会管理领域存在的问题还不少，改善民生的压力较大。同时，济源文化建设相对滞后，文化事业、文化产业发展还存在一些体制性障碍；在生态领域，济源市资源环境约束趋紧，美丽济源建设仍需加强。这些问题和压力亟待以改革创新的精神去破题。

（三）2014 年济源经济社会发展走势的总体展望

1. 区域经济将在富强济源建设中稳步增长

当前，支撑济源经济发展的积极因素依然较多。党的十八届三中全会对今后一个时期全面深化改革做出了总体部署，将释放新的改革动力和发展活力；加快推进新型城镇化，将释放出巨大的投资需求和消费潜力，成为新的经济增长点；国际国内产业转移速度加快、质量提升，为济源调整产业结构、实现转型发展带来了良好机遇；省委、省政府深入实施三大国家战略规划，为加快区域跨越式发展奠定了基础、提供了可能。与此同时，还要客观清醒地把握经济发展的不利影响。国家加快调整优化结构，淘汰过剩产能，短期内给济源的传统产业带来巨大压力；土地资源、资金供给和环境保护政策有新的重大调整，要素保障日益紧张，持续保持经济较高速度增长难度增大；随着省直管体制范围扩大，济源既面对与17个省辖市的同台竞技，又面临10个省直管县的倒逼压力，形势逼人，不容松懈。对此，济源务必审时度势，科学把握宏观形势，既不骄傲自满，又不妄自菲薄，立足市情，趋利避害，抢抓机遇，防范风险，

努力促进全市经济社会又好又快发展。综合预计，2014 年济源生产总值增长在 11% 左右，规模以上工业增加值增长在 15% 左右，公共财政预算收入增长在 11% 左右，固定资产投资增长在 22% 以上，社会消费品零售总额增长在 13% 左右，城镇居民人均可支配收入和农民人均纯收入增长在 11% 左右，居民消费价格涨幅控制在 3.5% 以内，节能减排完成省定目标任务。

2. 社会大局将在平安济源建设中和谐稳定

（1）当前，济源正处于社会转型期、利益调整期和矛盾凸显期，社会管理领域存在着一些突出的问题。一是贫富差距拉大。由于收入分配制度改革滞后，居民的贫富差距逐步拉大，社会矛盾日益积累，诱发群体性事件的因素不断增多。二是社会信仰缺失。在市场经济的冲击下，马克思主义、共产主义作为一种信仰体系，遭到巨大冲击，而物质主义、实用主义、无政府主义则大为盛行，社会日益陷入信仰紊乱状态，成为影响社会稳定的潜在因素。三是外部势力的渗透。由于意识形态的差异，境外敌对势力利用互联网、非法出版物等，对济源的文化、意识形态和价值观的渗透，构成了影响济源社会稳定的重要因素。

（2）与此同时，维护社会稳定的因素也日益增加。一是党的十八届三中全会提出了全面深化改革的决定，对深化收入分配制度、社会保障制度进行了部署，为解决贫富差距问题提供了保障。二是近年来济源不断地加强和创新社会管理，维护社会秩序、促进社会和谐、保障人民安居乐业，为经济发展营造良好的社会环境。三是积极推动平安济源建设，集中解决一批影响较大的治安问题，社会秩序总体稳定。

综合预计，2014 年，随着平安济源建设的持续推进，济源社会大局仍将保持和谐稳定。

3. 文化发展将在文明济源建设中繁荣进步

（1）2014 年济源市文化发展面临着复杂的形势，仍存在一些突出的问题。一是文化投入相对不足，导致文化发展相对滞后，公共文化服务体系建设不够完善，产品不够丰富、服务层次不高、队伍建设相对滞后等诸多问题。二是区域文化竞争不断加剧，周边地区文化竞相发展，济源市文化发展面临着激烈的竞争。三是外来文化影响持续深入，对人们的思想观念和价值观念产生了重大

影响，对文化市场管理尤其是对网络和移动多媒体的管理形成了较大压力。

（2）与此同时，济源市文化发展还存在诸多有利因素。一是通过大力弘扬愚公移山精神，济源市重塑城市文化品牌，城市形象和城市面貌将会焕然一新。二是通过实施“十二五”文化发展规划，济源市上马了一批重大文化建设项目，为文化事业和文化产业发展提供了重要支撑。三是文化济源建设持续推进，有力地推动了济源市公共文化服务体系的完善，为未来济源市文化繁荣提供了重要基础。

综合预计，2014年，随着文明济源建设的持续推进，济源市文化事业和文化产业将会得到长足的进步。

4. 生态环境将在美丽济源建设中持续改善

长期以来，济源市资源型工业相对突出，电力、铅锌、钢铁、水泥、玻璃等重工业比重大，资源能源消耗多，环境保护面临较大压力。同时，随着城市的发展和人口的集聚，机动车尾气、城市施工和道路扬尘、秸秆焚烧等污染日益突出，对环境形成了新的挑战。面对这一挑战，济源市大力实施三大环保工程，打造环境秀美、生态宜居的美丽济源。一是实施“蓝天工程”。落实国家大气污染防治十条措施，加强电力、铅锌、钢铁等重点行业治理，积极推进重点行业脱硫脱硝除尘改造、机动车尾气治理、城市施工和道路扬尘防治、秸秆焚烧整治，加强大气重污染应急处置，有效遏制雾霾污染。二是实施“碧水工程”。加快实施水系生态保护规划，完善配套政策，强化饮用水源地保护，强化企业污染排放监管，严防超标废水排入河流。三是实施“城乡清洁工程”。突出清洁生产、清洁家园、清洁田园，深入实施国家低碳城市和全国低碳交通运输体系试点，突出抓好高耗能企业强制性清洁生产审核，促进企业按循环经济和废物综合利用模式改造提升。通过这些措施的实施，2014年济源市环境保护将会取得新的进展，生态环境将会得到持续改善。

四 促进济源经济社会平稳较快发展的对策建议

2014年是全面深化改革的开局之年，是率先实现全面小康社会的关键之年，也是济源完成“十二五”规划的攻坚之年。面对依然错综复杂的国内外形势，必须把改革创新、扩大开放贯穿于经济社会发展各个环节，坚持以城乡一体化为统揽，着力扩大需求稳增长，着力优化结构促转型，着力改革创新增后劲，着力创造优势强支撑，着力改善民生促和谐，切实提高经济发展质量和效益，促进济源经济社会发展稳中求进、稳中提质。

（一）加快工业结构转型升级，推动新型工业化进程

在资源和环境的严峻约束条件下，传统的工业化已经接近尾声，立足济源工业发展的实际情况，进一步优化产业内部的产品结构和技术结构，加大创新力度，提高产品与服务的附加值，加快工业发展向绿色化、高端化、集群化、创新化方向转型应是济源推动新型工业化的现实选择。

1. 推动工业发展向绿色化转型

向绿色化转型的关键在于改造提升传统产业。针对有色金属、钢铁、化工、能源、建材等传统产业，全面提升工业技术，积极淘汰落后产能，尽快实现产品从设计到生产的全程清洁生产。重点推动铅锌绿色低成本发展，推进水泥行业整合重组，建设优特钢产业基地，加快实施金马焦炉煤气制氢、豫光精铅扩改、巨力钢丝绳、丰源石油轻烃二期、低热值煤发电、沁北电厂四期等项目。

2. 推动工业发展向高端化转型

向高端化转型的重点在于加快发展高成长性制造业、积极培育战略新型产业，提升济源工业发展层次。把握全省实施1000个基地型、龙头型项目建设机遇，充分发挥济源比较优势，加快推进电子信息、机械加工、装备制造、矿用电器、食品加工等高成长性产业向价值链高端攀升，从增强创新能力上引导高端企业合作和空间集聚，以增强产业链配套能力、增加产品附加值为重点。积极对接全省460个产业创新发展重大项目，强力推进新能源、新材料、节能环保、生物医药等战略新兴产业发展，加强内引外联，加大政策扶持，鼓励传统优势企业进军新兴产业。

3. 推动工业发展向集群化转型

向集群化转型的核心在于产业集聚区的提质发展、企业主体的协同配套。紧紧围绕省管产业集聚区的考核晋级标准，全面加快虎岭、玉川、高新三大集

聚区发展，加强基础设施建设，完善科研、金融、信息等服务平台，提升主导产业集群化水平，在电子信息、有色冶炼深加工、钢铁深加工、矿用电器、新能源、新材料等方面实现重点突破；加大“区中园”扶持力度，重点实施富士康配套产业园、有色金属深加工产业园、钢产品深加工产业园、中国煤科矿用机电产业园、生物医药产业园等项目。同时，积极培育龙形产业集群，打破“只堆不链”的集聚模式，打造大、中、小企业配套协同的发展格局。提升龙头企业的自主创新能力，大力推动豫光金铅、济源钢铁、万洋、金利等骨干企业产业优化升级，支持品牌企业拓展国内外市场份额，打造河南工业的“济源名片”。发展中小微企业，壮大龙身产业配套能力，重点结合省中、小企业“百千万”成长工程，确定100家成长性好、带动力强、发展潜力大的“倍增计划”企业，重点围绕信息、融资、管理、技术创新、市场开拓等提供服务，在土地、税收、人才等方面加大扶持。

4. 推动工业发展向创新化转型

实现发展动力由要素驱动向创新驱动转变。一是要突出企业创新主体地位，依托国家可持续发展实验区助推创新发展，加快创建国家高新技术企业、省级创新型企业以及市级以上企业研发中心、重点实验室，鼓励企业对照行业顶尖水平开展对标。二是要进一步强化科技开放合作，深化与中科院、西安交大、郑州大学等科研院校的技术合作，加快关键技术研发和科技成果的产业化、规模化应用，加快推进西安交大科技园建设，完成国家煤矿用防爆电器质检中心建设。

（二）坚持做精做优农业，提升现代农业发展水平

以国家现代农业示范区建设为载体，巩固提高农业综合生产能力、抗御风险能力、市场竞争力及可持续发展能力，提升农业发展效益，打造农业特色品牌。

1. 打牢强劲的现代农业发展基础

坚持用先进物质条件装备农业，巩固提升机械化示范园区，加快国家现代农业示范区建设。强化农业基础设施建设，加快推进河口村水库、小浪底北岸灌区等重大水利设施建设，启动王屋山供水复线工程，增强抗御自然灾害能

力。大力推进农业科技创新、技术推广应用，深入落实中科院、中国农科院合作框架协议，加快农业科技成果转化。搭建农业信息化平台，完善支农贷款新机制，提高农业发展支持保障能力。

2. 建立完善的现代农业产业体系

积极推进农业生产的产品空间集聚和产业升级整合，加快农业精品园区建设，强化农业产业化集群培育。积极推进种植业结构重点向果蔬花卉业调整，大农业结构重点向畜牧业调整，农村经济结构重点向农产品加工业调整，加快规划建设一批具有综合功能的农业精品园区和特色园区，重点推进玉泉现代都市农业示范区、轵城循环农业示范区、克井现代农业综合示范区和渠马线休闲观光农业产业带、阳下路特色农业产业带、梨林高产高效示范带“三区三带”建设，创新发展新型都市农业业态。继续抓好农业产业化集群培育，围绕双汇生猪、阳光兔业、伊利奶牛、柳江蛋鸡、薄皮核桃、冬凌草等八大特色农业产业化集群，拉长产业链条、扩张生产规模、打造绿色高端产品，进一步提高农业生产经营能力和辐射带动能力。大力发展农业产业化龙头企业，加快推进隆平高科种子研发、中船重工再生能源利用、多尔克司奶牛饲养等项目建设。扎实开展农产品品牌创建活动，重点打造济源冬凌草、寺郎腰大葱、卫佛安西瓜、黄河鲤鱼等特色品牌，提高农产品整体竞争力。

3. 构建高效的现代农业经营体制

坚持走规模化、集约化、组织化、产业化道路，提高劳动生产率、资源利用率及土地产出效率。积极培育新型农业经营主体，制订市级示范型家庭农场标准，加强农业专业合作社建设，培育市级示范性农民专业合作社和家庭农场。加快土地资源向家庭农场、专业大户、农民合作社、产业化龙头企业流转，促进农业适度规模经营。

（三）提速发展现代服务业，培育新的经济增长点

顺应制造业与服务业有机融合、互动发展的产业趋势，抓住全省积极打造高成长服务业大省的重大战略机遇，加快发展现代服务业。

1. 改造提升传统服务业

立足济源传统商贸业，加快大中型零售商业体建设，积极引进名家名店、

高端品牌及国际连锁品牌，打造城市高端商贸业态。顺应线上消费迅速兴起的发展趋势，大力引入现代管理理念和新型商业模式，支持电商服务平台建设，鼓励大型商贸企业建设网上商城和中小微企业开设网店。

2. 大力发展高成长性服务业

结合服务业现有基础，重点围绕文化旅游、现代物流、金融保险等高成长性服务业，做大济源服务业总量。依托济源在文化旅游业的传统优势，制订全市旅游业发展规划，积极申报省文化产业示范园区，统筹推进重点景区综合开发和整治提升。积极培育愚公文化产业园、济水文化产业园、沿黄红色文化产业园，借助王屋山国际旅游节、小浪底国际观瀑节等营销活动，进一步挖掘山水文化资源，大力发展文化展示、影视传媒、实景演艺、休闲娱乐等产业。大力发展现代物流业，完善物流空间规划布局，加快整合中小物流企业，推动工业企业主辅分离。大力支持生产性物流、城市配送中心、电子商务配送发展，积极培育物流龙头企业。创新发展金融服务业，完善金融体系，吸引金融机构设立分支机构，鼓励金融机构积极开展融资租赁、证券、创业投资等综合类金融服务，支持中小企业通过股权转让、发行债券、信托等实现直接融资。

3. 积极培育新兴服务业

深化企业主辅分离，支持分离发展科技研发、工业设计服务，引导企业将生产环节中有利于服务业发展的专业服务进行剥离，鼓励企业将研发中心、技术中心、重大产业技术平台等分离组建专业化、具有独立法人资格的研发服务实体，提升公共服务能力；大力支持分离发展专业化配套服务，鼓励发展售后服务、安装服务、物业管理等配套服务，组建独立经营、社会化服务企业。加快培育新兴业态，大力发展健康服务、养老及家庭服务等生活性服务业发展，充分利用王屋山、小浪底、南山、五龙口等山地、水域、生态资源，打造一批规模化、专业化的生态医疗健康养护基地。

4. 完善服务业发展大环境

制定出台促进服务业集聚发展的政策措施，坚持政府引导和市场化运作相结合原则，分行业制定激励措施，重点在招商引资、立项审批、项目用地、资金扶持等方面给予支持；加强服务业统计工作，建立完善的服务业企业统计数据库，逐步形成推动服务业发展的新机制。进一步加强服务业载体建设，加快推进商务中心区、小浪底北岸新区、王屋山文化旅游产业园区、济渎特色商业区规划编制和基础设施建设，积极引导服务业进园区发展。

（四）科学推进新型城镇化，加快城乡一体化发展

抢抓全省加快城乡一体化示范区建设机遇，以城乡一体化为统揽，坚持以人为本，积极稳妥、科学有序推进新型城镇化，加快探索一条具有济源特色的全域城乡一体化发展路子。

1. 加快农业转移人口市民化

把促进有能力在城镇稳定就业和生活的常住人口有序实现市民化作为首要任务，深化户籍制度改革，实行全市居住证一卡通，探索推行外来务工人员积分落户制。强化城镇产业支撑，加强农民工技能培训，完善创业扶持政策，积极开发公益性岗位。扩大保障性住房供给规模，拓宽住房保障渠道，完善基本住房保障制度。扩大社会保险覆盖范围，加快建立城乡一体的医保、社保、社会救助体系，推进教育、卫生、文化等城镇基本公共服务常住人口全覆盖。解决好进城务工农民原有权益保障问题，切实保障进城农民土地承包经营权、农户宅基地用益物权和农民集体经济收益分配权。

2. 优化城镇体系、形态和布局

坚持“全域济源、一体发展”理念，围绕“做优中心城、做强三组团、做特重点镇、做美新农村”四个节点，加快构建现代城镇体系；根据区域主导功能定位，大力推进中心城区综合功能区、虎岭转型发展功能区、玉川循环经济功能区、小浪底－西霞湖生态经济功能区、王屋山生态文化旅游区、东部高效农业示范区六大功能区建设；同步推进规划布局、基础设施、产业发展、生态环境、公共服务、要素配置“六个一体化”，率先在全省形成改革驱动、民生优先、产业优化、生态友好、城乡一体的发展新格局。

3. 增强城镇综合承载能力

继续实施城镇基础设施扩能增效工程、“气化济源”工程，加强市政设施建设。强化城市精细化管理，加强“智慧济源”建设，以电子商务、物联网、移动互联网为重点，加快推进宽带济源、无线城市和4G网络建设，完善城市公共基础数据库，建设城市公共信息管理平台。加大“五城联创”力度，持

续推进卫生秩序集中整治，争创全国绿化模范城市和中国人居环境奖，力争全国文明城市创建成功，确保国家卫生城市通过复检。

4. 推进创新型城镇化保障机制

建立多元资金筹措机制，充分用好债券市场，探索发行城投类、市政类、公共服务类债券融资，大力吸引民间资本参与市政设施等项目建设运营，探索城市基础设施和保障性住房建设融资新模式。提高土地资源保障能力，完善利用“人地挂钩”政策，提高土地配置效益，建立存量建设用地退出激励机制。创新土地市场机制，建立城乡统一建设用地市场和农村集体经营性建设用地流转制度，逐步实现同等入市、同权同价。严格执行各类建设用地标准，提高征地率、供地率和土地利用率，推动土地节约集约利用。

（五）全面深化改革开放，增强经济发展内生动力

紧紧抓住全面深化改革的历史性机遇，正确分析济源全面深化改革的形势，从最有条件、最有共识、最能见效的领域入手，用好改革红利全面释放济源经济发展潜力。

1. 推进政府机构改革

进一步优化政府机构设置和职能配置，解决部门职责交叉和分散问题，推动卫生与计生、食安办与食品药品管理局等部门合并，清理临时性议事协调机构。深化行政审批制度改革，全面清理精简下放审批项目，改造“市民广场”，推动部门行政审批事项进入窗口集中办公，彻底消除“前店后厂”现象；加强行政效能电子监察，打造行政审批“高速路”；做好商事制度改革，放宽登记条件，降低准入门槛，激发市场主体活力。统筹新型城镇化综合改革，重点在户籍管理、土地管理、资金保障等方面先行先试，为全省新型城镇化改革发展积累经验、提供示范。深化农村产权制度改革，以“两股两改两建”为重点，基本完成“六权”确权颁证，推动土地股份合作、集体资产股份制改革，建设农村产权交易平台并发挥其作用，创新农村金融产权抵押服务，实现城乡要素平等交换和公共资源均衡配置。探索实施产业集聚区管理体制改革，推动产业集聚区与主体镇套合发展，赋予产业集聚区更大管理权限。加强国有资本运营和国企改革，筹备组建市投资集团，组建国有资本运营公

司，制订国有资产投向目录，促进国有资本向公共服务、投融资及新兴产业集中。积极推进绩效考核、干部人事、社会治理、民生保障等领域改革，全面激发发展活力。

2. 进一步提升开放水平

继续把开放招商作为“一举求多效”“一招应多变”的综合性举措。持续提高招商引资效率，围绕电子信息、装备制造、新能源、新能源汽车、节能环保等重点产业举办产业发展专题报告会、产业招商培训班等活动，重点进行产业有关理论知识及产业链环节企业的相关介绍，实行专向信息收集、专题研究评估、专业对接谈判、专人跟踪落实，提高招商引资项目合同履约率、项目开工率、资金到位率。同时，注重严控招商引资质量关，谨慎甄别引进企业发展空间与产业效应，建立目标企业引进信息库，围绕招商项目库开展跟踪推进招商。积极拓宽开放领域，抓住国家放宽外商投资市场准入机遇，加快服务业、农业、社会事业、基础设施等领域开放，力争在旅游、金融、城市商贸、教育医疗、健康养生、体育休闲等领域引进一批战略合作项目，推动开放招商向经济社会发展各领域延伸。实施济源产业承接转移年度行动计划，加强集群招商，分行业制订实施集群引进方案，积极承接产业链关键环节和发展配套企业。立足目标企业发展特点，积极开展深入推介、精细对接。瞄准国内外500强、行业50强、大型跨国公司、上市公司和央企等龙头企业，组建产业专项招商工作组，并借力商会和协会，大力开展“一对一”“点对点”式专项招商。

（六）切实保障和改善民生，促进社会和谐稳定

1. 推动高质量就业创业

完善就业创业公共服务体系，发挥政策促进就业的积极效应，完善小额担保贷款政策，提高就业补助标准，通过实地和面上督察、定期通报等措施强化政策落实。加大创业支持力度，强化创业助推服务，规范创业孵化基地建设，加强创业项目库建设，向社会公开征集优秀创业项目，提高创业项目的质量与规模。大力拓宽就业渠道，加大劳动力免费培训力度，重点扶持就业容量大的服务业、创新型科技企业和小型、微型企业，创造更多就业岗位。引导组建

“企业就业联盟”，广泛收集就业岗位，实现企业与失业人员、未就业高校毕业生、农村富余劳动力的有效对接。

2. 强化社会保障工作

进一步扩大社会保障覆盖范围，制定更加全面的社会保险补贴政策，提高城乡居民基础养老金补贴标准，强化社会保险扩面征缴。推进城乡居民医疗保险与城镇职工医疗保险制度接轨，实现部分省市异地就医即时结算。将符合条件的“村改居”居民、新型农村社区居民纳入城市低保，推进城乡低保渐进式并轨，缩小城乡低保差距。持续完善养老服务体系，加快推进市老年公寓、农村幸福院建设，做好敬老补贴发放工作。把进城落户农民纳入城镇住房保障体系，推动廉租房和公租房并轨，加大廉租住房租赁货币化补贴发放。加快中小学校布局优化调整和建设步伐，启动二期学前教育三年行动计划。合理规划布局医疗机构，稳步推进医疗资源整合，加快健康城三级医院、公共卫生服务中心、残疾人康复中心、社区卫生服务中心等项目建设，打造“健康济源”品牌。

3. 大力推进“平安济源”工程

深入开展安全保障型城市创建，严格落实安全生产责任制，强化安全生产监管监察，深入开展安全生产隐患治理，坚决遏制重特大事故发生。加强食品药品安全监管，保障人民群众“舌尖上的安全”。加强和改进新形势下群众工作，健全信访工作责任制，畅通群众利益诉求表达渠道，深入推进社会矛盾化解、公正廉洁执法，保障群众合法权益，维护社会大局稳定。深入开展平安创建活动，确保群众安全感指数达到95%以上，着力打造济源特色平安建设工作新亮点。

（七）加快推进济源文化建设，提升文化软实力

1. 持续增强文化凝聚力

大力培育社会主义核心价值体系，弘扬新时期愚公移山精神，将愚公精神贯穿到全面深化改革的各领域，体现到精神文化产品创作生产传播各方面，在济源全市形成共同理想信念、强大精神力量、基本道德规范。

2. 大力发展文化产业

发挥文化资源优势，创新文化业态，加快文化产业规模化、专业化、品牌化发展。出台文化产业扶持政策，积极培育愚公文化产业园、济水文化产业园、沿黄红色文化产业园，大力发展文化展示、影视传媒、实景演艺、休闲娱乐、书画写生、摄影等产业，增强文化产业发展活力。推进文化与旅游融合发展，叫响王屋山“天下第一洞天”文化旅游品牌。扩大文化对外交流，办好荆浩山水画理论国际论坛、洞天福地道教文化论坛等重大特色文化活动，提升济源文化影响力。

3. 进一步强化公共文化服务

加强公共文化基础设施建设，加大财政资金对文化建设的投入，制订并实施具有济源特色的公共文化服务体系建设规划，明确优先顺序和重点任务，针对突出问题拿出解决方案，制订时间表和路线图，并落实专人负责，专项推进。改革资金投入和运行方式，引入市场竞争机制，在博物馆、美术馆等大型公共文化基础设施的运行上，探索实施“国有民营”和“国助民办”等新路子，实行国家和社会力量共同参与、政府和民间协力发展的新型合作模式。在重要公共文化产品供给、重大项目建设和公益性文化活动开展方面，采用政府招标、集中采购、委托生产、特许经营、以奖代补、项目外包等方式，积极鼓励企业参与竞争，实现投入社会化，弥补政府财力不足的缺陷。

（八）加快美丽济源建设，推动生态环境改善

以国家低碳城市试点建设为引导，以建设生态文明先驱城市为目标，加快形成集约资源和环境保护的空间格局、产业结构和生产生活方式，更好地破解资源环境约束，全方位推进济源低碳化发展。

1. 加快改善环境质量

大力实施蓝天工程，落实好国家大气污染防治 10 条措施，深入开展工业源污染治理、面源污染整治、移动源污染防治，启动 PM2. 5 监测，有效遏制雾霾污染。大力实施碧水工程，加强蟒河、湨河、苇泉河、珠龙河等改造提升，严格饮用水源地保护；强化企业污染排放监管，督促 14 家饮料厂完成环保验收，严防超标废水排入河流。大力实施清洁工程，以清洁生产、清洁家

园、清洁田园为重点，完成豫光金铅、济源钢铁等 10 家企业强制性清洁生产任务，大力推进农村环境综合整治，改善农村人居环境。

2. 加强资源能源节约

围绕国家低碳城市试点建设，大力实施低碳产业、低碳能源、低碳交通、低碳建筑建设工程，降低资源能源消耗强度，构建绿色生态碳汇体系。积极引导企业发展循环经济，严格淘汰落后产能。加强豫光“城市矿产”示范基地建设，积极推动节能环保和再生产品消费。全面实行能源消费总量预算管理，建立碳排放控制制度，探索节能量交易试点，确保完成节能和碳强度下降目标。

3. 加强生态系统建设

加快编制生态市提升规划，大力实施生态建设工程，加强天然林保护、退耕还林和山区生态体系、生态廊道网络建设。完善生态补偿机制，实行最严格的源头保护制度、损害赔偿制度、责任追究制度。

改革试点篇

Reform and Experiment

B.2 济源城乡一体化发展报告

杨兰桥*

摘　要：

近年来，在一系列重大政策和改革措施的推动下，济源市城乡一体化发展取得了显著成效，也积累了一些成功经验，但也面临着一些比较突出的矛盾和问题。当前和今后一个时期，推进济源城乡发展一体化，应从融入区域发展的大格局、实施区域人口倍增行动计划、推进城乡公共资源均衡配置、着力提高城乡要素保障能力、创新城乡一体化的体制机制等方面着手和努力。

关键词：

城乡一体化　创新价值　对策建议

城乡发展一体化是当前推进我国经济社会发展的重大历史性任务，也是实

* 杨兰桥，河南省社会科学院科研处副研究员。

现全面建成小康社会和社会主义现代化的重大战略性举措。济源市自2005年被确定为河南省城乡一体化试点市以来，按照“全域规划、一体发展”的理念，着力先行先试，强化改革创新，积极推进城乡规划布局一体化、基础设施一体化、产业发展一体化、公共服务一体化、生态环境一体化、要素配置一体化等“六个一体化”，促进工业向园区集中、土地向规模经营集中、人口向城镇集中“三个集中”，深化户籍管理制度、农村土地管理制度等各项改革，有力促进了城乡经济社会的持续快速发展，开创了城乡发展一体化的新格局。济源市城乡一体化发展的探索实践，不仅颇具区域特色，而且具有一定的创新价值和示范意义。

一　推进城乡发展一体化的做法与成效

近年来，济源市在推进城乡发展一体化过程中，紧紧围绕城乡发展一体化的核心内涵、基本要求和战略部署，着力先行先试，强化政策支持，明确重点领域，创新体制机制，全力推进城乡发展一体化，济源市城乡一体化发展取得了积极显著的成效，呈现出持续快速健康发展的新局面。

（一）着力先行先试

济源自2005年被列为河南省城乡一体化试点市以来，坚持以科学发展观为指导，以城乡一体化为主战略，统筹推进城乡协调、一体发展，积极在重点领域和关键环节上先行先试、率先垂范，取得了积极显著的成效。比如，在城乡医疗养老方面，率先在全省打破城乡居民身份限制，实现医保、养老保障全覆盖；在统筹城乡就业方面，率先在全省出台城乡居民就业服务均等化政策，实施无差别的城乡就业创业服务，建立全省最高标准的就业补贴；在农村产权制度改革方面，在全省率先开展农村集体土地确权登记试点工作，实现农村集体土地所有权、集体建设土地使用权、宅基地使用权、土地承包经营权的确权和小农水工程所有权的确权登记；在城乡基础设施建设方面，率先在全省实现镇镇通高速、村村通公交、组组通硬化路，率先在全省完成自然村村村通广播电视；等等。

（二）强化政策支持

政策支持是推进城乡发展一体化的关键和保障。济源市在推进城乡发展一体化的进程中，积极强化政策支持和政策扶持，相继出台了《关于加快推进城乡一体化、建设社会主义新农村工作实施意见》《济源市关于加快推进城乡一体化决议》《济源市人民政府关于进一步深化户籍管理制度改革促进城乡一体化发展的意见》《济源市深化户籍制度改革实施细则》等系列文件，全力推进城乡发展一体化。比如2011年出台的《济源市人民政府关于进一步深化户籍管理制度改革促进城乡一体化发展的意见》，就从全面放开进城农民落户条件，建立户口登记地与实际居住地统一的户籍管理制度；保护好进城落户农民的合法权益；盘活进城落户农民在农村的资产，促进城乡基本生产要素自由流动；完善城乡一体的就业失业登记和就业援助制度；完善城乡一体的社会保险制度；完善城乡一体的住房保障政策；完善城乡一体的社会救助政策；完善城乡一体的退役士兵安置补偿政策等11个方面，对全面推进户籍管理制度改革进行了全面部署，提出具体的政策支持和扶持措施。

（三）明确重点领域

济源市在推进城乡一体化过程中，依据城乡发展一体化的内涵和要求，结合济源市市情特征和发展状况，明确提出了推进城乡发展一体化的六大重点领域。一是推进城乡规划布局一体化。按照“全域规划、一体发展”的思路，对全市进行通盘考虑、统筹布局，着力构建“11334”的城乡发展一体化的新格局。二是推进城乡基础设施一体化。按照“拉大框架、完善功能、加强管理、提升品位”的思路，全力加强城乡基础设施建设，着力提升城乡基础设施建设水平。三是推进城乡产业发展一体化。紧紧围绕调整优化结构、转变增长方式、提升项目质量、增加经济效益的工作思路，强力推进工业化、农业现代化，着力发展现代服务业，强化城乡发展一体化的产业支撑。四是推进城乡公共服务一体化。按照城乡一体、全面覆盖、标准领先的发展理念和思路，积极推进教育公平、全民健康、文体普及、社会保障等基本公共服务均等化，不断提升城乡公共服务水平。五是推进城乡生态环境一体化。围绕打造精品宜居

城市的目标，按照“显山、露水、见林”的生态建设理念，着力推进城乡生态环境建设，城乡生态环境明显改善，相继荣获国家卫生城市、国家园林城市、国家水土保持生态文明市等荣誉称号。六是推进城乡要素配置一体化。加快推进土地流转步伐，建立城乡居民就业服务体系，积极开展居民产权确权登记工作，着力实现城乡要素配置一体化。

（四）创新体制机制

近年来，济源市在推进城乡发展一体化过程中，积极推进体制机制创新，着力破解城乡发展一体化的制度障碍。一是建立城乡发展一体化的组织机构。为更好推进城乡发展一体化，济源市成立了由市委、市政府主要领导任组长的城乡一体化发展领导小组，抽调专门人员成立了推进城乡一体化发展办公室，定编、定员、定岗，负责全市城乡发展一体化的研究、规划与推进等工作。二是创新城乡发展一体化的体制机制。围绕城乡发展一体化的体制机制障碍，着力推进户籍管理制度、农村土地管理制度、农村金融制度、城乡就业制度、社会保障制度等的改革创新，着力打破城乡发展一体化的体制机制障碍。三是创新工作方法。济源市在推进城乡发展一体化进程中，积极创新工作方式方法，综合运用激励机制、奖惩机制、竞赛机制、学习机制等方式，着力促进城乡发展一体化各项工作的开展，着力形成市镇村三级联动、工农城乡互动、各方面齐抓共建的工作格局，有力推动了城乡发展一体化。

二　济源城乡发展一体化的创新价值与示范意义

济源市城乡发展一体化的实践探索，具有重要的理论价值和示范意义，既为丰富城乡发展一体化理论提供了基础，也为完善城乡发展一体化制度提供了保障，同时又为全省乃至全国城乡发展一体化的推进积累了经验，提供了示范。

（一）为丰富城乡发展一体化理论提供基础

如何在推进我国现代化进程中，正确处理好城乡关系，统筹推进城乡协调、一体发展，形成中国特色的城乡发展一体化理论，以更好地指导我国城乡发展一体化的具体实践，是我国理论工作者和具体实践者着重探讨的焦点问题。济源市城乡发展一体化的创新实践，无论是“坚持把城乡一体化作为经济社会发展的主战略”，还是“用城乡一体化统揽经济社会发展的指导思想”；无论是“以工业化的理念发展农业，以城市化的理念建设农村”，还是“以市民化的理念塑造农民”；无论是以“城乡规划、基础设施、产业发展、公共服务、生态环境、要素配置”等为核心内容的“六个一体化”建设，还是户籍管理制度、土地管理制度、农村金融制度、城乡就业制度、干部管理制度等制度的改革创新，均丰富了城乡发展一体化的科学内涵和核心内容，为完善中国特色的城乡一体化理论奠定了坚实基础。

（二）为完善城乡发展一体化制度提供支撑

科学的制度设计和有效的制度供给，是推进城乡发展一体化的关键和保障。济源市在推进城乡一体化过程中，针对制约和影响城乡发展一体化的户籍管理制度、土地管理制度等制度进行了改革创新。在户籍管理制度方面，在全市范围内取消了农业、非农业户口的二元户口性质，实行一元制的户口管理模式，建立户口登记地与实际居住地统一的户籍管理制度；在土地管理制度改革方面，积极推进土地流转，积极开展农村集体土地确权登记试点，实施农村集体土地所有权、集体建设土地使用权、宅基地使用权、土地承包经营权的确权和小农水工程所有权的确权登记，启动村级集体资产股份改革试点和小型农田水利工程管理体制改革，推动城乡要素均衡配置和平等交换；在城乡公共服务均等化方面，积极推进城乡教育、医疗、保险一体化，积极建立覆盖城乡居民的社会保障体系，着力实施城乡无差别的城乡就业创业服务和均等化的政策等。济源市推进城乡发展一体化过程中的这些制度创新，为完善我国城乡发展一体化制度，提供了重要保障。

（三）为全省全国城乡发展一体化积累经验

推进城乡发展一体化是当前推进我国经济社会发展的重大战略，也是实现全面建成小康社会和社会主义现代化的重大举措。近年来，在全国的战略安排和河南省的统一部署下，济源市结合区域发展的现状和区域特征，积极开展城乡发展一体化的试点工作，积累一些成功的经验。如以城乡一体化统揽全市经济社会发展，统一全市广大干部群众的思想和行动；始终把城乡一体、协调发展作为必须遵循的基本原则，把城乡一体化贯穿于各项工作之中；大力推进工业向集聚区集中、农民向城镇集中、土地向规模经营集中；加快基础设施向农村延伸、社会保障向农村覆盖、社会事业向农村侧重、公共财政向农村倾斜；推进城乡规划布局一体化、城乡基础设施建设一体化、城乡产业发展一体化、城乡公共服务一体化、城乡生态环境建设一体化、城乡要素配置一体化等“六个一体化”；综合运用激励机制、奖惩机制、竞赛机制、学习机制等手段和方法，推进城乡一体化进程。这些先进的经验和做法，为全省乃至全国其他地区城乡一体化的发展和推进，提供了重要参考和有益借鉴。

三　推进城乡一体化有待破解的深层次矛盾和问题

经过多年来的探索与实践，济源市城乡发展一体化虽然取得了积极显著的成效，但相对于国家城乡发展一体化的新要求和城乡居民美好生活的新期待，还有不小的差距，还存在着一些深层次的矛盾和问题。

（一）城乡发展空间受到严重约束

空间狭小、发展受限是济源市发展的典型特征。在河南省 18 个省辖市中，济源市是国土面积最小、人口最少的省辖市。济源市国土面积仅为 1898.7 平方公里（二调面积），其中平原面积为 363.6 平方公里，仅占国土面积的 19.1%；2013 年常住人口为 71.5 万人，其中城镇人口仅为 39.2 万人。在这样的空间发展格局下，济源市推进城乡发展一体化，受到空间、劳动力、资源要素、环境容量等多重因素的瓶颈制约。比如，在行政区划方面，济源市的行政空间狭小，同时行政单元划分又过小过细，各个行政单元间相互掣肘，相互牵制，协同发展比较困难，造成行政成本过高和资源的严重浪费。因此，在当前和今后一个时期，如何寻求更大的发展空间，突破区域发展的瓶颈约束，是济源市推进城乡发展一体化过程中，着重考虑和着力解决的重大现实性问题。

（二）中心城区人口与经济规模较小

近年来，随着济源经济社会的快速发展，济源市中心城区虽然获得了长足发展，中心城区规模不断壮大，经济实力显著增强，人口集聚能力不断提升，但相较于周边区域和城市来说，济源市中心城区人口和经济规模相对较小，辐射带动能力有待进一步加强。2012 年，济源市中心城区常住人口为 25.9 万人，而周边的洛阳市、焦作市、晋城市和长治市的中心城区分别达到 196.5 万人、96.3 万人、48.3 万人和 78.3 万人，济源市仅相当于洛阳市、焦作市、晋城市和长治市中心城区的 13.2%、26.9%、53.6% 和 33.1%。较低的人口规模和经济规模，不仅制约了济源市经济社会的快速发展，而且也影响了济源市区域竞争能力和辐射带动作用。因此，加速人口的集中集聚，吸引外来人口进入济源市，进一步壮大中心城区经济规模和人口规模，应成为济源市推进城乡发展一体化进程中，着重考虑的重大战略性问题。

（三）城乡公共服务均等化有待加强

城乡公共服务均等化，是推进城乡发展一体化的核心要义，也是推进城乡发展一体化的重要内容。近年来，济源市虽然在城乡就业服务、城乡社会保障、城乡教育服务、城乡医疗卫生服务、城乡公共文化服务等方面做了大量工作，也取得了积极显著的成效，但无论是与城乡发展一体化的要求相比，还是与人民群众的企盼和需求相对照，还有一定的差距。比如，在城乡教育服务方面，虽然近年来济源市对全市中小学校布局进行了优化调整和设施建设，但与城镇和中心城区相比，农村中小学的师资力量和办学水平，还有不小的差距；在城乡医疗卫生服务方面，虽然近年来济源市村镇卫生院和标准化卫生室建设力度不断加大，但与中心城区相比，还有不小的距离。因此，今后一个时期，继续推进城乡公共服务均等化，仍是济源市推进城乡发展一体化过程中的工作重点和努力方向。

（四）城乡发展要素约束日益凸显

随着济源市城乡发展一体化的深入推进和快速发展，城乡发展中的要素约束日益趋紧，其中表现最为突出的有两个方面：一是城乡发展一体化的资金缺

口不断加大。随着城乡一体化的快速发展，城乡基础设施建设的不断加大，城乡基础设施负债逐年增加，历史欠账较多。由于市场运作的机制不完善，企业参与城镇化建设的积极性不高，融资机制不灵活，社会资本参与城镇建设力度不大，“谁投资、谁经营、谁受益”的建设模式尚未形成，城乡一体化发展中资金短缺问题越发突出。二是城乡发展一体化的用地矛盾比较显著。作为河南省城乡一体化试点市，近年来济源市着力推动城乡发展一体化，城乡发展一体化的水平明显提升。但在推进城乡发展一体化过程中，由于受规划和用地指标的限制，普遍存在建设用地规划布局和规划计划指标不足的问题，欲开工项目没指标，招来的项目很难落地，严重制约着统筹城乡建设和城乡一体化发展。

（五）体制机制有待进一步改革创新

济源市在推进城乡发展一体化过程中出台了一系列的政策，也进行了一系列的体制机制创新。但从总体上，推进城乡发展一体化的体制机制创新还不够完善，户籍管理制度、农村产权制度、土地流转制度、农村金融制度等方面的改革创新力度有待进一步加强，特别是与户籍制度相关的配套改革尚未完全到位，某些方面还受到城乡二元结构的制约。一是户籍制度改革推进慢，农民进城落户难、子女就学难、权益保障难。二是农村土地流转和城市房屋拆迁安置引发的社会矛盾凸显，土地承包经营权纠纷、劳资矛盾日渐增多，各种利益诉求交叉叠加。三是农村产权制度改革情况复杂，开展农村集体经济股份制改革试点工作的居委会，存在矛盾较多，试点单位对改革存有疑虑，怕按正规程序改革后增加税收负担，居民收入减少，推进力度不够大。开展农村土地承包经营权确权颁证改革试点工作的行政村，个别村庄因土地已整村流转，基层干部对如何将土地确权到户，存在畏难情绪。四是农村金融制度创新滞后，制约着城乡一体化的深入发展和快速推进。

四　济源深入推进城乡发展一体化的对策建议

当前，在全面深化改革和推进新型城镇化的大背景下，济源市要依托全域城乡一体化示范区、争创全国中小城市综合改革试点和省新型城镇化综合改革试点的机遇，按照“全域规划、一体发展”的理念，依据“11334”战略和“六位一体”的总体布局，积极融入区域发展大格局，积极实施区域人口倍增行动计划，积极推进城乡公共资源均衡配置，积极提高城乡要素保障能力，积极创新城乡一体化的体制机制，加快推进城乡一体化向纵深发展。

（一）积极融入区域发展大格局

面对空间发展的瓶颈约束，济源市要积极创造条件，寻求多方支持，多策并举着力破解城乡发展一体化的空间约束和空间限制。一是要融入区域发展大格局。要树立区域发展的理念，积极创造条件，着力推进跨区域城市发展战略合作，积极加强与周边区域的洛阳、焦作、晋城、长治、运城等城市的分工与协作，着力在产业发展、城镇建设、基础设施建设等方面，推进战略合作；着力在教育培训、医疗卫生、社会保障等方面，推进对接融合与区域一体化。二是要优化调整空间布局结构。按照“11334”总体空间架构，着力优化区域空间布局，适时对沁园、济水等 4 个街道办事处的区划进行调整，赋予邵原、王屋等发展相对较好的乡（镇）县级管理权限，着力完善区域的功能分区，不断提高济源市空间运行效率。三是寻求省委、省政府的大力支持。依托全域城乡一体化示范区、河南省新型城镇化综合改革试点的机遇，积极寻求省委省政府的大力支持，争取把周边地区的吉利、孟津等县（区）的一些村镇纳入济源市管辖范围。

（二）积极实施区域人口倍增行动计划

积极实施区域人口倍增行动计划，着力提高济源市的人口集聚能力和人口集聚规模。一是积极推进农业转移人口市民化。积极推进以人的城镇化为核心新型城镇化发展，加快推进辖区内农业转移人口市民化，尤其是把有能力在城镇稳定就业和生活的常住人口有序实现市民化作为首要任务。二是积极吸纳区域外来人口。实施更加优惠的政策措施和激励举措，着力吸引区域外人口进入济源市工作、生活和就业，对于来济源市居住、就业和工作的外来人口及家属，统一纳入济源市居民范畴，使其在住房保障、医疗卫生、义务教育、就业扶持、社会保障等方面享受同等待遇；对于来济源市创业的外来人口或吸纳外

来人口就业的企业，在税收、土地、金融、信贷等方面给予大力支持。三是积极强化产业的就业支撑。要结合济源市现有的产业基础，着力提升制造业的发展水平，积极发展劳动密集型产业，做大做强现代服务业，为农业转移人口市民化和外来人口就业提供就业岗位支撑。

（三）积极推进城乡公共资源均衡配置

结合城乡发展一体化的新内涵和国家推进城乡发展一体化的新要求，按照提高水平、完善机制、逐步并轨的要求，着力推进公共资源均衡配置，努力缩小城乡间的差距，加快实现城乡基本公共服务均等化。一是完善城乡社会保障体系。加快推进各类社会保障制度的整合衔接，提升各类城乡社会保障水平，实现城乡居民社保市域同待遇，构建多层次、可选择、可转换、政策统一、管理统一的社会保障体系。二是建立城乡教育均衡发展体系。优化城乡中小学校布局，加强教育资源的统筹管理和合理配置，促进城乡义务教育均衡发展；加快本科院校、职教园区建设，加强校企合作和产学研结合，促进资源共享、优势互补。三是完善城乡公共医疗卫生服务体系。着力深化医疗卫生体制改革，创新公立医院管理体制和运行机制，加快推进三级医院、健康城建设和乡（镇）级卫生院、社区卫生所标准化改造提升，推进城市医疗卫生资源向基层延伸。四是健全公共文化服务体系。完善鼓励扶持政策，大力发展繁荣文化产业，完善公共文化体育设施建设，打响城市文化品牌，提升城市的内涵吸引力和文化软实力。

（四）积极提高城乡要素配置能力

着力推进重点领域和关键环节的改革创新，不断破解土地、资金等要素的瓶颈制约，着力提高城乡要素保障能力。一是创新资金筹措机制。探索城市基础设施和保障性住房建设融资新模式，争取国开行等金融机构支持城乡一体化建设；探索发行城投类、市政类、公共服务类债券融资，吸引民间资本参与城乡“两气一水”、污水处理、环卫保洁等建设运营；加大公共财政投入，整合使用各类政府性资金资源，重点支持人口转移、城乡基础设施和公共服务设施建设。二是提高土地资源保障能力。全面排查城乡低效利用土地，建立存量建设用地退出激励机制；完善增减挂钩、人地挂钩、新增用地指标与土地开发数量挂钩制度，挖掘用地潜力；在符合规划和用途管制前提下，争取开展农村经营性集体建设用地进入市场流转试点，逐步实现同等入市、同权同价；实行最严格的耕地保护制度，开展工矿废弃地复垦利用试点，严格执行各类建设用地利用标准，提高征地率、供地率和土地利用率。

（五）积极创新城乡发展一体化的体制机制

加快推进改革创新，建立健全城乡发展一体化的体制机制，加快形成以工促农、以城带乡、工农互惠、城乡一体的新型工农城乡关系，着力开创城乡发展一体化新格局。一是深化户籍制度改革。深入推进户籍管理制度和人口管理制度改革，积极整合公安、民政、计生等人口基础信息，着力推行居住证一卡通制度，建立以居住证为依据的基本公共服务提供机制，形成户籍制度和居住证制度有效衔接的人口管理制度。二是加强农村流转土地制度改革。建立和完善农村土地流转、宅基地和集体财产权益保障机制，保障进城农民土地承包经营权、农户宅基地用益物权和农民集体经济收益分配权，消除农民进城的后顾之忧，弥补农民进城的个人成本，增强农民向城镇转移的动力，确保农业人口“转得出”。三是深入开展农村产权制度改革。以“两股两改两建”为重点，积极推进“六权”确权颁证工作，推动土地股份合作、集体资产股份制改革，建设农村产权交易平台，创新农村金融产权抵押服务。

B.3

济源产业转型升级报告

赵西三*

摘　要：

国际金融危机爆发以来，济源产业转型升级步伐加快，产业结构持续优化，产业链条不断延伸，新兴产业快速成长，产品层次明显提升，企业转型升级提速，产业发展的质量与效益持续提升，过度依赖资源消耗与投资驱动的产业结构初步改善。未来一段时期，面对新形势、新趋势，济源产业要着力转“新”、转“轻”、转“智”、转“绿”，选择符合区域产业实际的升级路径，构建新型产业体系，完善政策措施，力争走在全省产业转型升级前列。

关键词：

产业转型升级　产业结构　产业体系

国际金融危机爆发以来，面对错综复杂的经济环境与持续下行的经济压力，济源紧紧围绕构建“一个载体、三个体系”，协调推进保增长与调结构，产业转型升级步伐明显加快，产业结构明显优化，产业发展的质量与效益持续提升，过度依赖资源消耗与投资驱动的产业结构初步改善。

一　济源产业转型升级成效明显

（一）产业结构持续优化

2008 年以来，济源持续推进产业结构调整，第二、三产业增加值占比由

* 赵西三，河南社会科学院工业经济研究所副研究员。

2008 年的 94.7% 增加到 2013 年 95.3%，服务业占比提高了 1 个百分点（见图 1）。2013 年工业增加值占国民生产总值比重为 70.5%，与 2008 年的 71.6% 相比下降了 1.1 个百分点，三次产业结构持续优化，服务业尤其是与区域工业结构相适应的现代服务业发展明显提速，以华铁国际物流、亚太有色金属物流园、克井煤炭市场为代表的现代物流业，以元丰科技为代表的信息服务业等生产性服务业不仅提升了服务业的规模与层次，也为第一、二产业转型升级提供了强力支撑。

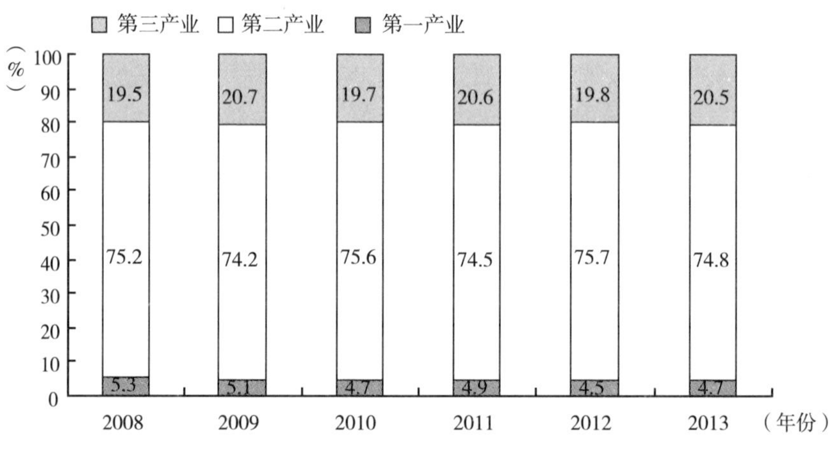

图 1　2008 ~ 2013 年济源三次产业结构

资料来源：2008 ~ 2012 年数据来自《2013 年济源统计年鉴》，2013 年数据来自济源统计局。

（二）产业链条不断延伸

国际金融危机爆发以来，传统优势产业受到较大冲击，针对支柱产业多处在产业链上游的现状，济源大力推动传统优势产业链由上游向中下游拓展，促进上游产能整合，做强、做深、做精产业链条，围绕产业图谱上项目，本地产业链上中下游对接更加紧密，产业附加值快速提升。围绕铅锌产业，关闭淘汰中小企业 80 多家，积极引进蓄电池、电动汽车等产业链延伸项目，金利蓄电池项目、鑫钺动力源、北京新纪元电动汽车相继投产，全产业链发展格局初步呈现。济源钢铁大棒材产品和中原特钢的产业链实现了无缝对接，众联陶瓷、赛孚陶瓷与金马焦化在虎岭产业集聚区形成了相互依托的产业链。豫光的含锌废渣湿法回收有价金属项目、金马焦化的苯加氢项目、万洋金银深加工项目等，加快了济源铅锌、煤化工、有色金属等优势产业链的延伸，实现了资源就地转化、循环利用。伊利、双汇、丰之源、柳江、康达、阳光等农业产业化龙头企业的一批新项目陆续建成，带动了农业产业链延伸，促进了现代农业发展。

（三）新兴产业快速成长

作为一个重工业主导的经济板块，国际金融危机爆发以来，济源抢抓沿海地区产业向内陆转移的战略机遇，积极培育发展电子信息、新能源、新材料、节能环保、生物医药以及高技术产业发展。投资60亿元的富士康项目创造了“济源速度”，带动了济源电子信息产业的跨越式发展，2013年济源通信和其他电子设备制造业实现增加值18.8亿元，增长128.5%。清水源、贝迪、宏立源、蓝曼节能、神龙钻具、贝迪制冷、济世药业等一批高技术企业，支撑了高新技术产业的高速发展（见图2）。2013年高技术产业实现增加值22.4亿元，同比增长78.3%，将占全市工业的比重提高到6.9%。

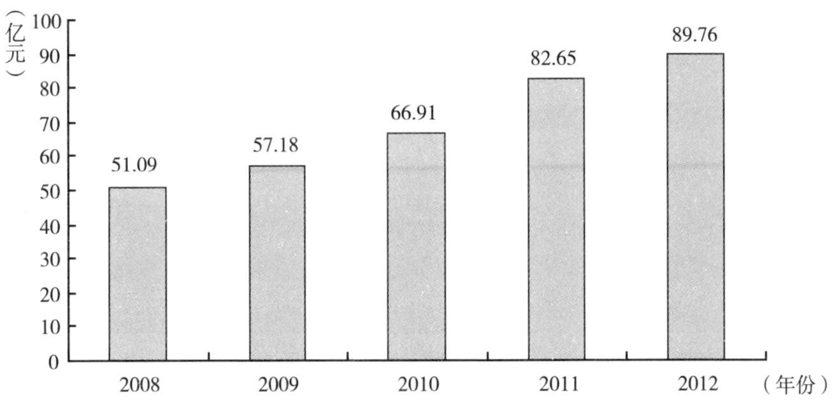

图2　2008～2012年济源高新技术产业工业增加值

资料来源：根据济源历年统计年鉴整理。

（四）产品层次明显提升

近几年，针对济源产品多集中在上游和低端的格局，坚持以终端产品和高附加值产品为主攻方向，规模以上工业企业新产品开开发力度不断加大（见图3），2012年新产品项目292个，是2010年的3.5倍，产品结构与层次持续提升，济源制造的高端化、信息化、智能化水平快速提高，产品附加值明显提升。豫光金铅加大蓄电池、新能源汽车、电动车、充电桩等下游产品的开发力度；高性能特殊钢棒材产品支撑济源钢铁在钢铁业产能过剩、利润萎缩的背景下，成功实现了由建筑用钢向工业用钢转型，由普钢向优特钢转型，由普通优特钢向中高端优特钢转型的三大跨越；贝迪制冷集团自主研发的新款“移动冷库车”，打破了国外技术性贸易壁垒；优克电子生产的“发烧级”音视频线，1.5米能卖到3万多元；济世药业依托国家原产地保护产品济源冬凌草的地产优势，创出了“济药牌”三黄片、复方冬凌草含片等一批高端产品；中国煤炭科工集团ABB矿用防爆型变频器；蓝曼节能科技公司的LED配光材料和节能灯具产品等一大批高附加值产品初步改变了济源制造偏重化、偏低端的格局。

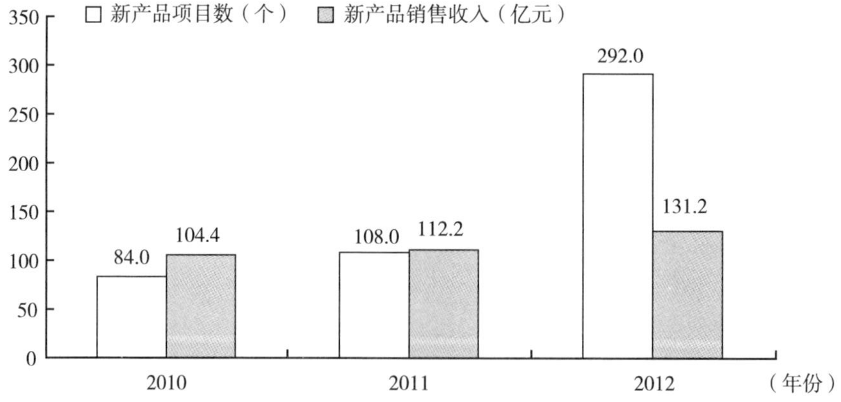

图3　2010～2012年济源规模以上工业企业新产品开发情况

资料来源：根据济源历年统计年鉴整理。

（五）企业转型升级提速

面对产能过剩与经济下行压力，企业通过向研发、服务等微笑曲线两端高附加值环节拓展实现转型升级的内生动力不断增强，掀起了“三次创业”高潮，企业不断加大研发投入和新产品开发力度、推进装备工艺升级与技术改造、创新商业模式与经营方式。优克电子材料在高性能键合引线材料领域已经获得5项国家专利，还有4项专利已经申报，济源高新技术产业开发区已经诞生140余项国家专利。济源钢铁积极推进“十二五”转型升级系统工程，大棒材生产线全面引进国际领先的技术装备，实施了以烧结机电除尘、烟气脱硫为核心的9项环保治理项目，以高炉煤气、蒸汽预热发电机组、钢渣处理为核心的循环经济项目。一些企业加快由加工制造向系统集成和综合解决方案提供商转型，有些企业已经依托电子商务探索创新商务模式，实现转型发展。以转型升级引领企业竞争力持续提升，2013年济源规模以上企业达226家，主营业务收入超亿元企业136家、超百亿元企业3家，豫光连续6年进入中国企业500强，济源钢铁、万洋、金利进入中国民营企业500强。

二 济源产业转型升级的举措与经验

（一）以产业集聚促进产业转型升级

2008年以来，济源抓住河南大力发展产业集聚区的战略机遇，积极推进产业集聚发展，在产业集聚中促进产业转型升级。虎岭产业集聚区、玉川产业集聚区、高新技术产业开发区进入省级产业集聚区行列，围绕“五百亿元和千亿元级产业集聚区”建设，三大产业集聚区成为济源产业转型升级的重要平台与战略突破口，引领支撑能力持续增强，主导产业更加突出，“区中园（集群）”建设稳步推进，玉川集聚区有色金属深加工、新能源产业集群，虎岭集聚区装备制造、电子电器、钢材深加工、精细化工产业集群，高新区矿用电器、新材料产业集群，科云绿色农业集成技术核心精品农业园区等特色产业园区初步呈现，双汇生猪和阳光兔业被认定为省级产业化集群，产业集聚促进了济源产业链条由短到长、产业层次由低到高、企业关联由散到聚的转变。

（二）以集群引进带动产业转型升级

近几年，济源坚持引进外力与培育内力相结合，探索创新招商承接产业转移模式，绘制产业招商图谱，实施延链补链工程，推进集群引进，招商引资与产业引进成效显著，成为推动济源产业转型升级的主动力。2013 年济源招商引资完成200 亿元，为2008 年的5.4 倍；实际利用外资2.25 亿美元，为2008 年的4.2 倍（见图4）。富士康、中国兵装、中煤科工、双汇集团、伊利集团、新日电动车、隆平高科等相继落户济源，矿用装备科技产业园、西安交大科技园、上海九硕蟒河休闲文化产业带等集群式引进正在形成雁阵效应。荣获“2011 年中国最佳投资城市”称号。

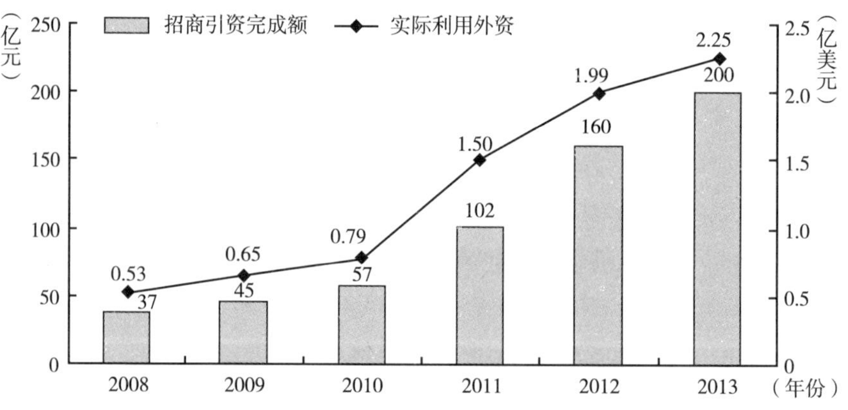

图4　2008~2013 年济源招商引资与实际利用外资情况

资料来源：根据济源历年统计年鉴和政府工作报告数据整理。

（三）以自主创新引领产业转型升级

济源加快构建自主创新体系，加大研发投入，打造创新平台，在招商引资中更加重视“招才引智”，推进产业发展由投资驱动向创新驱动转型。2008 年以来济源研发投入持续加大，规模以上工业企业研发经费内部支出由3.4 亿元

增加到2012年的6.87亿元。在加大研发投入的同时，济源着力推进创新链与本地产业链深度链接，推出了《济源市企业技术需求手册》，引导创新资源向优势产业集聚，济源交大科技园结合济源产业实际，筛选出了50余个产业发展中遇到的难题和瓶颈加以解决，为当地产业转型升级服务。济源还在加大科研团队、高端人才引进上下功夫，出台了《济源市引进高层次创业创新人才实施办法》（济办〔2012〕31号），陆续发布年度高层次创业创新人才引进公告，"智汇玉川"项目、"百名优秀人才引进计划"等陆续实施，济源"人才磁场"效应凸显，为产业转型升级提供了强劲引擎。2013年专利申请量为358件，授权量为238件，分别是2008年的2.4倍和7.0倍（见图5），全市共有国家级高新技术企业10家，省级创新型（试点）企业5家。

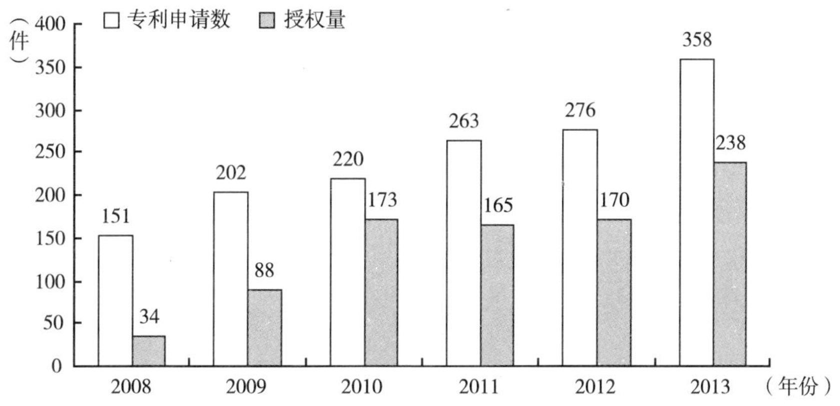

图5　2008～2013年专利申请量与授权量

资料来源：根据济源历年统计年鉴和统计公报数据整理。

（四）以重大项目支撑产业转型升级

项目建设是产业转型升级的重要支撑，近几年，济源突出项目建设总抓手，2010年以来实施亿元以上项目合计474个（见图6），富士康产业园、中国煤科机电产业园、西安交大科技产业园和国家现代农业示范区项目，济源钢铁100万吨特殊钢大棒材、沁北三期、鲁泰能源、丰源石油轻烃、天能绿色能源、伊利液态奶加工、豫光冶炼渣技术改造、中原特钢重型机械关重件、巨力钢丝绳等一批重大战略性结构调整项目落地实施，有力支撑了传统产业升级和新兴产业培育。

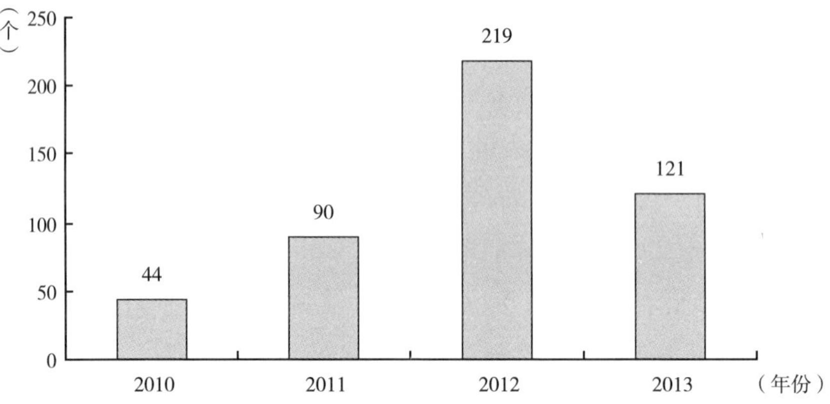

图6　2010~2013年济源亿元以上项目数量

资料来源：根据济源历年政府工作报告整理。

（五）以环境优化服务产业转型升级

近几年，济源围绕软硬环境建设，弘扬愚公移山精神，大力推行“一线工作法”，深入开展“两转两提”和“一创双优”活动，大力倡导精细化、零差错、高效率的工作作风，推动政府职能加快向创造良好发展环境、提供优质公共服务转变，深入开展开门纳谏优化经济发展环境集中整治活动，发展环境持续优化，为产业转型升级提供优质服务。完善并联审批机制，取消、调整一批行政审批事项，市长热线成为国家级服务标准化试点，运行管理经验在全国推广。构建政府经营性投融资平台，中小企业区域集优票据发行获批，助力中小企业成长。依托产业集聚区，不断提高综合服务中心、科研服务平台、金融保险质检等配套功能。

三　济源产业的转型方向与升级路径

（一）济源产业的转型方向

济源要着力转“新”、转“轻”、转“智”、转“绿”，进一步加快产业转型升级。

1. 转“新”

针对传统产业比重大的问题，着力向新产业、新业态、新产品等方向转型。大力发展电子信息、新能源、生物医药、节能环保等新兴产业，在具有资源基础和比较优势的领域寻求重点突破，依托传统优势产业发展战略性新兴产业。大力培育新业态，重点围绕文化旅游、现代物流、信息服务、电子商务、科技研发、工业设计、商务服务、健康服务、养老及家庭服务等培育一批新兴服务业，支持传统企业通过电子商务创新经营模式，围绕都市农业、生态农业、休闲农业创新农业发展模式。支持各类企业推出附加值高的新产品，提高品牌知名度与市场占有率。

2. 转“轻”

针对济源重工业比重大的问题（2013 年重工业比重为 89.6%），着力向轻工业、轻资产模式转型。依托能源、资源、原材料优势，大力引进下游终端消费品类企业，重点在食品、农副产品深加工、信息家电、电动汽车等形成规模优势。大力支持传统企业向轻资产模式转型，积极向研发、设计、营销、服务等微笑曲线“两端”环节延伸，把一般加工制造环节外包出去，作为产业链与价值链的组织者和协调者对资源进行整合，提高增值能力和专业化水平。

3. 转“智”

针对济源加工制造类企业比重大的特点，推进工业化、信息化深度融合，着力向智能化、信息化、自动化转型。大力发展智慧工业、智慧农业、生产性服务业，借助物联网、云计算、大数据、工业机器人等新一代信息与智能技术，抓住信息基础设施逐步完善的机遇，引导企业快速提升设备、管理的信息化、智能化。结合济源农业特点，支持信息技术与现代农业结合，在都市农业、休闲观光农业中积极发展“智慧农业”，建成一批智慧农业示范区。大力发展生产性服务业，引导制造型企业把研发、设计、服务、物流等环节独立出来，提高生产性服务业对产业转型升级的支撑力。

4. 转“绿”

针对济源产业能源资源消耗大、环境污染严重的问题，大力发展清洁生产、循环经济、节能环保产业、环境服务业等，着力向绿色产业转型。重点在铅锌、化工、煤炭、有色等产业中推广应用清洁生产技术，引导产业链上中下游企业集聚发展，促进产业链无缝对接，打造循环经济产业链。大力发展节能环保产业，支持装备制造企业通过节能环保技术提高产品节能降耗减排水平，引入一批环境服务业企业，为传统产业的工业企业提供设备节能、节水改造。

（二）济源产业的升级路径

济源产业发展要立足比较优势与区域特色，选择合适的升级路径。

1. 由产业链上游向下游延伸

近几年，虽然济源产业结构调整卓有成效，但主导产业多集中在产业链上游、加工粗放、层次低端、产业链短的情况并没有发生根本性改变。要实现济源产业转型升级，必须从提高产业延伸度着手，推动传统优势产业从产业链上游向下游拓展延伸，以向下游终端环节规模扩张带动上游产业良性发展，重点在高加工度环节、瓶颈环节、关键配套环节领域寻求突破。

2. 由价值链低端向高端攀升

依托能源原材料以及制造业基础，按照“提升中间、拓展两端”的思路，实现由价值链低端向高端攀升。从制造业产业链各环节附加值分布演进规律看，中间环节加工制造的附加值快速降低，高附加值环节加快向研发与品牌等两端环节延伸，而济源的传统优势多集中在中间环节，要提升中间环节的发展水平，以中间环节竞争力带动两端增值环节加快发展，推进产业转型升级。

3. 由加工制造向制造服务拓展

济源产业转型升级必须要加快推进制造业服务化，提高服务增值能力，实现由“济源制造”到“济源服务”的转变。着力培育一批系统集成商和综合解决方案提供商，支持龙头企业把发展重心从加工制造产品向提供增值服务及“产品服务包”转变，由卖单件产品向卖集成产品、模块化产品、系统解决方案、安装调试、技术支持、综合服务等转型。支持企业与研发机构、生产性服务类企业形成业务联盟，共同开发市场。

4. 由点式发展向链式发展提升

“只见项目，不见产业”是济源产业转型升级必须要解决的问题，要把提高产业链接度作为判断产业竞争力的指标之一，依托产业集聚区推动产业由点式发展向链式发展转变。强化龙头企业的辐射带动力，带动中小企业提升专业化配套能力，支持中小企业依托比较优势积极参与区域产业链的分工合作，着力发展大、中、小企业协作配套的现代产业分工合作网络。

四 济源加快推进产业转型升级的对策建议

（一）构建新型产业体系

2014 年，河南提出了加快建设先进制造业大省、高成长服务业大省、现代农业大省，为新形势下各区域产业结构调整指明了方向。济源需要根据自身优势谋划构建新型产业体系，对产业结构框架重新设计，对高成长性制造业、战略性新兴产业、高成长性服务业、新兴服务业、现代农业等深入研究，深刻把握区域比较优势和产业发展趋势，提出一个适合区域实际情况的主导产业的结构框架，突出重点，突出特色，为济源产业转型升级指明战略方向。

（二）完善政策措施体系

当前，伴随着全面深化改革的持续展开和新工业革命的蓬勃兴起，产业转型升级面临的国内外环境发生了巨大变化，济源要适应新形势与新趋势，参考沿海发达地区案例，加快出台“关于加快济源产业转型升级的指导意见”，并推出济源市加快产业转型升级配套政策和实施方案等文件，形成一套支持产业转型升级的政策措施体系。

（三）打造科技商务核心区

科技创新是产业转型升级的第一动力，建议依托济源高新区高水平打造科技商务核心区（TBD，Technology Business District），科技商务核心区是高新技术产业与现代服务业、生产性服务业、生活性服务业高速融合的新型板块，促进研发机构、创新平台、孵化器、公共技术服务平台集聚发展，把济源正在谋划中的节能环保产品展示和转移中心、中国环保节能集团公司服务中心等放在科技商务区，提高休闲、会展、酒店等服务水平，吸引域外高端研发机构入驻，真正打造成带动济源产业转型升级的高端平台。

（四）打造一批产业整合平台

在经济下行压力下，产业整合调整加剧，济源应打造一批高端的产业整合平台。抓住混合所有制发展机遇，依托市融资平台与龙头企业，组建市控股投资公司，对本地优势产业进行整合。加快打造一批企业加速器，大力引进华夏幸福基金、联东 U 谷等高端的产业园区综合运营商，推进特色高技术产业跨越式发展，并形成示范效应，提高本地产业园区发展水平。

（五）搭建一批区域合作平台

深度融入豫西北和晋东南区域战略合作，搭建合作平台，支持本地优势企业组建区域性产业联盟和创新联盟。加快与西安交大、中科院、同济大学、中国科技大学、兰州理工大学等多家高等院校和科研机构建立“产学研”合作平台，加快高端项目、高端人才的引进，集聚产业、人才、技术、资金、平台等要素资源，打造济源用智借智的“绿色通道”，支持产业转型升级。

参考文献

龚绍东：《河南工业发展报告（2014）》，社会科学文献出版社，2014。

龚绍东、赵西三：《从传统工业到新型工业》，经济管理出版社，2013。

济源市统计局：2009～2013 年的《济源统计年鉴》。

B.4

济源农村产权制度改革报告

武文超*

摘　要：

近年来，济源市为了尽快破除城乡二元结构，加快城乡发展一体化进程，实现农民增收、农业增效和农村的和谐稳定，坚持有计划分阶段、积极稳步地开展农村产权制度改革工作，并确定了以“六权两股两改两建”为主要任务的方案。本文介绍了济源农村产权制度改革的做法、成效和经验，并提出了一些有针对性的对策建议。

关键词：

济源市　农村产权制度改革　城乡一体化　六权两股两改两建

当前，我国总体上已经进入了破除二元结构、形成城乡发展一体化格局的重要时期。济源作为河南省城乡一体化试点市，为了尽快破除城乡二元结构、统筹城乡发展，赋予农民更多的财产权利，加快城乡发展一体化进程，实现农民增收、农业增效和农村和谐稳定，济源市近年来在有计划分阶段、积极稳步地开展农村产权制度改革的试点工作。

一　济源农村产权制度改革的背景和意义

（一）城乡一体化发展是当前全面深化改革的主要方向

改革开放以来，城镇化进程一直是中国经济快速增长的重要动力，为当前

* 武文超，河南省社会科学院金融与财贸研究所助理研究员。

中国经济的基本经济制度确立和现代市场体系建设打下了基础。从 20 世纪 90 年代中期开始，我国城镇化进入了加速发展阶段，经过近 20 年的发展，全国城镇化率已经从 1996 年的 29.04% 提高到了 2013 年的 53.7%，与此同时，我国的经济社会发展也有了巨大的变化。2013 年以来，国务院总理李克强曾经在多个场合提出，未来中国经济发展的最大潜力在城镇化。

尽管如此，由于种种历史原因和早期发展中对农村经济的忽视，我国城乡分割的二元结构一直没有被彻底打破。我国城乡二元结构主要表现为城镇和农村在资源配置制度、户籍制度和身份、社会保障制度、人均收入和消费水平等多方面的差异。城乡二元结构所表现出的城乡分割，人口和生产要素在城乡之间的流动不通畅，导致农村经济发展严重落后，农民收入长期偏低，城乡发展比例失衡。经过多年的积累，城乡二元结构使城乡矛盾不断突出，并使我国的城镇化进程也受到了阻碍，也是严重制约我国经济社会实现进一步发展的关键因素。我国要完成经济发展方式转变，突破“中等收入国家”陷阱，向高收入国家迈进，实现全面建成小康社会的伟大梦想，就必须要打破当前城乡分割的二元结构。

2013 年 11 月 12 日，党的十八届三中全会通过的《中共中央关于全面深化改革若干重大问题的决定》指出，城乡二元结构是制约城乡发展一体化的主要障碍。必须健全体制机制，形成以工促农、以城带乡、工农互惠、城乡一体的新型工农城乡关系，让广大农民平等参与现代化进程、共同分享现代化成果。

城乡一体化是城镇化发展的一个新阶段，是随着生产力的发展而促进城乡居民生产方式、生活方式和居住方式变化的过程，是城乡人口、技术、资本、资源等要素相互融合，逐步达到城乡之间在经济、社会、文化、生态上协调发展的过程。城乡一体化就是要把工业与农业、城市与乡村、城镇居民与农村居民作为一个整体，统筹布局谋划，促进城乡在规划建设、产业发展、市场信息、政策措施、生态环境保护、社会事业发展的一体化，改变长期形成的城乡二元结构，实现城乡在政策上的平等、产业发展上的互补、国民待遇上的一致，让农民享受到与城镇居民同样的文明和实惠，使整个城乡经济社会全面、协调、可持续发展。

（二）济源市坚持推进城乡一体化改革的责任与担当

当前，我国总体上已经进入了着力破除城乡二元结构、形成城乡发展一体化格局的重要时期，加快城乡一体化综合改革是新一轮农村改革发展的重大课题。随着党的十八大和十八届三中全会的召开，中央对城乡一体化的发展提出了新的部署和要求，这为济源坚定“城乡一体化”的发展定位提供了强有力的政策基础。就河南省而言，长期以来作为农业大省和人口大省，农村人口众多，城乡分割明显。2011 年，中原经济区建设上升为国家战略，提出探索以新型城镇化为引领的“三化”协调科学发展之路，而毫无疑问地说，城乡一体化正是“三化”协调道路的目标之一。推进城乡一体化综合改革实验，是济源市贯彻落实党的十八大、十八届三中全会精神以及实施中原经济区战略的实际行动。

济源市是河南省城乡一体化试点市，2007 年以来，济源坚持以城乡一体化统揽经济社会全局，按照“关键抓发展、核心抓统筹、重点抓农村”的思路，持续不断地抓好城乡规划布局、基础设施、产业发展、公共服务、生态环境、要素保障等六个方面的一体化发展，缩小了农村与城市之间的差距，促进了城乡全面协调发展。但是随着新型城镇化、工业化进程的全面加快，广大农民进城的意愿较为强烈。然而，在农民加快向城镇转移集聚过程中，却存在着进城落户成本高、土地流转秩序乱、农村资产收益少、农业发展融资难、城镇土地资源缺等一系列问题制约，不仅阻碍了农民进城步伐，而且阻碍了现代农业发展。究其根源，可能是过于注重通过项目资金的转移支付来推进新农村建设，却一直忽视了城乡之间在户籍身份、土地产权、房屋产权、金融服务、社会保障、社会管理等方面的二元化差异和制度性不平等，统筹城乡的市场化、组织化机制滞后于“三化”协调发展的需求，难以从根本上改变城乡之间差距不断拉大的现实。因此，济源的城乡一体化发展、新型城镇化进程已经迈入了户籍、土地、金融等体制机制改革的“深水区”。未来，济源将坚持着眼于统筹城乡发展，加快推进城乡一体化改革，着力破解城乡二元结构，真正让城乡资源要素无障碍地自由流动，真正发挥市场对资源配置的基础性作用和政府对统筹城乡的主导作用，为推进济源的转型发展奠定坚实基础。

（三）农村产权制度改革是城乡一体化改革的关键环节

近年来，济源城乡一体化进程不断推进，但是发展过程中也存在一定的问题。一方面进城农民直接面临就业、创业、住房、社保、子女就学等现实问题，城市生活的经济压力大；另一方面进城农民在农村的集体土地、宅基地、房屋、林地、水利设施等资产，却长期闲置，不能转化为农民进城的资本。其中原因很多，一是农村产权归属不清晰，处于集体共有、人人无份的虚置化状态，难以形成产权独立的集体法人主体。二是农村产权流转不顺畅，土地、房屋等要素的市场化配置机制没有建立起来，农村资产的价值很难被市场完全发现。三是农村发展的组织化程度不高，主要表现在农村集体经济组织、农业股份合作组织、家庭农场等法人实体尚未真正建立，农业现代化缺乏产业化经营、社会化服务组织，乡村城镇化也缺乏农民集体的融资经营平台。四是农村资产的处分权能不充分。主要原因在于农村土地、房屋等产权的所有权、使用权、收益权、处分权“四权”模糊，存在有地无权、有权无证、地证不符等现象，尤其是农村宅基地、农村集体土地上房屋、集体林权等尚不具备充分的入股、抵押、转让等处置权。广大进城农民自主创业、消费贷款需求和发展现代农业的流动资金需求，难以获得更多金融支持。

面对当前改革发展中的现实情况，济源提出，着力在农村产权制度改革、农村金融改革创新、农村投融资体制、农村配套改革等方面实现较大突破，加快建立以工哺农、以城带乡、城乡差距全面缩小的一体化发展机制。在这一系列改革措施当中，农村产权制度改革正处于基础和关键环节。通过农村产权制度改革，将实现农村资产、资源的权属明晰化、配置市场化、要素资本化和监管规范化。与此同时，不断培育农村新型市场经营主体，持续创新农业生产经营体制，促进城乡生产要素的平等交换，逐步破除城乡二元体制，激发农村发展活力，促进“三化”协调科学发展。

二　济源农村产权制度改革的做法和成效

济源多年来坚持城乡一体化发展，推进农村产权制度改革，在此过程中进行了大量的探索，取得了显著的成效，为济源的经济社会发展提供了动力和活力。

（一）济源农村产权制度改革的做法

为尽快破除城乡二元发展体制，维护好进城农民的农村资产收益权，加快农村人口向城镇转移，从 2007 年起，济源就开始探索推进农村集体产权制度改革，大体上可分为三个阶段。

第一阶段（2007 年至 2011 年 6 月），以土地流转、林权改革为主要任务。目前，全市通过土地入股、村企联姻、大户带动、荒坡开发、基地 + 农户等方式，累计完成土地流转 40.5 万亩，组建市镇土地流转服务平台 13 个，整村实现土地流转 53 个，全市 100 ~ 1000 亩的种植户有 23 个，1000 亩以上的“农场主”有 21 个，形成了蔬菜、养殖、林果、苗木等支柱产业，基地面积超过 20 万亩。林权制度改革进展顺利，已完成 134 万亩集体林地的产权明晰任务，累计组建各类林业合作经济组织 65 个，开展林权流转 6 起 9000 余亩，办理林权抵押 630 万元。

第二阶段（2011 年 7 月至 2012 年 10 月），以土地确权、小农水改革、农村集体股改为主要任务。目前，全市范围内的集体土地所有权外业测量工作已完全结束，4 个承包土地经营权确权试点基本结束，登记颁证正在进行。小型农田水利工程确权率达 95% 以上，但受到水利工程公益性强、水价尚未市场化等因素制约，社会资金不愿涉足水利项目，市场化改革进展缓慢。选择了 5 个居委会进行集体资产股改，清产核资、股民界定正在进行。

第三阶段（2012 年 10 月之后），党的十八大以后，济源按照“加快完成城乡发展一体化体制机制，促进城乡要素平等交换和公共资源均衡配置”的新要求，重新调整了农村产权制度改革的工作思路，选择了 5 个试点镇开始综合推进改革实验。在全面开展农村“六权”确权颁证的基础上，推行以“两股两改两建”为主要任务的农村产权制度改革。从 2013 年起，计划利用 3 年左右的时间，到 2015 年底基本实现农村资产、资源的权属明晰化、配置市场化、要素资本化和监管规范化。

"六权"是指农村集体土地所有权、土地承包经营权、集体建设用地使用权、宅基地使用权、集体土地上房屋所有权、小型农田水利工程所有权。

"两股"是指推行农村集体资产股份化改制和承包土地股份化经营，变产权为股权，变村民为股民。

"两改"是指改革乡村管理体制，实行政经分开，壮大集体经济；改革农村集体土地使用制度，规范集体经营性建设用地流转，逐步建立统一的城乡建设用地市场。

"两建"是指建立农村新型合作经济组织，培育股份合作社、专业合作社、专业大户、家庭农场等新型生产经营主体；建立农村产权交易市场平台，促进农村各类产权依法有序流转，增强农村发展活力。

（二）当前济源农村产权制度改革的进展

1."六权"确权试点顺利推进

2013年，济源分三批选择21个村进行综合改革试点。通过试点，济源积累了工作经验，培养了一批能力强、业务精的骨干队伍，改革中遇到的问题也在工作中不断得到化解，工作机制和矛盾纠纷化解机制初步建立，已经具备了在全市全面铺开的条件。

2. 交易平台初步搭建

确权是基础，流转是核心。为使农村产权在确权的基础上能够顺利入市交易，济源认真研究交易平台的运作模式，初步搭建了市级交易平台和镇级交易工作站。截至2013年10月，全市林权抵押贷款已办理业务8起，面积达6550亩，贷款金额630万元。

3. 股份制改革稳步推进

2013年，济源选取5个居委会进行集体资产股份制改革，3个村进行土地股份合作经营试点。截至2013年10月，5个居委会已经完成清产核资和集体经济组织成员身份界定等工作，正在进行登记注册的准备；土地股份合作社的试点已完成1个村。

（三）济源农村产权制度改的成效

通过近年的改革实验，济源以城带乡、以工哺农的城乡一体融合发展的态势基本形成，取得了明显成效。

1. 农业转移人口市民化在加快推进

加快剥离附着在户籍上的权利福利差异，规定农民进城落户后将继续保留农村承包土地经营权、宅基地使用权、集体资产收益分配权，既促进了现代农业的规模经营，也解除了土地对农民的束缚，加快了农村居民向城镇转移集聚的步伐。2010 年以来，累计在中心城区、郊区城镇开工建设 23 个规模在 1000 人以上的新社区，累计入住山区农村、工业项目区群众 2.3 万人。先后出台了城镇灵活就业人员参加城镇职工养老保险、医疗保险、住房公积金政策，将进城农民、外来人口纳入城镇住房保障政策范围。自 2007 年以来，济源的城镇化率每年以 2 个百分点的速度在提高。

2. 村级集体经济实力在逐步增强

据统计，2012 年济源村级集体经济收入 50 万 ~99 万元的村有 38 个，100 万 ~999 万元的村有 36 个，1000 万元以上的村有 3 个。部分农民获得征地补偿资金后，不是“分光花光”，而是作为原始资本谋求更大发展；部分农民集体组建了村级集体公司，在集体所有土地上筹建了集贸市场、商铺等；在城中村改造中，政府部门给予人均 35 平方米左右的安置性商铺，市场价值巨大，且租金可观。

3. 农业组织化程度在快速提高

济源种植面积在 50 ~ 100 亩的种粮大户有 4500 余户，100 ~ 1000 亩的有 23 户，1000 亩以上的有 21 户。一是土地入股。思礼镇涧南庄将土地统一流转给合作社，合作社在建好设施后又倒包给 12 个大户经营。二是村企联姻。双汇集团流转坡头白道河村 300 亩土地用于生猪屠宰、食品加工；轵城交兑村与安徽“隆平高科”签订了 20 年期限的土地租赁协议进行育种试验。三是大户带动。五龙口镇连东村王保卫流转土地 1700 亩，用于小麦制种和优质大豆种植；克井镇勋掌等村近 3000 亩土地流转给张建兵规模经营，发展冬凌草 1050 亩。四是荒坡开发。坡头佛涧村将 300 亩荒山租赁给客商，进行生态园区建设。

4. 农村金融改革创新在探索前行

先后出台了集体建设用地使用权、农村承包土地经营权、新型农村社区房屋、林权抵押融资管理办法，为 4 家林权权利人办理了 8 起林权抵押贷款业务，抵押面积 6551 亩，贷款余额 630 万元。在 2012 年引进了澳洲联邦村镇银行，注册资金 8000 万元，累计为“三农”发展提供信贷资金 1.3 亿元。积极推进国家开发银行支持现代农业发展的金融创新，市建设投资公司出资组建了济源市富民农业发展有限公司，健全了“四台一会”，目前国开行已确定首批 15 家企业和农业合作社的 4300 万元信贷额度。

三　济源推进农村产权制度改革的经验启示

农村产权制度改革是一项系统工程，涉及面广，改革难度比较大。济源在积极稳妥地推进改革的过程中，取得了一定的成绩，同时也形成了一些推进工作的经验措施，下面进行一个简单的归纳总结。

（一）坚持顶层设计和试点先行相结合

济源开展农村产权制度改革以来，市委、市政府高度重视，强化改革的前期研究和顶层设计。及时组织各级领导干部学习先进地市的改革经验，多次召开常委会议听取改革的进展情况，并对其中存在的问题进行深刻分析，同时聘请国务院发展研究中心的专家到济源进行调研考察，了解济源的改革情况，并对改革的做法进行论证。通过反复的调研、考察和论证对农村产权制度改革进行了全面规划，明确了农村产权制度改革的指导思想、目标和原则，以及在“六权”确权基础上的“两股两改两建”的主要任务。在此基础上，济源相继出台了一系列文件，从思路、方向和原则上保证改革不断向好的方向发展。

在对改革的规划设计的基础上，济源市坚持因地因村制宜、分类指导、分步组织实施，充分尊重基层首创精神，重点在体制机制创新上下功夫，先封闭运行，做到风险可控、积累经验、以点带面、扎实推进。济源按照不同的自然条件和经济社会发展状态，因地制宜确定了 11 个镇的 21 个村为前三批试点村，并制订了详细的试点推进计划。第一步是改革的准备工作；第二步是启动两个试点村，先行一步，探索改革具体操作模式；第三步是开展第二批 4 个试

点镇办的改革工作，并搭建农村产权交易平台；第四步是从 11 个镇选择第三批试点，全面启动全市镇村的产权制度改革试点工作。

（二）坚持城乡一体和群众福祉相结合

济源市推进农村产权制度改革的目的在于破除城乡二元体制，激发农村发展活力，维护好农民的财产权益，加快构建以工促农、以城带乡、工农互惠、城乡一体的新型工农、城乡关系。这一切最终还是要以地区的经济社会发展、人民生活水平提高和城乡一体为落脚点。因此，产权制度改革强调充分尊重农村集体经济组织和农民的主体地位，对法律法规赋予其对土地、房屋等要素的所有权、使用权、经营权进行确权颁证。依法促进农村资产、资源有序、规范的流转，创新集体土地、林权、房屋产权和经营权等多项资产的使用制度，激发农村经济活力；持续培育农村新型市场经营主体，发展壮大集体经济，变村民为股东，增加农民集体资产收益；通过农村承包土地的股权化合作经营，加快培育一批新型的市场法人主体，变农民为股民；创新农村金融服务，鼓励金融机构开展农村各项物权的抵押融资，建立农村产权抵押风险分担机制，发展多种形式农村金融组织，为搞活农村经济提供资金支持。利用多种政策组合为农村经济释放活力，提高其自身“造血机能”，逐步形成农村经济持续发展、农民持续增收的体制机制。同时，将农村产权制度改革和户籍管理制度改革、城乡社会保障制度改革、公共财政支出制度改革、农村金融体制改革等结合起来，做到改革真正服务于民。

（三）坚持统一领导和民主决策相结合

为保障改革工作的顺利推进，济源及时成立了以市长为组长，市委副书记，常务副市长，分管土地、城建、农业的副市长为副组长，发改委、财政局、农业局、林业局、国土局、住建局、水利局等相关职能部门为成员单位的市农村产权制度改革领导小组，各职能部门、各镇办、试点村也相应成立了农村产权制度改革领导小组。同时，建立了市委书记听取汇报制度、领导小组联席会议制度、领导小组办公室联席会议制度、工作督察制度等一系列工作推动机制，强化组织协调，确保政令畅通，促进各职能部门、各镇办的协作与配合，确保了改革工作能够扎实、顺利推进。

与此同时，切实保障广大农民的知情权、参与权、决策权和收益权，尊重农民群众的选择，不搞“一刀切”。在村级重大事务、历史遗留问题、改革疑难问题等与群众切身利益相关事项的处理上，都要按照“四议两公开”工作法来决策、实施，力争做到“大事不出村、小事不出组”，既要推进改革顺利实施，又要确保农村社会稳定。在改革推进过程中，通过人大代表视察、政协委员调研、市级老领导调研等多种形式，听取社会各界的意见建议，不断改进试点工作方式方法，同时也起到了营造改革氛围、推动工作开展的作用。全年通过培训班、会议、调研、考察等多种形式的宣传，不但使全市上下形成了支持改革的共识，也培养了一批业务骨干，为进一步的工作奠定了基础。

（四）坚持政策制定和宣传学习相结合

为完成改革目标，济源制定了《中共济源市委济源市人民政府关于开展农村产权制度改革的指导意见（试行）》《关于开展农村土地承包经营权确权颁证试点工作的指导意见》《济源市人民政府关于农村集体土地确权登记发证的若干意见》《济源市人民政府办公室关于加快小型农田水利工程管理体制改革的实施意见》《济源市农村产权制度改革工作领导小组办公室关于印发济源市农村产权确权工作流程（试行）的通知》等一系列政策，并相继出台了《济源市农村产权确权工作流程的通知》《济源市农村集体建设用地和宅基地使用权确权登记发证工作实施方案》等一系列指导具体工作推进的规范性文件，确保试点工作符合政策要求和法定程序。此外，还编写了宣传提纲、工作手册、法律汇编等资料，加大政策的宣传与培训。组织拟定《济源市农村产权交易管理办法》和各类产权交易规则，为进一步开展农村产权交易做好准备。在基层，镇、村、组的工作人员在工作中做到边学边讲边改，力争把每个人培养成为熟懂各方面政策知识的多面手和宣讲员，同时采取座谈会、以会代训、悬挂横幅、印发资料等多种形式营造氛围，切实提高广大干部参与农村产权制度改革工作的积极性。各级政府工作人员和村、组的干部群众通过对政策的宣传学习活动提高了对农村产权制度改革的认识，提高了民主决策和政策落实的效率，加快了各项改革工作的推进。

四　进一步推进农村产权制度改革的分析和展望

目前，济源市农村产权制度改革工作持续稳步推进，为城乡一体化带来了新动力，干部和群众对这项改革积极拥护，且农村产权制度改革的思想已经深入人心。面临改革中的制约和困惑，还要进一步完善改革措施，在现有体制机制框架下取得突破，不断取得农村产权制度改革的新成绩。

（一）济源推进农村产权制度改革面临的制约和困惑

1. 法律法规及配套措施缺乏

农村产权制度改革的实质是还权于民，让广大农民平等参与现代化进程、共同分享现代化成果。因此就需要盘活农村资源，赋予农民更多的财产性权利。但按照现行的法律法规，农村资产确权之后上市流转的难度较大，如农村的房屋如何流转，集体建设用地如何盘活、流转，农业流转中如何更好地进行规模化运作等，没有相应的法律法规做保障，也没有出台相关财政税收方面的支持政策，致使农村的资产有价无市，不能很好地促进城乡之间要素的平等交换。

2. 农村产权制度改革缺乏财政扶持

农村产权制度改革是一项系统工程，涉及方方面面，需要充足的经费做保障。就济源来讲，在确权方面就涉及“六权”的勘界与测量，特别是对全市1931平方公里的土地、527个村（居）的房屋、全市林权的界定等都需要聘请专业的测绘人员进行测量和测绘，还有相关资料印刷、人员培训、政策宣传等方面需要一定的资金支持，而农村经济基础薄弱，没有能力承担，目前全部由财政承担，造成财政负担较重。

3. 经济基础薄弱，干部群众对集体经济股份制改革的积极性不高

据统计，2012年，济源村均集体经济收入35.3万元，村均集体债务49万元。其中，30%左右的村除财政转移支付外没有任何收入，仅有14%的村（居）集体经济收入在50万元以上。而近年来各种公益性和福利性支出不断加大，造成大部分村入不敷出，甚至出现资不抵债现象。有的村通过征地补偿虽获得少部分净资产，但由于集体经济组织成员资格界定未完成，而群众要求进行分配，分配后净资产所剩无几。集体经济股份制改革的核心是集体资产产权，而现在很多行政村特别是山区的行政村几乎没有资产，改制也就无从谈起，群众积极性也不高。

4. 农村新的管理体制尚未建立，不利于政企分开

发展农村经济，盘活农村资产需要政企分开，这需要按照现代企业制度建立股东会、董事会、监事会和总经理负责制的“三会一制”法人治理结构。但从济源目前改革实践看，由于新的基层管理体制没有真正建立起来，原有的村级“两委”班子成员还兼任企业管理职务，新组织还存在政企不分的现象。为了平稳过渡到新体制，在过渡阶段交叉任职是必要的，但如果依然保持这种交叉任职的组织架构，继续政企不分，将回到原有的管理体制老路上去。因此，建立新的行政管理体制，摆脱行政化管理模式，真正实行所有权与经营权分离，处理好组织之间的关系，是新组织成为市场主体的关键所在，也是农村稳定发展的关键。

5. 集体经济组织成员资格界定难度较大

推进农村产权制度改革的目的是为了激活农村发展活力，必须增强集体经济发展的动力，进行集体经济股份制改革，但是在改革过程中如何界定集体经济组织成员的资格是改革的关键。改革开放以来随着人口流动加快和身份转化，群众对集体经济组织成员的界定存在很多异议，但是现有的法律法规如《中华人民共和国农村土地承包法》《中华人民共和国物权法》《村民委员会组织法》《最高人民法院关于审理农业承包合同纠纷案件若干问题的规定、适用法律问题的解释》等，对“农村集体经济组织成员”都没有明确的界定，只是一些原则性的规定，即“依照法定程序经本集体成员决定”，使得很多“出嫁女”“改嫁妇”“领养、收养子女”等问题层出不穷，集体经济组织成员资格界定难度较大。

（二）当前济源农村产权制度改革面临的环境和机遇

2013 年 11 月，党的十八届三中全会通过的《中共中央关于全面深化改革若干重大问题的决定》针对经济、政治、社会等六大领域改革进行了全方位

部署，全国上下改革气氛空前高涨，各项事业的改革正处于前所未有的环境和机遇当中。决定当中将“健全城乡发展一体化体制机制”作为16个方面之一，进行了多方面的详细部署。其中，关于农村土地承包经营权、农村合作经济的发展、农民财产权利、城乡资源的流通和配置等都提出了意见。在此情况下，济源推进农村产权制度改革刻不容缓，同时，决定当中的相关论述也对济源农村产权制度改革中的困惑指明了前进的方向。

就河南省而言，当前也处于全面贯彻落实党的十八大和十八届二中、三中全会精神，紧紧围绕中原崛起河南振兴富民强省总目标，把改革创新、扩大开放贯穿于经济社会发展各个领域各个环节，打造富强河南、文明河南、平安河南、美丽河南的发展时期。粮食生产核心区、中原经济区、郑州航空港经济综合实验区三大国家战略规划的实施为河南的经济社会发展提供了动力。在此环境下，济源农村产权制度改革的进一步推进是从底层突破深化改革的有力实践，是对中原经济区“三化”协调科学发展之路的有益探索。

（三）进一步推进农村产权制度改革的相关建议

1. 稳步推进各项改革任务

（1）全面推行“六权”确权颁证工作。力争尽早在全市内完成“六权”的确权工作，达到归属清晰、产权明确的目标，为下一步农村产权的顺畅流转打下基础。

（2）积极推动股份制改革。引导农民把依法获取的土地承包权转化为长期股权，变分散的土地资源为联合的投资股本，进行企业化运作。推进以股份合作为主要形式的农村集体经济股份制改革，建立新型农村集体经济组织产权制度，明确农村集体经济组织的管理机制，健全保护农村集体经济组织和成员利益的长效机制，构建完善的农村集体经济组织现代产权运行体制。

（3）加快培育新型成产经营主体。鼓励农户将土地承包经营权与集体资产一起入股，成立集体土地股份合作组织，支持发展家庭农场。建立和完善土地承包经营权的退出利用机制，支持农村集体所有的未利用地流转。鼓励归属明晰的林地承包经营权和林木所有权流转，规范流转行为，盘活森林资源。

（4）创新集体土地使用制度，促进农村房屋、水利工程产权的流转。规

范农村集体土地、经营性用地、建设性用地和宅基地的流转模式，建立农村房屋使用权和相关产权流转市场，促进小型农田水利工程管理运营市场化。

（5）建设农村产权交易平台，为农村及涉农各类产权的流转提供全面的服务，并逐步扩大交易品种和范围。建立和完善非政府性的农村资产评估中介机构准入监管制度和农村产权交易基准价格体系。

（6）创新农村金融的产权抵押服务。建立和完善农村各类产权抵押担保融资管理办法，鼓励金融机构开展农村各项资产和用益物权抵押融资业务。建立农村产权抵押风险分担机制，建立政策性担保机构为农村各类合作组织和企业提供产权抵押融资担保。组建政策性的农村资产经营管理公司，协助金融机构妥善处置因开展农村产权抵押贷款产生的不良资产。加快城乡诚信体系建设，优化金融生态环境。深入推进农业保险业务，多元化分担农村产权抵押业务的金融风险。

2. 把农村产权制度改革和相关配套改革结合起来

农村产权制度改革是济源城乡一体化改革当中的一环，要坚持和户籍管理制度改革、城乡社会保障制度改革、公共财政支出制度改革、农村金融体制改革、行政管理体制改革等诸项改革结合起来，做好顶层设计，形成相互协调的推进机制，使得各项改革齐头并进。

（1）创新新型农村社区建设投融资体制，将农民纳入城镇住房公积金、城镇住房保障制度覆盖范围，用足用活政策性银行支持新农村建设的信贷政策，多元化拓宽融资渠道。

（2）深化户籍管理制度改革，推行户口按实际居住地登记制度，消除附着在城乡户籍上的权利福利差异，农民在农村的权益不因户口迁移而改变，促进城乡居民的自由迁徙。

（3）加快新型农村合作医疗和城镇居民医疗保险的制度并轨步伐，鼓励有条件的被征地人员、进城务工人员、城镇灵活就业人员参加城镇职工社会保险，维护好农业转移人口的合法权益。

（4）均衡城乡公共服务配置，实行市级优质学校委托管理农村学校制度，构建市级医院与镇、社区卫生服务机构的“医联体”。

3. 完善农村产权制度改革的保障措施

（1）加强组织领导。市委、市政府成立组成专门的改革领导小组，建立联席会议制度和部门协调机制，对改革中的重大事项和突出问题，召集相关部门共同研究、协调解决。各个镇、局委办密切配合，共同推进，确保改革的各项工作落到实处。

（2）强化改革指导。政府相关部门及时出台相关改革的政策，规范工作流程，保障改革工作有序推进。基层政府针对自身情况和相关政策要求，制订各项改革措施落实的计划，确保整体工作顺利推行。

（3）促进发展稳定。改革试验要加强规划，做好与经济社会发展重大规划、政策的衔接，坚持统分结合的农村基本经营制度，切实保障农民合法权益。尊重农民意愿和基层首创精神，建立农用地、林地、集体建设用地（含宅基地）、农村房屋、小农水工程产权纠纷调处机制，妥善解决好农村产权确权和流转中出现的各类问题，把矛盾化解在基层，确保改革稳步推进及农村社会稳定。

参考文献

国家统计局：《2013 中国统计年鉴》，中国统计出版社，2013。

河南省统计局：《河南统计年鉴 2013》，中国统计出版社，2013。

国家发改委：《中原经济区规划（2012～2020 年）》，2012 年 11 月。

中共济源市委、济源市人民政府：《关于开展农村产权制度改革的指导意见（试行）》，2013 年 12 月。

B.5 济源新型城镇化发展报告

王建国*

摘　要：

济源市从自身实际出发，始终坚持“全域规划、一体发展”的指导思想，以全域城市的理念规划城乡发展，以城乡一体化统揽全域经济社会发展，形成了具有济源特色的全域均衡城镇化发展模式。未来济源要着力破解中心城区人气不旺、现区划体制桎梏、农村土地制度改革创新不够、服务业发展滞后等矛盾和问题，科学促进新型城镇化健康可持续发展。

关键词：

济源　新型城镇化　模式与对策

济源市深入贯彻落实党的十八大、十八届二中、十八届三中全会精神，围绕中原经济区建设的战略部署，以新型城镇化为引领，坚持全域规划、一体发展，着力推进农村人口向城镇集聚，着力推进产业集聚发展和结构升级，着力推进基础设施建设和基本公共服务均等化，着力推进生态环境保护和资源集约节约利用，率先形成改革驱动、民生优先、产业优化、生态友好的新型城镇化发展格局，为把济源建设成为中原经济区充满活力的新兴中心城市奠定了坚实基础。

一　基本做法和成效

（一）坚持重点推进，城镇化发展水平持续提升

济源是河南省 18 个省辖市之一，但与其他 18 个省辖市不同的市情是，济

---

* 王建国，河南社会科学院城市与环境研究所所长、研究员。

源地域仅仅是一个县域的框架，没有下辖县级单位。2012 年，市域面积 1931 平方公里，下辖 5 个办事处、11 个镇，人口 67.8 万人，人均生产总值 62358 元，人均一般财政收入 4245 元，农民人均年收入 10648 元，城镇居民可支配收入 21240 元。济源市委、市政府从自身实际出发，把城镇化作为整个市域经济社会发展的重点工作，着力高标准推进，取得了显著成效，2013 年城镇化率达到 53.4%，比全省平均水平高 11 个百分点。先后荣获国家级卫生城市、国家级园林城市、中国优秀旅游城市、国家级节水城市、全国创建文明城市工作先进城市、中国人居环境范例奖、全国城市环境综合整治优秀城市、全国市容市貌管理先进市、全国水土保持示范城市、中国最具幸福感城市、内地投资热点城市和中国最佳投资城市等荣誉称号。

（二）坚持全域规划，城乡一体化持续推进

多年来，济源始终坚持“全域规划、一体发展”的指导思想，以全域城市的理念规划城乡发展，以城乡一体化统揽全域经济社会发展，编制完成了《济源市城乡总体规划（2012～2030）》，着力建好 1 个中心城区；开发 3 个复合型组团，即城区周边轵城、思礼、承留和克井 4 镇的玉川产业集聚区、虎岭产业集聚区、高新技术产业开发区 3 个产业集聚区相融合；打造邵原、梨林和王屋 3 个重点镇，规划建设 41 个新型农村社区的“1334”城镇空间构架，以及玉川循环经济功能区、虎岭转型发展功能区、东部高效农业功能区、小浪底北岸生态经济功能区、王屋山生态旅游功能区、邵原生态经济功能区的 6 个功能区布局，基本形成了以“中心城区—复合型组团—小城镇—新型农村社区”为主格局的布局优化、衔接紧密、功能完善、统筹发展的现代城镇体系。

（三）坚持普惠民生，公共服务体系不断完善

济源按照普惠民生的理念，不断加快构建城乡一体、全面覆盖、标准领先的基本公共服务供给体系，强力推进教育公平、全民健康、文体普及、社会保障等基本公共服务均等化。优化学校布局，推动高中和职业教育向市区集中，初中向小城镇集中，小学和幼儿园向镇区和新型农村社区集中，推动

了城乡优质教育资源全民共享。率先在全省打破城乡居民身份限制，实现了医保、养老保障全覆盖。医保实现了“六统一”，即参保范围、缴费标准、财政补助、医保待遇、用药目录、社会保障卡的统一，率先在全省将镇级住院补助比例提高到95%；率先在全省发放了集养老、医疗、失业等5种保险为一体并搭载银行金融功能的社会保障卡，医保待遇水平全省最高；低保标准提高，做到了应保尽保。建立市级医院与镇卫生院、社区卫生服务中心紧密联系的医疗体系，实施全民健康档案工程，推进城市医疗卫生资源向基层延伸。加大健康城项目建设力度，加快医疗中心、康复中心、残疾人服务中心、健身养生中心建设进度，着力提供集医疗、保健、养老为一体的新型医疗服务。

（四）坚持产业主导，城镇经济发展不断加快

济源遵循产业发展规律，从自身发展阶段出发，大力实施“工业强市”战略，规划建设了玉川、虎岭、高新技术3个省级产业集聚区，引导城市规划区内的产业向产业集聚区集聚，同时积极发展以装备制造业为重点的高成长产业，积极培育信息技术、生物、新能源、新能源汽车、新材料、节能环保等战略性新兴产业和高新技术产业，目前工业经济比重占到全市的70%以上，富士康、伊利、特步等一批知名企业相继落户，吸纳劳动力超过6万人。同时，一方面统筹农业产业发展布局，加大结构调整力度。重点围绕蔬菜、烟叶、薄皮核桃、冬凌草、畜牧养殖等支柱产业，大力推进“两园四区四基地”建设，打造产业核心区、生态集聚区、农业高效园区，促进了农业生产的集约化、规模化、标准化，成为国家首批现代农业示范区，实现了农业和农村经济的快速发展，实现了农民收入的快速增长，2012年农民人均纯收入达到10648元，比上年增长14%，实现连续9年以两位数增长。另一方面统筹城乡服务业发展，大力繁荣服务业。编制了《济源市服务业发展三年行动计划》，推动服务业提速发展。2012年，旅游业加快发展态势明显，接待游客比上年增长了28%，旅游综合收入增长了31%；交通物流、金融保险、文化娱乐、社区服务等产业加快发展，服务业占GDP的比重达19.5%，比上年提高了0.3个百分点。

（五）坚持完善载体，城镇承载能力不断提高

近年来，济源大力推进中心城区建设，目前建成区面积近 40 平方公里，构建了以中心城区为核心、辐射全市、联通外界的 30 分钟交通圈，燃气、自来水覆盖率达到 100%，医疗废物、垃圾无害化处理率达到 100%，城市集中供热面积达到 310 万平方米，初步形成大气、秀气、灵气的城市特色。在加快完善中心城区基础设施的同时，全面加强镇村水、电、路等基础设施建设，率先在全省实现了"镇镇通"高速公路，"组组通"硬化路；实现了农村饮水安全和"村村通"自来水；实现了农村用电、广播通信、有线电视、宽带"户户通"，城乡居民生活条件得到大幅提升。2012 年，按照先行建设学校、医院、自来水厂、"六通五化两集中"和"1 + 10"社区综合服务中心的原则，强力推进新型农村社区建设，共实施新型农村社区建设项目 23 个，基本建成新型农村社区 5 个，入住 2.3 万人。同时，围绕打造精品宜居城市的目标，按照"显山、露水、见林"的生态建设理念，持续开展植树造林、村容村貌综合整治、十大重点区域综合整治、"五小"综合治理等活动，同时沿山、沿水、沿路建设生态廊道，使城乡生态环境得到了明显的改善和提升。全市的林木覆盖率达到 52.42%，城市绿地率达 38.31%，绿化覆盖率 40.88%，人均公共绿地面积达到 10.26 平方米，全市 90% 的村（居）达到了绿树环绕、树木围村的目标，2012 年济源环境空气质量优良天数达到 315 天，优良天数占全年天数的 86%，连续 7 年跻身环境质量良好城市行列，济源成为中部地区唯一受邀出席联合国气候大会的城市，被列为第二批国家低碳试点城市。

（六）坚持产城融合，农业人口市民化步伐不断加快

济源按照"市域一体、城乡一体、三规合一"的发展思路，坚持产城融合，产城一体，促进资源要素的合理配置，不断加快市民化步伐。市财政每年列支专项资金，用于土地流转奖励，全面推动土地流转，一方面促使农业向集约化、标准化发展，培育了一大批农业合作经济组织和职业农民。另一方面极大地解放了农村劳动力，使越来越多的农民走进工厂、走进城市。同时，积极开展农村集体土地确权登记试点，实施了农村集体土地所有权、集体建设土地

使用权、宅基地使用权、土地承包经营权的确权和小型农田水利工程所有权的确权登记，发放“土地使用权证”和“房屋产权证”，启动村级集体资产股份改革试点和小型农田水利工程管理体制改革，推动城乡要素资本加快流动，促进农村人口向城镇转移。在此基础上，把公共就业服务平台延伸到社区，构建市、镇（街道）、社区三级公共就业服务体系。率先在全省出台城乡居民就业服务均等化政策，实施无差别的城乡就业创业服务，建立全省最高标准就业补贴，全面提高居民就业创业能力。

二　发展模式和特点

（一）全域城镇化

全域城镇化是一个发展过程，也是一个目标。全域城镇化首先是一个过程，即从某一地区全局出发，不断破除城乡二元结构的体制机制，全面统筹城乡规划、产业布局和基础设施建设，逐步建立城乡一体的管理体制、机制和制度，不断提高城镇化水平的过程。它是对城乡一体化发展战略的丰富和提升，是城镇化进程的最高阶段，旨在“全域”视野内进行城市空间布局、产业调整优化、城镇体系整合以及城乡统筹谋划。城乡一体化是推进全域城镇化战略的关键，也是全域城镇化的重要内容和必由之路，并以其为终极目标导向。

全域城镇化是城区现代化和农村城镇化的统一。全域城镇化不仅注重空间的拓展，更要注重全面的提升，既是城区的城镇化水平不断提高的过程，也是农村人口向城镇逐步集聚、农村建设和社会事业逐步与城镇实现“一体化”的过程。因此，全域城镇化不是简单消灭农村，而是改变农村传统居住模式，向现代农村居住方式嬗变，以街、居管理体制替代乡（镇）、村管理体制，实现社区化管理全覆盖。

济源市的基本特点是省辖市级别的县域框架，推进城镇化在市域空间上是难以区分轻重的，因此全域城镇化也就成为必然的选择。济源全域城镇化的模式可概括为：在全境范围内实施城市空间布局和产业布局的全域化，促进城市开发建设全面覆盖、区域人口向城镇相对集中、社区化建设涵盖全部行政村、

城市功能不断拓展完善，逐步实现基础设施同城化、产业结构协调化、公共服务均等化、社会保障一体化和生活条件同质化。

1. 全域谋划新城建设

近年来，济源把新城的开发与建设作为全域城镇化的重点，围绕产业集聚区建设，不断完善基础设施和公共服务设施建设，尤其是引进了高等院校，开发建设了职业教育园区，促进产城融合，以此培育新的经济增长点，着力打造全域城镇化的载体和平台，引领全域城镇化加快发展。

2. 全域城乡一体化

济源坚持全域一盘棋思想，对全域进行整体的、系统的、科学的规划和设计，将城乡的经济社会发展纳入城镇化发展体系之中，构建统筹、协调、均衡、可持续的城镇发展系统，按照城乡一体化的结构、功能、特点和资源优势与区域条件来谋划全域城镇化发展结构和空间布局，在全域形成一个层次分明、结构合理、路径明晰、凝聚人心和可控可实现的统一的发展蓝图，从而实现城乡政策平等、产业发展互补、国民待遇一致的新格局。

3. 全域农业产业化与现代化

济源在推进城镇化过程中，坚持不放弃农业，而是以农业产业化经营为核心，着力转变农业发展方式，用现代科学技术改造武装传统农业产业，大力增加农业产业的技术含量，用管理现代工业的理念和办法来组织现代农业的生产和经营，重点发展特色农业、精品农业和都市型农业，促进传统农业向工厂农业、生态农业和效益农业转型，使农业成为城镇体系中不可缺少的有机组成部分。

4. 全域村镇社区化

济源从区域实际出发，注重把全域城镇化推进过程与新农村建设结合起来，实现城镇化与新农村建设的“双轮”驱动，通过在全域范围内建设新型农村社区，让农村的社会意识、社会结构、社会运转方式逐步城镇化，不断推进传统农村生活方式向现代城市生活方式转变，使城市文明覆盖整个农村社会。

5. 农民市民化

济源按照城乡一体化试点的精神，不断深化户籍制度改革，着力打破城乡二元结构，早在2008年就实现了城乡户籍的统一，实现了全部农民的市民化。

不仅大力推进农村人口向城镇的迁移，而且实现了城乡居民待遇的统一。无论居住在城镇还是农村的居民，都能享有同等的社会福利待遇和现代城市文明生活，基本实现了农民社会文化属性与角色内涵的转型。

（二）均衡城镇化

西方发达国家的城镇化发展史表明：城镇化绝不是简单的农村人口向城市的转移，而是围绕人口转移所涉及城乡之间的空间分布、产城关系、生产要素、居民权益等多方面的均衡关系。而实际上，由于我国城乡区域发展差距普遍较大，整体上均衡城镇化在现阶段是难以实现的。但从济源的现实看，由于区域范围较小，同时城乡发展的差距较小，均衡城镇化特色明显。

济源均衡城镇化模式可以概括为：以人的城镇化为核心，从城乡多元均衡协调的视角，通过完善均衡城镇化体制机制，破除城乡二元结构，构建科学的城镇体系，合理配置资源要素，优化产业空间布局，促进产业和城镇融合，实现人口有序转移、城镇化均衡协调发展。

1. 建立和完善制度，推动城乡居民在基本权益上的平等

均衡城镇化的要义在于缩小城乡差别，推动实现城乡居民基本权益的均等化，形成发展成果共享的体制机制。当前，许多农民在城镇化、工业化的进程中实现了职业、地域的转移，但身份的转换还不充分，社会融入、住房及子女就学等方面的问题还比较突出，也造成了大量的留守儿童、留守老人和留守妇女现象，这既给农村发展带来问题，也给城市社会发展带来隐患。因此，济源基于实际，强化政府顶层设计，按照“以人为本”的理念，通过加强小城镇建设和新型农村社区建设，推动农民向城镇和农村社区转移，逐步实现农民生活方式城市化。同时建立起覆盖全体居民的教育、就业、医疗、养老、住房等基本公共服务体系，促进基本公共服务均等化，逐步实现城乡居民在生存权、发展权等基本权益的平等。

2. 推动城乡要素资源的平等使用、合理流动，均衡无差别合理配置要素资源

我国城乡生产要素使用体制机制分割明显，重城轻乡，在生产要素使用上不能同权同价，流动不畅。针对上述问题，济源着力在土地要素和资金要素上做文章，以此为突破口，推进资源要素的城乡均衡配置。首先在保障粮食安全前提下，不断加快农村建设用地流转，在符合土地规划的前提下，尽可能使乡村土地与国有土地同等入市，最大限度缩小城乡建设用地价格差距。同时，加强农村金融体系建设，引导金融结构在农村地区开设营业网点，加快乡镇ATM机和商户POS机的建设进度，为农村发展提供必要的金融支持。

3. 构建中心城区、重点镇、一般镇和新型农村社区体系，形成较为均衡协调的城镇化空间发展格局

我国在推进城镇化的进程中，由于城乡二元体制的影响，往往是“城市病”和“农村病”并存。为了避免这种不良现象的产生，济源通过主体功能区规划，引导城镇、产业和人口的合理分布，使经济活动和人口逐步向集聚能力较强的城镇迁移，努力构建分工明确、职能互补、布局合理的城镇村落体系。同时，制订科学的城市与区域发展战略规划，综合安排生产力布局，协调环境保护和基础设施建设，制定区域协同发展的政策，引导人口在城乡之间合理分布。

4. 协调推动城镇建设与产业发展，形成产城融合的城镇发展状态

产城融合是实现城镇化健康发展的内在技术要求。济源遵循城镇各种功能要素的内在联系，将居住、服务、产业、绿地等在城镇空间上进行合理规划和布局，促进其在空间上的有机融合和隔离，形成方便、舒适、生态的生产生活环境。

5. 农业转移人口向中心城区和小城镇有序转移

济源均衡城镇化的一个显著特点，是农业转移人口没有一味地涌向中心城区，而是向中心城区和小城镇均衡有序转移。济源均衡城镇化为我国走新型城镇化道路，实现农业人口有序转移，推进农业转移人口市民化提供了示范。

（三）闭环式城镇化

济源地处河南洛阳、焦作和山西晋城三角形之中，虽然也是省辖市，但不同的是只具有一个县的大小，缺乏发展的腹地。所以，实际上，济源中心城区不具备相应的集聚辐射功能，在行政区划内，由于幅员狭小，无法集聚辐射。此外，由于自身与周边各市无法比拟的地盘劣势，又难以发挥集聚辐射功能，这就决定了济源的城镇化在一定程度上呈现为闭环的特点。

济源闭环式城镇化模式可以概括为：由于受到体制的制约，中心城区集聚辐射功能大为弱化，城镇化发展在域内循环，与境外交流受到限制，从而几乎形成以行政区划为界的城镇化发展闭环系统。

1. 经济发展的闭环化

由于济源的现实，决定了济源不可能向周边的焦作、晋城、洛阳进行辐射，同时，也难以对周边形成集聚。因此，济源的经济发展更多地依赖传统坚实的产业基础，借助改革开放的东风，通过不断创新，增强发展动力，依靠自身的力量，不断加快发展。当然，随着改革开放的扩大，济源的招商引资也取得了巨大成效，一批著名企业如伊利、双汇、富士康的落户，大大提高了济源的综合实力。

2. 农业人口转移闭环化

济源经济基础较好，20 世纪 50 年代就以五小工业闻名全国，经过几十年的发展，目前已形成钢铁、铅锌、能源、化工、机械制造、矿用电器六大支柱产业，工业化水平达到 81%，全市现有规模以上工业企业 236 家，豫光金铅连续 5 年入围中国企业 500 强，济源钢铁、万洋、金利入围中国民营企业 500 强；富士康、双汇、伊利等国际国内 500 强企业入住济源，全市主营业务收入超亿元企业达 134 家。农村经济发展较快，形成了养殖、蔬菜、核桃、烟草、冬凌草、花卉苗木等农业特色产业，农业的产业化、规模化程度较高，农村工业、服务业发展水平也较高，这就决定了济源的就业形势相对较好，农业人口不需外出打工谋生；同时，济源对外也尚未形成强大的吸引力，外来人口也不多，也就形成了农业人口转移的闭环化。

3. 闭环式城镇化实现了质与量的统一

济源闭环式城镇化是自身现实体制和经济基础的产物，它来自一个不匹配和一个匹配。不匹配表现为省辖市的行政级别与县域经济框架的不匹配，决定了济源中心城区的集聚辐射功能的发挥受到严重局限；相对较高的经济和产业发展基础与相当人口数量的相对匹配，形成了农业转移人口的本地化，即本地农业人口不需外出打工，外地人口也不会大规模进入。这样，济源不仅城镇化率会较快提高，而且质量也是较高的，质与量基本上是统一的。

三 瓶颈因素和对策

（一）针对中心城区人气不旺问题加快人口集聚

济源中心城区虽然不是新城区，但也存在着人口相对不多、人气不旺的问题，这是由济源的体制和经济发展特征决定的。为此，要从体制机制软件和产业发展、基础建设硬件两方面予以破解，为人口集聚打开通道。体制机制上要深入贯彻党的十八届三中全会精神，在统一城乡土地市场、农民财产权、户籍制度、公共服务提供等方面先行一步，只要国家没有明令禁止的，都可以先行先试。产业发展上要站高望远，一方面争取更多知名企业来济源投资；另一方面要立足现有产业基础，实现与周边城市包括焦作、洛阳、晋城等的错位差异化发展和链式一体化发展，促进与周边城市产业分工合作的精细化和深度化，争取利用焦作晋城的资源基础、洛阳的产业技术基础，占领产业链的价值高端，在更大程度上推进经济发展的高级化，努力使GDP变“轻”，大大拓展就业空间，以此增强中心城区对境外人口的吸引力。在硬件上，不管是公共服务设施，抑或是基础设施，不仅要增加数量供给，同时要着力提高供给质量，提升供给的层次档次，按照大都市的标准和要求规划基础设施和公共服务设施建设，即有利于吸引人口，同时也为人口的大规模集聚奠定基础。

（二）积极推进农民财产制度改革

目前我国城镇化之所以质量不高，普遍存在着“半城镇化”“不完全城镇化”现象，原因可基本归结为两个方面。一方面是农民缺乏进城成为市民的成本，主要是买不起房子住不下来；另一方面是农民对集体资产、宅基地及其附属设施等没有财产权，加上社会保障不完善，怕失去土地这一基本生活保障。

济源的情况是农民基本不缺乏进城的成本，主要的问题是农民害怕对农村集体财产和农民自己房地产的财产权丧失。一方面很多农民进城后，农村出现土地撂荒、房屋闲置、空心村难以有效治理等现象，造成极大的浪费；另一方面农民的承包土地、宅基地、房屋等不能作为抵押融资，制约了农民发展经济的融资能力。因此，未来济源要按照党的十八届三中全会精神，尽早在农民财产权制度上实现改革突破，赋予农民对集体资产股份占有、收益、有偿退出及抵押、担保、继承权，推进农民住房财产权抵押、担保、转让，探索农民增加财产性收入渠道。同时，统一城乡建设用地市场，让农民通过对财产权的行使获得更多的收入。在大力推进新型城镇化的进程中，让农民放得下、走得了、进得去、住得下，离开农村放心、转移进城顺心、成为市民生活开心。

（三）积极推进土地流转

近年来，济源市从市域实际出发，对农村土地流转进行了互换、转包、转让、出租、股份合作等多种尝试，农村土地流转工作取得了较快进展，也取得了良好成效，土地流转与农业结构调整紧密结合，正在由一家一户的小农生产方式向规模经营方式转变。但在土地流转中也存在着诸多问题，主要问题是土地转让的长效机制尚未建立起来，核心是利益分配机制不完善不健全。农民的收益缺乏稳定增长保障，农民就难以具有长远意识；承包期短、承包机制不完善，承包者吃不了定心丸，就不可能加大对土地的投入，从而导致土地流转难以实现良性循环，农民也就不能从传统的“一亩三分地”上彻底解放出来。为此，要稳定农村土地承包关系并保持长久不变，在坚持和完善最严格的耕地保护制度前提下，赋予农民对承包地占有、使用、收益、流转及承包经营权的抵押、担保权能，允许农民以承包经营权入股发展农业产业化经营。鼓励承包经营权在公开市场上向专业大户、家庭农场、农民合作社、农业企业流转，发展多种形式规模经营。加快建立健全土地承包服务机构，完善承包长效机制，稳步推进土地流转经营，推进家庭经营、集体经营、合作经营、企业经营等共同发展的农业经营方式创新，加快构建新型农业经营体系。

（四）促进核心小城镇升格为县级建制市

济源作为一个省辖市，其下属层级是镇办事处，这实际上是极其不匹配

的，也不利于济源强身壮体，缺乏吸引人口的内在活力和动力。其实，我国城镇化质量不高的一个深层次原因在于建制市太少，缺乏承载人口的有效载体，反观日本，面积只有中国的4%，却有2000多个建制市，是中国的3倍多。党的十八届三中全会指出，完善设市标准，严格审批程序，对具备行政区划调整条件的县可有序改市。对吸纳人口多、经济实力强的镇，可赋予同人口和经济规模相适应的管理权。因此，济源应抓住国家放开城镇升格建市的大好机遇，积极创造条件，争取邵原、王屋等1~2个小城镇能够升格为县级市建制，其他条件好的小城镇则争取更多的县级规格试点试验，完善管理层级，优化城镇体系，从而大大扩充承载人口的容量。

（五）延伸中心城区发展腹地

济源省辖市级别县域框架的特点，决定了其缺乏纵深发展腹地，这在相当程度上成为影响其经济社会发展和新型城镇化进程的负面因素。扩大发展腹地有两种路径，一是数量增加，即扩大区域面积；二是质量提升，即管理体制上增加县级层级。因此，济源要扩大发展腹地，一是中心城区要争取撤办事处建区，使中心城区成为辖区的城市。二是要争取1~2个镇升格为县级市建制。三是扩大行政区划面积，争取将周边县（市）或部分乡（镇）划入辖区，扩大市域面积。

（六）加快服务业发展

济源服务业发展相对滞后，和第一、二产业发展不协调，在一定程度上也不适应城镇化发展的需要。加快服务业发展既是整个经济社会发展的必然趋势，也是加快推进新型城镇化的必要条件。济源服务业滞后的根本在于生产性服务业发展落后，以及与之相关的中高层次的生活性服务业不足。未来要从推进产业转型和结构升级入手，通过产业（包括工业和农业）的转型升级，形成对生产性服务业的强大需要，促进生产性服务业在济源大地上应运而生并快速发展；生产性服务业会吸引相对高端的人才集聚，以此催生相对高端的生活性服务业发展。当然，一些与居民生活息息相关的新兴服务业也是要着力发展的重点，并以此扩大就业，吸引人口。

参考文献

中央党校中国特色社会主义理论体系研究中心：《全域城镇化：推进农村现代化的创新实践——对山东青州的调查与思考》，《人民日报》2009 年 12 月 10 日。

于洪平：《对全域城市化战略的思考》，《财经问题研究》2011 年第 11 期。

经济社会篇

Economic and Society

B.6 济源工业经济运行分析与展望

宋　歌*

摘　要：

2013 年，济源市工业经济保持了平稳较快的增长态势，但主要行业铅锌、钢材、煤炭、化工等仍处于困境之中，传统行业困难加剧、企业经营压力加大等问题凸显。2014 年，影响全市工业发展的有利因素和不利因素相互交织，工业经济在有望保持平稳增长的同时仍存在不确定性，济源要以河南加快建设先进制造业大省为契机，加快建设全省先进制造业高地，带动工业转型升级，推动工业经济保持平稳较快增长。

关键词：

济源　工业经济　先进制造业

2013 年是贯彻落实党的十八大精神的开局之年，也是推进“十二五”规

* 宋歌，河南省社会科学院工业经济研究所副研究员。

划目标顺利实现的克难攻坚之年。面对经济下行压力不断加大的严峻形势，济源紧紧围绕“工业强市”战略，全力以赴抓项目，一心一意保增长，坚定不移调结构，在铅锌、钢铁、化工、煤炭等传统优势行业经营陷入困境的情况下，全市工业生产保持了平稳较快的增长态势。2014 年，随着国内外经济发展态势逐渐趋向稳定，济源工业有望继续保持稳定增长的势头，但受市场有效需求不足、部分行业产能过剩和项目支撑不足等因素影响，工业经济增长依然存在不确定性；保持全市工业平稳较快增长要以河南加快建设先进制造业大省为契机，着眼于建设全省先进制造业高地，加快工业结构调整步伐，努力打造济源工业经济升级版。

一 2013 年济源工业经济运行分析

2013 年以来，济源工业经济延续平稳增长态势，总体继续向好发展，但主要行业铅锌、钢材、煤炭、化工等则仍处于困境之中，传统行业困难加剧、企业经营压力加大等问题凸显。

（一）工业增长快中趋稳，产销衔接总体良好

2013 年 1 ~ 11 月，全市工业企业完成工业增加值 273 亿元，其中规模以上工业完成增加值 246 亿元，同比增长 15.9%，高于全省平均水平 4.1 个百分点，增速居全省第 5 位。2013 年以来，济源市工业生产平稳开局，实现较快增长，规模以上工业分月增速、累计增速均高于同期全省平均增速（见图 1，图 2）。2013 年 2 月，全市规模以上工业增速仅为 7.4%，但 3 月已回升至 14.7%，4 ~ 10 月规模以上工业增加值的增幅均维持在 15% 以上，最高达到 15.9%；规模以上工业累计增速在 1 ~ 2 月达到 17.7%，其余时期均维持在 16% 左右。可以看出，2013 年以来全市规模以上工业分月增速及累计增速尽管有所波动，但总体上波动幅度逐步收窄，工业生产在保持较快增长的同时增速趋向稳定，整体呈现快中趋稳的发展态势。与此同时，全市产品销售也保持较快增长，产销衔接水平良好。2013 年前 10 个月，全市产品销售率均保持在 98% 以上水平；1 ~ 11 月，全市规模以上工业累计产销率 99.4%，居全省第 1 位。

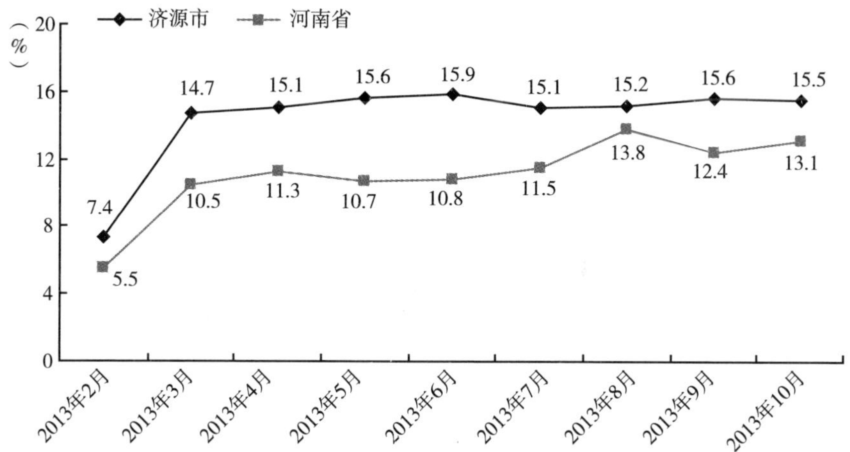

图1　2013年2～10月济源市与河南省规模以上工业增加值月度增速比较

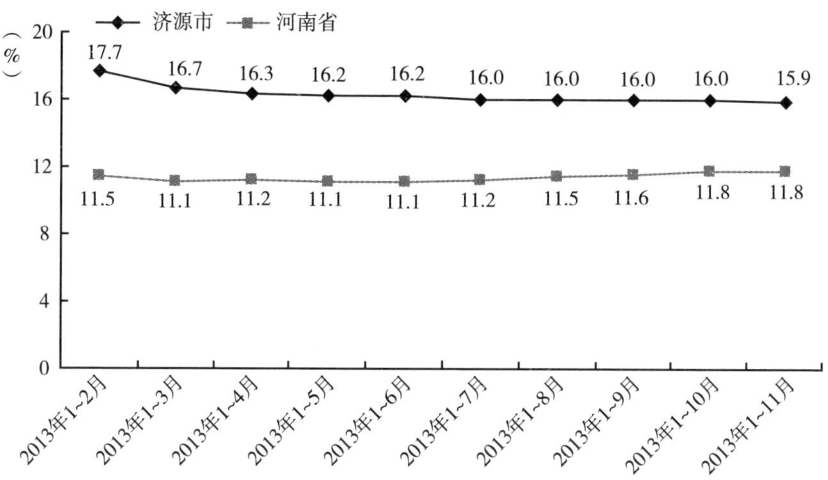

图2　2013年1～11月济源市与河南省规模以上工业增加值累计增速比较

（二）传统行业困难加剧，产品价格同比下降

2013年以来，全市铅锌、钢材、煤炭、化工等传统支柱行业生产经营困难加剧。铅锌行业成本与产品价格持续倒挂；钢铁产能严重过剩，钢铁主业亏损靠非钢产业来维持账面盈利；煤炭行业始终在低谷中徘徊，需求疲软，库存较高；化工行业中，焦化企业受上、下游市场制约严重，许多企业亏损限产，

氯碱、烧碱行业普遍亏损；装备制造业市场需求下降、行业竞争更加激烈，市场订单争夺加剧。截至2013年11月，全市32个工业行业大类中有15个行业比10月增速放缓，放缓面达46.8%；10个行业当月实现增加值同比下降。由于市场需求持续低迷，工业产品价格呈持续下跌态势，2013年以来，全市重点监控的13种主要工业产品中，有75%以上产品价格比上年同期有所下降，尤其是铅、锌、钢材等传统优势产品价格连续走低，受此影响，豫光集团、济源钢铁、联创化工等全市重点企业利润受到较大影响。2013年11月，在全市重点监控的13种主要工业产品中，除电解锌、复合肥两种产品价格同比略有上涨外，其余11种产品价格同比均有不同程度下降。

（三）经济效益增速渐缓，企业经营压力加大

2013年1～11月，全市规模以上工业实现利润总额69.4亿元，同比增长5.1%，增幅与上年同期持平，较一季度回落50.5个百分点，较上半年回落17.2个百分点。从总体上看，前三季度，受富士康新增产能、沁北电厂低煤价高参数机组及同期基数较低等因素影响，全市工业企业实现利润快速增长，1～10月规模以上工业累计利润增速持续高于同期全省平均增速（见图3）。2013年1～11月，济源规模以上工业累计利润增速波动幅度较大，2013年前5个月增速较快，累计利润增幅在一季度达到55.6%；6月之后，增幅开始回落，全市规模以上工业累计利润增速逐渐趋缓，尤其是四季度以来，累计利润增速大幅度放缓。而受市场需求低迷与成本上升的双重影响，全市工业企业经营压力普遍增大。2013年以来，电、蒸气、煤气、天然气及劳动力、财务、物流等生产要素成本不断上涨，前11个月，全市应付职工工资总量较上年增加13.5亿元，同比增长43.9%，较上年同期提高31.8个百分点；全市规模以上工业企业销售、管理、财务等三项费用同比增长11.5%；全市重点工业企业中，有8家企业工业生产增速同比下降，13家企业利润增幅同比下降，3家企业亏损。

（四）项目建设平稳推进，数量规模有所下降

2013年以来，通过领导分包抓项目、台账管理保项目、政策机制促项目、协调服务推项目、挂牌查办督项目等措施，全市项目建设总体良好。1～10

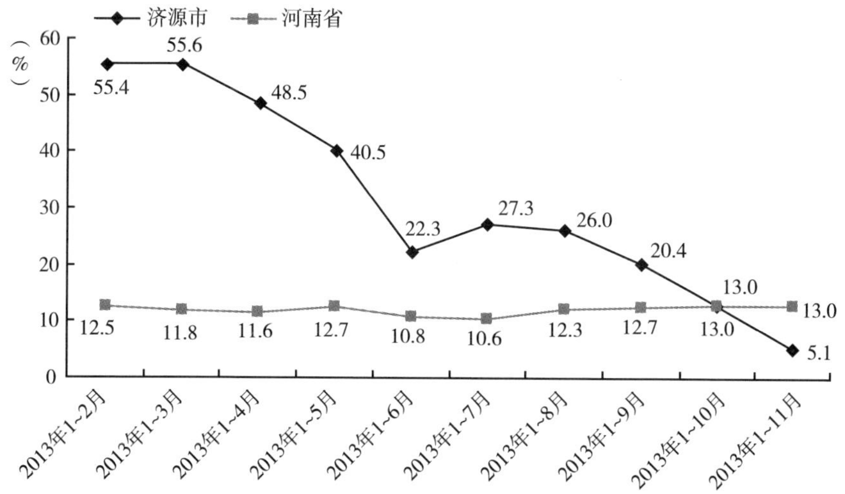

图 3　2013 年 1～11 月济源市与河南省规模以上工业累计利润增速比较

月，全市共实施年度投资千万元以上工业项目 213 个，完成投资 252 亿元，占年计划的 88%，同比增长 13.4%。沁北电厂三期、富士康模具生产线、济源钢铁特殊钢棒材、伊利液态奶、天能绿色能源等 30 余个项目已竣工投产，有力推动了全市工业的转型升级。2013 年，预计全市共实施年度投资千万元以上工业项目 238 个，完成投资 285 亿元，同比增长 24.4%。目前，尽管济源已投资建成一批新项目，但新开工项目数量及投资规模同比有所下降。2013 年前 7 个月，全市施工项目 188 个，同比减少 71 个，其中新入库 91 个，同比减少 74 个；8 月当月新入库项目 18 个，全市施工项目总数达到 206 个，同比减少 64 个，新开工项目达到 109 个，同比减少 67 个，新开工项目计划总投资 130.8 亿，同比下降 45%。

（五）工业用电持续回升，工业能耗增长过快

2013 年 1～11 月，全市工业用电量累计为 65.79 亿千瓦时，同比增长 7.4%，占全社会用电量的 89.2%。2013 年以来，全市工业用电量基本呈现持续回升的态势，1～11 月工业用电量增速分别较一季度、二季度、三季度回升 3.2 个、1.3 个和 0.3 个百分点（见图 4）。伴随工业用电的持续回升，全市规模以上工业能耗增速持续扩大。自 9 月以来，能耗增速呈现逐月递增趋势，直

接导致单位工业增加值能耗降幅逐月收窄；1～11 月，全市工业能耗高位运行，规模以上工业能耗增速达到 8.57%；煤炭、电力、有色、黑色、炼焦、化工、非金属矿物制品业等七大高耗能行业及华能沁北、济源钢铁、豫光金铅等重点耗能企业能耗居高不下，其中七大高耗能行业能耗总量占全部规模以上工业企业的 98.2%，用电量占到全社会用电量的 89.23%。

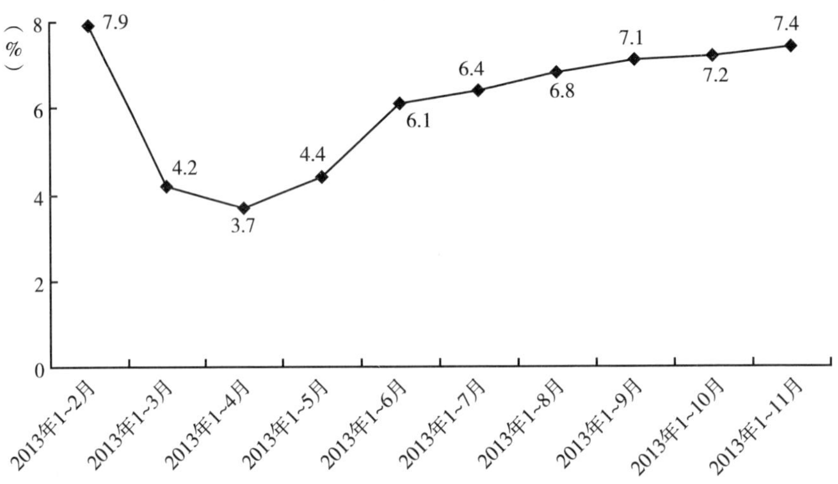

图 4　2013 年 1～11 月济源市工业用电量累计增速

二　2014 年济源工业经济发展趋势展望

2013 年，在国际形势复杂严峻和国内转型力度明显加大的情况下，济源工业经济增速高于全国、全省平均水平，位居全省前列，取得的成绩来之不易。2014 年，尽管国内外经济形势和市场环境将迎来一系列积极变化，但由于长期积累的结构性矛盾尚未根本化解，济源工业经济发展面临有利因素与不利因素相互交织的局面，全市工业经济在有望保持平稳增长的同时仍存在不确定性。

（一）济源工业经济平稳发展的外部环境不断优化

1. 外部经济环境趋于改善

2013 年，世界经济在深度调整中出现积极的迹象，2014 年全球经济复杂

步伐有望略微加快，发展中和发达国家都将加速增长，外贸形势将得到一定程度改观。与此同时，国内经济仍处于大有可为的重要战略机遇期，尽管挑战颇多，但谋求质量提升、开放倒逼改革的基调不会改变，政策也将从关注需求管理转向关注供给机制的培育，放松管制的政策体系和激发市场活力的改革将深入实施与推进。

2. 国内工业结构调整步伐加快

2013 年，国家相继发布《关于防止产能过剩矛盾进一步加剧的通知》《国务院关于化解产能严重过剩矛盾的指导意见》等文件，加之近年来从中央到地方陆续采取控制增量、促进落后产能退出、扩大内需、兼并重组等措施化解产能过剩矛盾，在一系列政策措施的推动下，不仅产能过剩矛盾有望在 2014 年得到初步化解，重点领域结构调整的步伐也将随着化解产能过剩政策措施的进一步落实而不断加快。

3. 河南先进制造业大省建设将加快推进

近期，河南省委、省政府通过省委经济工作会议及 2014 年《政府工作报告》明确提出，河南将加快建设“先进制造业大省”，在省政府下发的《关于加快推进产业结构战略性调整的指导意见》中，将“建成具有较强竞争力的先进制造业大省”作为河南产业结构调整的总体目标之一。围绕于此，河南将进一步加快发展高成长性制造业，积极培育战略新兴产业，改造提升传统支柱产业，并全力推进一批基地型、龙头型项目及产业创新发展重大项目和重点技改项目建设，相关扶持政策有望随之出台，对全省各地工业的平稳发展和转型升级将起到较强支撑和带动作用。

4. 新增产能逐步建成投产

2013 年上半年，富士康模具生产、天能绿色能源蓄电池组装、伊利集团超高温灭菌奶、济源钢铁高性能基础件用特殊钢棒材等 4 个项目在济源竣工投产，此后，豫光冶炼渣技术改造、中原特钢新产业园、鲁泰氧化锌、丰源石油轻烃综合利用、CTA 氧化物利用、丁二酸等一批项目也陆续竣工投产，加上北京新纪元电动车、济阳高速、西安交大（济源）科技园、南通巨力钢丝绳等一批招商引资项目落地开工，将有力支撑济源工业和投资在 2014 年继续保持增长。

（二）济源工业经济加快发展的制约因素依然存在

1. 传统产业增长乏力

近年来，受市场有效需求不足、主要工业品价格持续低位运行等因素影响，钢铁、有色、能源、煤化工等传统产业增长乏力，增速放缓，对济源经济的支撑发展作用逐渐降低。2013 年以来，全市有色、钢铁、化工等传统优势产业的增速持续下滑，1～11 月，六大传统优势产业仅实现 9.2% 的增长，低于全市平均水平 6.7 个百分点；拉动工业增长 6.1 个百分点，同比回落 1.7 个百分点。同时，豫光金铅、济源钢铁、中原特钢等重点企业主营业务收入同比分别增长 0.6%、3.7% 和 -36.6%，远低于全市 7.6% 的平均水平。

2. 企业经营困难加剧

一方面受资源能源环境约束、产能过剩等因素影响，钢铁、水泥、煤化工、铅锌冶炼等多个行业的生产形势依然不乐观，多数产业不仅需求状况难有改观，而且去库存化速度缓慢，行业运行情况短期内难以明显好转，济源部分重点工业企业库存高企、利润下滑的局面仍将持续一段时期。另一方面人工、土地等生产要素成本不断上升，经营成本的高企将对全市工业企业形成较大压力，部分企业经营困难短期难有改变。

3. 瓶颈制约依然突出

资金压力大，资金要素仍然是济源工业经济发展的瓶颈制约，企业特别是中小企业融资难问题近年来尤为凸显。全市工业企业融资渠道相对单一，资金需求过度依赖银行，自筹资金能力不足，部分企业由于行业形势下滑、信用等级不高、缺乏贷款担保等原因，通过银行贷款困难；而部分企业靠民间供贷资金临时周转，导致财务成本上升。同时许多金融机构要求中小企业将贷款全额承兑，将部分贷款办理存款等强制附加业务，变相提高了企业融资成本。据调查统计，2013 年全市中小企业资金缺口超过 10 亿元，贷款成本已达到 10% 以上。

4. 缺乏新的产业支撑

随着钢铁、铅锌、化工等支柱产业盈利能力的下降，济源工业增长缺乏新的产业支撑和发展动力的问题愈加暴露出来。2013 年上半年，扣除华能沁北、新增企业富士康这两个盈利大户因素影响之后，全市利润同比增长仅为 16.4%；前三季度，以装备制造业为代表的高成长性产业增加值同比增长 23.7%，高于全市 7.7 个百分点，但高成长性产业的较快增长仅依靠富士康一家企业的拉动，全市以高科技、新技术、新产品为核心的新增长点和竞争优势远未形成。

（三）2014 年济源工业经济发展态势预测

2013 年以来，济源规模以上工业增加值单月增速持续加快，尽管在 7 月之后增速有所回落，但增速波动幅度较小，整体稳定，全年全市规模以上工业增速保持在 15% 以上。2014 年，济源工业发展环境总体向好，伴随一系列新增产能的建成投产，全市工业有望保持平稳增长态势，但必须看到，由于多数传统行业仍处于产能过剩状态，面临较大的去库存化压力，行业前景不乐观，因此在工业增长过程中若缺乏大项目的支撑和重大利好政策的支持仍会有一定的波动和反复，规模以上工业增加值增速大幅度上升的可能性不大，反而有可能适度下降，预测全市规模以上工业增速将保持在 15% 左右。

三　加快建设全省先进制造业高地，打造济源工业经济升级版

2014 年是我国全面深化改革、扎实推进“十二五”规划目标任务顺利完成的重要一年，在确保经济稳中向好的同时更要提质增效。当前，既要看到济源工业发展不利的因素，又要看到向好的一面，尤其是面对河南加快建设先进制造业大省这一重大契机，必须高度重视、顺应形势、抢抓机遇、主动作为，依托济源传统工业基础加快建设全省先进制造业高地，带动工业结构转型与升级，推动工业经济保持平稳较快增长，打造济源工业经济升级版。

（一）制定推动济源先进制造业发展的指导意见和支持政策

以河南建设先进制造业大省为契机，围绕打造全省先进制造业高地，集中发改、工信、财政、科技、人力资源与社会保障等部门，从政策措施、资金投入、机制创新等方面寻求突破，形成一系列推动济源先进制造业发展的指导意见和支持政策组合。在充分研究国内外行业发展趋势的基础上，进一步明确区域定位与功能，着眼于长远对先进制造业高地建设进行科学规划与布局。加快制订济源先进制造业高地建设鼓励发展产业目录、战略性新兴产业优先发展产业目录、传统优势产业改造升级产业目录，并出台针对产业目录项目的扶持政策。重点支持引导企业加大研发投入，支持有实力的企业“走出去”收购先进制造业企业或研发机构，获取关键技术、工艺流程，提升制造业发展水平。要注意借鉴发达国家和制造业先进兄弟省市的经验，在此基础上形成符合地方特色的政策措施框架。

（二）依托技术改造专项工程，加快改造提升传统支柱产业

确定一批传统产业技术改造项目，依托技术改造专项工程，推动传统产业迸发新的活力，培育产业竞争新优势。当前，有色、钢铁、化工、建材等产业，应以产业链延伸为主线，把靠近技术前沿、靠近终端消费作为产业链延伸的重点方向，不断提高精深加工度，改造提升行业工艺技术水平，发展高技术、高附加值的新产品。在钢铁行业，重点实施济源钢铁大棒材探伤、矫直精整线，中原特钢高洁净重型机械装备关重件制造技术改造等项目；在有色行业，重点实施豫光含锌废渣回收、金利再生铜加工、金利公司铜浮渣熔池熔炼等项目；在化工行业，重点实施金马焦化 LNG、金马焦化煤制气项目、丰源石油年产 30 万吨轻烃综合利用项目二期、联创化工环氧氯丙烷等项目；在煤炭行业，深入推进煤炭资源整合和煤矿技术改造，完成济源煤业整合矿井技术改造项目；在建材行业，重点实施鲁泰能源 30 万吨高新合成材料、万洋冶炼 5000 万平方米大型纸面石膏板等项目。在加快改造提升的同时，要借助宏观经济下行压力和化解产能过剩，顺势淘汰传统产业落后产能，控产保价减少行业亏损。

（三）实施一批产业创新发展项目，加快培育壮大战略性新兴产业

加快引进、培育新兴产业的步伐，遵循新工业革命和新型工业发展方向，跟踪世界前沿技术，紧扣国家产业导向和市场需求，结合济源工业特色，在新能源、新材料、电子信息、生物制药等方面谋划、实施一批产业创新发展项目，积极打造全市工业发展新的支撑点。在新能源产业方面，加快建设华能集团风电、国电风电场等项目；在新材料方面，加强纳米材料、磁性材料、石英晶体光学片等新材料的研发攻关，重点实施联合荣大年产 30 万吨环氧地坪和高铁吸音板、源通科技高铁新材料产业园一期等项目；在电子信息方面，加强与富士康等大型电子企业的合作，积极引进富士康配套产业项目；在生物制药方面，加快建设济世药业冬凌草科技园区一期项目，努力做大做强冬凌草产业；同时，还要加强生物杀虫剂、杀菌剂、生物透皮制剂、农作物种衣剂等关键技术的研究和攻关，促进产品升级换代。

（四）推进基地型龙头项目建设，加快发展高成长性制造业

依托济源装备制造业基础和优势，把培育和发展以装备制造业为代表的高成长性制造业放到更加突出位置，推进一批基地型龙头项目建设，突出重点，把握关键环节，在做大规模总量中提升效益，增强制造业总体实力和对济源经济增长的支撑带动作用。围绕装备制造业，在加大技术改造和招商引资力度上下功夫，每年组织实施一批投资规模大、技术水平高、带动作用强、市场前景好的装备制造产业重大科技攻关项目、重点技术改造项目和重大工业投资项目，同时，开展装备制造业专业招商，积极引进重大装备项目与龙头企业。目前，重点抓好中煤科工矿用机电产业园、虎岭集聚区机械加工产业园、西安交大科技园、年产 1000 台石油钻机等项目建设。

（五）优化企业发展环境，加快建设先进制造业公共服务平台

围绕建设全省先进制造业高地的目标，进一步优化企业发展环境，积极争取资金，着力构建以政府服务为引导、公益性服务为基础、商业性服务为支撑

的先进制造业公共服务平台，为装备制造企业提供融资、法律、技术、人才、市场信息等全方位服务。当前，要进一步强化企业服务体系建设，着力破解企业尤其是中小企业发展面临的资金瓶颈制约，多渠道缓解企业融资难题；做好困难行业和企业帮扶工作，切实帮助企业解决实际问题；继续抓好产销对接，引导企业根据市场情况及时调整经营策略，努力提升产能利用率和产品销售率；加大对产业工人和企业家的培训力度，提高产业工人的综合素质，培养创新创业型企业家。

B.7

济源产业集聚区发展报告

——基于《河南省产业集聚区年度考核指标体系》的视角

刘晓萍*

摘　要：

近年来，济源市产业集聚区持续高质量发展，载体承载能力不断提升、综合带动效应逐步显现、产业集聚发展态势持续强化、产城互动发展稳步推进、管理体制创新取得重大突破，主要经济指标位居全省前列。当前，省政府出台《河南省产业集聚区考核评价试行办法》，进一步完善全省集聚区考评体系，比对新的考核指标，济源产业集聚区发展中还存在一些障碍有待破除，下一阶段，三大集聚区应突出龙头带动、延链提效、自主创新、质量提升、要素保障，多策并举地加快“晋级升位”步伐。

关键词：

济源　产业集聚区　考核评价体系

自2009年以来，济源按照“三规合一、四集一转、产城互动”的发展要求科学推进集聚区建设，虎岭、玉川、高新区三大集聚区呈现出良好发展态势，多项发展指标位居全省前列，产业集聚区也逐步成为济源经济社会发展的重要增长极、产业转型升级的突破口、招商引资的主平台、农民转移就业的主渠道和改革创新的示范区。2014年，省政府出台《河南省产业集聚区考核评价试行办法》，重塑考核体系，全省180个产业集聚区排位即将重新洗牌，济源产业集聚区发展也将面临新的机遇与挑战。在此背景下，济源产业集聚区应

---

* 刘晓萍，河南省社会科学院科研处助理研究员。

紧紧围绕新的考核体系，立足“晋级升位”补足短板、发挥优势、释放活力，开启济源工业新增长之路。

一　济源产业集聚区发展的现实考量

近年来，济源市产业集聚区保持了良好发展态势，综合带动效应逐步显现、产业集聚发展态势持续强化、载体承载能力不断提升、产城互动发展稳步推进、管理体制创新取得重大突破，以产业集聚区引领济源转型升级的发展趋势基本形成。

（一）综合带动效应逐步显现

产业集聚区已成为济源经济增长速度最快、效益最好、经济外向度最高的区域，对全市经济的综合带动效应进一步凸显。集聚区建设成效显著，发展速度快于全市平均水平，单位效益位于全省前列。2013 年，三大产业集聚区规模以上工业主营业务收入同比增长 7.8%，增速高于全市规模以上工业主营业务收入增速 1.9 个百分点；税收收入同比增长 24%，增速高于全市税收增速 5.6 个百分点；从业人员同比增长 26%，增速高于全市城镇从业人员增速 22.5 个百分点。同时，从全省横向比较来看，济源固定资产投资平均额（全市固定资产投资额/全市省级产业集聚区个数）为 52.04 亿元，高于全省 49.67 亿元的平均水平，居全省第 7 位；主营业务收入平均额（全市规模以上工业企业主营业务收入/全市省级产业集聚区个数）为 202.46 亿元，远高于全省 117.02 亿元的平均水平，居全省第 2 位。可以说，济源在总量不占优势的条件下，产业集聚区单位效益发展远高于全省平均水平。

集聚区经济比重提升，对全市经济增长的贡献进一步增强。2013 年，三大产业集聚区完成固定资产投资 205 亿元，占全市固定资产投资的 59.3%，对全固定资产投资增长的贡献率达到 27%；实现规模以上工业主营业务收入 844 亿元，占全市规模以上工业企业主营业务收入的 62.5%，对全市规模以上工业主营业务收入增长的贡献率达到 81.2%；实现税收收入 18.5 亿元，占全市税收收入的 73%，对全市税收收入增长的贡献率达到 91.1%；实际到位省外资金 148.4 亿元，占全市到位资金比重的 73.7%。

表1　2013年1~9月全省产业集聚区固定资产投资和主营业务收入单位效益排名

单位：亿元

序号	地市	固定资产投资		序号	地市	主营业务收入	
		总额	平均额			总额	平均额
1	许　昌	613.93	76.74	1	郑　州	3094.78	206.32
2	南　阳	954.66	68.19	2	济　源	607.39	202.46
3	焦　作	583.91	64.88	3	焦　作	1683.02	187.00
4	商　丘	654.50	59.50	4	漯　河	1009.00	168.17
5	郑　州	804.44	53.63	5	许　昌	1212.05	151.51
6	洛　阳	889.14	52.30	6	洛　阳	2573.31	151.37
7	济　源	156.11	52.04	7	鹤　壁	565.75	141.44
8	三门峡	359.71	51.39	8	三门峡	849.78	121.40
9	鹤　壁	203.14	50.79	9	周　口	1328.92	120.81
10	漯　河	302.72	50.45	10	新　乡	1442.01	110.92
11	开　封	396.02	49.50	11	安　阳	918.87	102.10
12	濮　阳	388.29	48.54	12	开　封	777.69	97.21
13	新　乡	555.85	42.76	13	南　阳	1292.58	92.33
14	周　口	432.57	39.32	14	商　丘	867.84	78.89
15	安　阳	343.57	38.17	15	驻马店	886.48	73.87
16	驻马店	453.16	37.76	16	濮　阳	559.15	69.89
17	信　阳	512.93	34.20	17	平顶山	602.36	60.24
18	平顶山	335.57	33.56	18	信　阳	793.51	52.90
全　省		8940.20	49.67	全　省		21064.49	117.02

数据来源：省发改委《关于2013年三季度全省产业集聚区建设情况的通报》。

集聚区成为济源招商引资和重大项目建设的主要载体，引领全市承接产业转移成效显著。一是招商引资实现重大突破。三大集聚区以引进重大项目和承接产业集群为核心，围绕有色金属深加工、装备制造、电子电器、能源化工等主导产业，大力开展延链、补链工作，瞄准国内外500强、央企和行业龙头企业，组建产业招商工作组，制定招商引资图谱，不断深化与中国兵装、富士康、中煤科工等大型集团的合作，积极推进与北京新纪元、山东力诺、中海油山东新能源、豫沪投资公司、蓝翔实业、玛西尔电动车、沃森电动车、海盐紧固件、电子零配件产业协会、西安交大科技园、中国节能环保集团等国内知名企业、行业协会的洽谈合作，积极引进一批带动力强、关联度高、经济社会效益好的产业龙头项目。二是落地项目加快投产达效。产业集聚区以实现招商实效为目标，把合同履约率、项目落地率、资金到位率作为重点考核内容，切实推进产业集聚区签约项目落地建设。

（二）产业集聚发展态势持续强化

三大集聚区加快推进产业集聚发展，注重集聚区发展由规模扩张向关注质量提升转变，建成区单位面积产出效益远远高于全省平均水平。截至2013年9月，虎岭、玉川、高新三大集聚区建成区面积达到12.05平方公里，建成区固定资产投入产出强度（累计完成固定资产投资与建成区面积之比）为86.37万元/亩，工业经济密度（建成区土地单位面积实现规模以上工业企业主营业务收入）为336.04万元/亩，两项指标远高于全省产业集聚区的33.54万元/亩和79.03万元/亩，整体来看，单位面积经济效益排在全省前列（见表2）。

表2　济源集聚区主要经济指标单位汇总

单位：万元/亩

项　目	固定资产投入产出强度	工业经济密度	外资到位密度	从业人员密度
济　源	86.37	336.04	82.10	3.70
全省平均水平	33.54	79.03	10.41	1.10

数据来源：省发改委《关于2013年三季度全省产业集聚区建设情况的通报》和《济源市产业集聚区2013年工作完成情况及2014年工作计划》。

在大力提升产业发展单位产出效益的同时，三大产业集聚区持续发力主导产业培育。玉川集聚区依托豫光金铅、中博新能源、鑫铖动力源等龙头企业，培育壮大有色金属深加工、新能源产业集群，集聚企业36家，主营业务收入达270亿元。虎岭集聚区依托济源钢铁、中原特钢、富士康、金马焦化等龙头企业，培育壮大钢材深加工、装备制造、电子电器、精细化工产业集群，发展了以棒材、紧固件、钢丝绳、轴承等为主体的钢产品深加工产业园，以特殊钢、大型精锻件、限动芯棒等高端产品和成套装备为主的机械装备制造产业园；集聚富泰华精密电子、鑫鑫能源、维创科技等项目的精密制造产业园，涵盖苯加氢、炭黑、丁二酸、聚丙烯、塑料制品和化纤等产品的精细化工产业园。高新区依托中煤科工、贝迪空调等龙头企业，培育壮大矿用电器、新材料产业集群，立足产业链先后实施贝迪新能源汽车空调、溅射靶材、生物菌剂等项目，拟签约汉能控股集团柔性薄膜太阳能电池制造基地、重庆力帆新能源汽车产业园等4个项目，重点洽谈中国台湾磷铁锂电池、美国通用电气集团合作等15个项目。与此同时，高新区充分发挥济源创新高地的引领作用，一是大力培育高新技术企业，成功申报神龙钻具、兄弟材料等7家企业，占全市高新技术企业总数的70%；加快优克电子、济源石晶、更新磁料、希健生物医药、元丰科技等企业申报步伐。二是支持企业加强自主研发创新能力，继神龙钻具、矿用电器成功申报省工程技术研究中心及省院士工作站，区内省级工程技术研究中心累计达到5家，占全市总数的55.6%，院士工作站占全市总数的50%；与西安高新区创业园签订战略协议联合建设济源高新区科技孵化器，争取年度省科技创新扶持资金300万元，推动科技创新资源快速向高新区集聚。

（三）载体承载能力不断提升

三大产业集聚区按照高起点规划、高标准建设、适度超前的原则，不断增强集聚区综合承载力。

1. 强力推进基础设施功能建设

充分保障集聚区入驻企业的生产生活条件。截至2013年9月，三大集聚区建成区面积达到22.1平方公里，建成标准化厂房120栋、180万平方米，道路60条、210公里，实施供排水管网230公里、供热管网60公里、燃气管网220公里，实施电力线路改造20项，新建变电站9座，逐步完善标准化厂房、主干路网、供排水、电力等基础设施建设。

2. 加快推进配套服务平台建设，逐步完善要素保障体系

在投融资渠道拓展上，三大集聚区依托市投资公司、交通投资公司、城建投资公司等市级平台，培育壮大集聚区工业开发公司，积极开展银政企对接活动，先后与交通银行、中国银行、农业银行、郑州浦发银行、郑州中信银行、洛阳民生银行、广发银行开展担保贷款、资产抵押贷款、承兑贷款、BT、BOT等融资业务，截至2013年，三大集聚区项目建设融资规模达4.5亿元，累计为150余家中小企业融资达6.5亿元。在土地要素保障上，三大集聚区积极开

展集聚区范围内流转土地的调查摸底工作，加大土地流转力度，累计储备土地5000余亩。在创新能力支撑上，虎岭集聚区与中科院、西安交大、中钢研究院、中国煤科等科研院所加强合作，建设省级技术中心、重点实验室、博士后工作站8个、市级以上企业研发机构21个，不断增强产业发展的持续动力。

（四）产城互动发展稳步推进

济源按照市域一体、产城融合的发展理念，积极吸引社会资本参与产业集聚区建设，大力推动集聚区与中心城区、重点片区、城市组团功能互补、联动发展。

1. 加大集聚区内村庄的搬迁安置力度

按照“群众满意、集中安置、转换身份、稳定生活”的原则，重点实施了王虎、河西、东张720户2500人的搬迁安置工作，规划建设了三湖嘉园、驿城社区等新型社区，累计投入8亿元建设住宅79万平方米，推进农村人口有序向社区转移，为工业发展提供了空间。

2. 强化公共服务功能建设

加快推进三大集聚区综合服务中心建设，积极打造集金融、邮政、审批、便民服务于一体的综合服务中心和集科技研发、检测检验、专家公寓、商务会展等功能于一体的生活广场，进一步完善产业集聚区的公共服务体系。

3. 加快公租房建设

三大集聚区2013年共启动各类公租房1650套，充分保障集聚区产业工人住房需求。同时，以道路、水电、热力、燃气、通信等公共基础设施为重点，加强集聚区与城市基础设施对接，推动产城深度融合、互动发展。

（五）管理体制创新重大突破

济源市委市政府积极顺应集聚区发展趋势，进一步完善集聚区管理体制，推动集聚区实现科学发展。

1. 理顺行政管理体制

明确产业集聚（开发）区管委会为市政府派出机构，出台《济源市产业集聚（开发）区管理体制实施方案》，设立集聚区管委会和集聚（开发）区办事处筹备处，实行“一套班子，两块牌子”的管理模式，设置综合局、经济发展局、规划建设局、投资促进局、社会事务局5个内设机构，土地管理服务中心、投融资服务中心、后勤服务中心3个下设机构，规划管理分局、国土分局、人力资源和社会保障分所、财政所、警务队、国税所、地税所、供电所8个派驻机构，强化集聚区经济社会事务管理职能，管辖6个镇（街道）的31个村（居）和4个居民组。

2. 完善财政管理体制

实行“划分收入，基数全留，增量分成，自求平衡”的财政管理体制，合理划分项目引进镇（街道）、土地占用镇（街道）和集聚区的税收分成比例。

3. 强化政策扶持

围绕集聚区发展，先后出台《加快工业和产业集聚区发展若干政策》和《加快推进中小企业集群发展实施意见》等一系列政策措施，在资金支持方面，每年以20%的增幅加大财政投入，对基础设施、重大项目建设、土地利用、公共服务平台、创业孵化园建设进行重点支持，充分激发集聚区发展的活力。

二　考核评价体系下济源产业集聚区发展中有待破除的障碍

2014年1月，省政府出台《河南省产业集聚区考核评价试行办法》（以下简称《办法》），进一步调整完善了河南产业集聚区发展考核指标。该《办法》考核评价对象主要包括产业集聚区、商务中心区、特色商业区及专业园区，考核内容主要包括年度考核评价指标体系（经济总量、集群发展、节约集约等三方面内容11项指标）及晋级标准（设定门槛、一星级、二星级、三星级、四星级、五星级和六星级晋级标准）。

随着集聚区考核标准再次修订，全省各产业集聚区必将聚焦《办法》持续发力。总体而言，济源产业集聚区保持了持续向好的发展势头，但比对新的考核体系，三大集聚区要实现“晋级升位”的目标仍有一些新情况、新问题需要高度重视，一些障碍仍有待破除。

（一）从经济总量上看，集聚区发展步伐有待加快

从发展规模来看，据全省产业集聚区发展情况通报的统计数据，2013 年 1～9 月，全省产业集聚区规模以上工业企业实现主营业务收入 21064.49 亿元，同比增长 21%；济源市产业集聚区实现主营业务收入 607.39 亿元，总量位居全省第 15 位，同比增长 9.9%，增速位居全省第 14 位，发展速度远低于全省平均水平。全省集聚区完成投资 8940.2 亿元，同比增长 29%；济源市产业集聚区完成投资 156.11 亿元，总量位居全省第 18 位，这反映出济源产业集聚区数量较少。

就三大集聚区各自发展排名来看，2013 年 1～9 月，在全省 180 个产业集聚区投资总额统计中，虎岭、玉川、高新都没有跨进全省前 30 位，甚至高新区以 15.35 亿元位列全省第 169 位；在主营业务收入增速统计中，虎岭、玉川、高新再次落榜增速前 30 位，相比于第 30 位郏县产业集聚区 37.6% 的增速仍有不小的差距。总体而言，对比年度考核评价指标体系，从经济总量来看，济源产业集聚区的发展规模与发展速度仍处于全省中下游，主要经济总量指标仍低于全省平均水平。

（二）从集聚发展上看，产业链整合难度仍然较大

从三大产业集聚区主导产业培育来看，虎岭的装备制造、精细化工、电子信息，玉川的有色金属深加工、新能源，高新区的电子电器、新材料等产业已经初具规模，主导产业增加值占比、主导产业投资占比、主导产业利用境外资本占比等指标增长较快，产业集聚区绘制产业链图谱、按图索骥抓招商在很大程度上延伸了产业链、提升了产业链接度，主导产业集聚发展效果突出。

但同时，在产业发展中重“制造”、轻“服务”的情况依旧存在，倾向于引进占地多、投资大的制造业项目，而忽视占地少、投资小的研发、设计、技术服务、中介服务等生产性服务业，导致产业链、创新链和服务链的分割发展，产业层次由传统加工制造转向服务增值提升受到制约，产业生态系统发育缓慢，制约了集聚区产业竞争力的提升。

此外，区内领袖型企业数量少，产业链整合难度仍然较大大。集聚区内能

真正充分发挥培养行业核心竞争力、引导中小企业进行配套供应生产、进行产业链式发展的领袖型龙头企业较少，即便是豫光金铅、济源钢铁、中煤科工等龙头企业，与中小企业的关系还处于松散型的状态，甚至有些还存在较为激烈的竞争关系。一个集聚区核心竞争力的提升，若没有聚焦在研发、品牌和解决方案提供的大型龙头企业，就很难对整个产业链进行整合，发展现代产业分工合作体系，企业带动就无从谈起。

（三）从节约集约上看，新型工业化水平依旧较低

从产业集聚区投入产出强度与工业经济密度上看，济源远远领先于全省平均水平，位居全省前列。但与此同时，与快速规模扩张特征相对应的却是集聚区新型工业化进程缓慢，产业结构偏重化、偏传统、偏上游的重化工特征依旧明显，能源消耗居高不下。目前，集聚区内能源原材料深加工、电子电器来料加工企业较多，以豫光金铅、济源钢铁、中原特钢为支撑的龙头企业多属于传统资源密集型企业，仍然属于“高投入、高消耗、高污染、低效益”的经济发展范畴；作为济源工业转型升级新引擎的富士康，也仅是生产苹果手机的周边配套零部件，很少涉及移动智能终端生产的核心零部件。

甚至作为济源自主创新高地的高新技术产业集聚区，其发展战略也与真正意义上高新区的内涵和定位有所偏离，也把上规模放在首位，而忽视投资规模小、发展潜力大的高技术项目，缺少新技术、新产品，区内高新技术企业和有自主知识产权的企业少，研发机构和高素质人才不足，企业拥有发明专利较少、科技经费支出低，有“制造”无“创造”，创新驱动的后劲明显不足。

（四）从环境保障上看，要素瓶颈制约有待进一步破解

目前，在融资、土地、行政审批及公共设施服务能力等软环境保障上，三大集聚区都还存在一定的障碍，要素瓶颈制约还有待进一步缓解。

1. 企业融资难问题突出

集聚区正处于建设期间，新上项目多，资金缺口大，但受国家信贷政策影

响，融资困难。目前三个集聚区虽然成立了投融资平台，但受国家对地方投融资平台实行“名单制”和“总行集中审批制度”等制约，融资能力不足，中小企业融资难问题依然突出。

2. 土地供应仍然偏紧

全市新增城乡建设用地指标少，能用于集聚区项目建设的指标有限，且用地手续审批周期长，影响了项目的最佳落地建设时间。

3. 行政审批体制仍待完善

目前产业集聚区不具备入驻项目的行政审批权，严重制约了项目前期手续的办理，造成部分项目落地难、进展慢。

4. 公共服务能力有待进一步加强

三大集聚区水、电、路等基础设施基本到位，集办公、住宿、科研为一体的综合服务区建设明显滞后。随着富士康等劳动密集型企业的快速入驻，企业急需的交通物流、综合办公、人员住宿、科技服务平台等生产、生活类公共服务设施明显不足。同时，由于缺乏公共综合服务设施，各企业重复建设办公、住宿、餐饮、娱乐等用房，不利于集聚区集约节约利用土地。

三　推动济源产业集聚区“晋级升位”的对策建议

为促进三大产业集聚区持续科学发展，实现济源产业集聚区在全省范围的“晋级升位”，下一阶段，虎岭、玉川、高新三大集聚区应瞄准《河南省产业集聚区考核评价试行办法》，突出龙头带动、延链提效、自主创新、质量提升、要素保障，在复杂严峻的经济形势下加快重塑济源产业竞争力。

（一）突出龙头带动，重点壮大优势特色产业集群

从国内外发达地区的经验来看，产业集群的整体竞争力在于“蜂王型”龙头企业的集成带动能力，这样的企业拥有较强核心技术，能够在行业产业链中对整个产业制造起领导和决定作用，从而在周边集聚一批按产业链上下游分工的紧密型配套企业，并逐步形成以“蜂王型”龙头企业为核心，集聚大量“蜜蜂型”中小企业（即“龙身”“龙尾”企业）的产业组织结构——“蜂巢

型”产业集群①。尽管三大产业集聚区围绕主导产业初步形成了一些专业园区，但多是一些装备制造项目的简单集中，尚未形成一批以龙头企业为核心、产业分工合作网络完善的产业集群。

因此，济源产业集聚区的发展应继续以集聚化、链条化为重点，围绕能源化工、装备制造、电子电器等主导产业，在加快提升龙头企业核心竞争力的基础上，以这些企业为核心，通过建设专业性装备产业园等方式，发挥“蜂王”效应，积极承接国内外发达地区相关行业产业链上关键零部件项目及高端项目转移。同时，引导核心企业周边及省内外的主要配套协作厂商集聚园区，从而为济源工业构建起若干“蜂巢型”的特色优势产业集群。

（二）突出延链提效，重点实施“聚链、强链、延链、补链”招商

产业集聚发展的目的是形成真正的产业集群，实现产业链无缝对接、企业间分工协作。未来一个时期，济源产业集聚区必须要从企业堆积向产业集群转变。加快转变的一个有效手段是实施“聚链、强链、延链、补链”工程，所谓“聚链”就是要促进上中下游集中布局实现产业链无缝对接，所谓“强链”就是要强化产业链关键环节形成核心竞争力，所谓“延链”就是要积极向产业链两端高附加值环节延伸，所谓“补链”就是要围绕产业链缺失环节实现产业链本地化。通过实施“聚链、强链、延链、补链”工程，着力在高加工度环节、增值环节、瓶颈环节、关键环节、配套环节上寻求突破，引导大中小型企业间建立分工合作关系，重点在装备制造、电子信息、有色金属深加工、精细化工等产业上推进产业链从上游向下游延伸扩展、价值链由低端向高端攀升，提高济源产业的延伸度和链接度。

（三）突出自主创新，重点打造实现创新驱动发展的高端平台

目前，经济发展的动力已经由要素驱动转换为创新驱动，对于产业集聚区而言，产业发展模式也应由大规模投资转变为培养自主创新能力上来。受宏观经济环境变化导致的需求不足和河南省自身结构性矛盾相互叠加的影响，经济

① 宋歌：《河南省装备制造业提升发展战略研究》，《开发研究》2013 年第 5 期。

发展进入了个各行业都产能过剩的阶段，消费结构升级与产品更新换代非常快，产业集聚的重点是促进创新和新产品开发，具体到产业集聚区层面，就是要打造一批落实创新驱动发展战略的高端平台，依托高新技术产业集聚区打造济源中央科技区，促进企业研发中心和各类科研机构向心集聚，吸引大型企业区域性研发中心入驻，努力打造河南省内一流的知识密集型产业高地和济源研发创新中心，不断提升载体对其周边地区及产业发展的技术支撑力。

（四）突出质量提升，重点打造先进制造业强市

经过多年发展，面临经济台阶式下行和产能过剩加剧的压力，济源产业集聚发展已经迈过了规模扩张阶段，不能再走规模扩张的路子，要切实把重点转到质量和效益上来，加快新型工业化发展进程。在河南省即将展开的新一轮先进制造业发展的环境下，立足优势、抢抓先机，重点发展以高加工度产业和高技术产业为主体、技术装备水平先进、集群化特征明显、人力资源得到充分利用的先进制造业，围绕电子信息、矿用机电等高成长性制造业做大总量、提升效益，围绕新能源、新材料、节能环保等战略性新兴产业优化资源配置、强化政策支持，围绕钢产品深加工、有色金属深加工等传统支柱产业综合运用延伸链条、技术改造、兼并重组、淘汰落后等手段进一步化解过剩产能。

（五）突出要素保障，重点实现多渠道扩融资

在加快提升产业集聚区主导产业竞争力的同时，应同步强化集聚区的要素保障。一是进一步完善集聚区投融资、土地收储、创新及人力资源等要素平台建设，破解瓶颈制约，为集聚区项目建设提供资金、土地、技术及人力保障。二是强力推进基础设施建设，进一步提高承载力。重点推进标准化厂房、水电、道路、气暖、配套管网、物流配送、综合服务中心等基础设施建设，进一步加快提升产业集聚的承载和保障能力。

B.8

济源现代农业发展报告

高　璇*

摘　要：

现代农业是农业经济发展的升级版。近年来，随着河南省全面推进中原经济区建设，济源推进国家现代农业示范区建设步伐的加快，济源现代农业有了长足发展，农业产业化不断升级，农业结构不断优化，农业经营主体不断创新，农业装备不断升级。进入新阶段，济源现代农业发展应着力农业产业化发展、农业品牌化发展、农业营销方式创新以及农业保障体系完善四个方面。

关键词：

济源　现代农业　发展

2013 年，在全球经济缓慢复苏、中国经济增速回落，河南省全面推进中原经济区建设，济源加快推进国家现代农业示范区建设的背景下，济源现代农业快速发展，农业产业化经营实现了新突破，农业结构取得了新进展，农村改革有了新成效，农村装备得到了新改善。2014 年，是济源全面推进国家现代农业示范区建设的重要一年，济源现代农业发展迎来了难得的机遇，也面临着严峻的挑战，必须准确把握济源现代农业发展的新变化，努力保持济源现代农业发展好的态势。

一　济源现代农业发展的主要特色

2013 年是济源推进中原经济区建设的重要之年，济源国家现代农业示范

* 高璇，河南省社会科学院经济研究所助理研究员。

区建设的关键之年。全市深入贯彻科学发展观，以现代农业发展为目标，坚持走济源特色的农业现代化道路，实现了济源现代农业高速发展，并呈现出以下特色。

（一）坚持以农业产业化集群发展为支撑

农业产业集群是指大量与农业经营者的市场行为联系密切的行业或企业，以及相关的支撑机构在空间上通过横向纵向的集聚，包括基地、龙头企业、经合组织、金融机构、科技协会、行业中介等要素，是推进农业现代化建设的重要支撑力量。济源地处山区丘陵，农业发展的自然条件弱，农业产业化集群发展成为其实现农业现代化、推动现代农业快速发展的重要支撑力。

1. 济源产业集群初具规模

济源初步形成了上下游协作紧密、产业链相对完整、辐射带动能力较强的双汇生猪、伊利奶牛、薄皮核桃、冬凌草、科云绿色高端农产品、种子、肉兔、柳江禽业蛋鸡等八大产业集群，其中双汇生猪产业集群、济源阳光兔业产业集群被认定为省级农业产业化集群；八大农业产业化集群实现销售收入189亿元，为济源现代农业示范区建设提供了坚实基础。

2. 济源产业集群龙头企业带动优势明显

2013年，济源产业集群龙头企业达49家，其中省级重点龙头企业8家，总产值46.28亿元，营业收入39.63亿元，利润总额3.03亿元，带动农户达7.46万户，农业产业化集群配套服务体系不断完善。通过提升济源农业信息网和电子政务平台建设，为农业产业集群发展提供各种信息，引导农业产业集群健康发展。

（二）坚持以农业结构优化为着力点

农业结构优化是推进现代农业快速发展的着力点，按照优化结构，提高效率的要求，济源积极发展特色农业、品牌农业、多功能农业等，不断提高现代农业发展水平。

1. 特色农业主导产业迅速发展，优势特色农业逐渐向适宜区集中

目前初步形成了北部高效蔬菜产业基地；南部果蔬产业基地；西部山区以

冬凌草为主的中药材生产基地，王屋山区现代烟草精品基地；西部山区及南部丘陵蔬菜制种基地，环城花卉苗木产业廊道，高山催化生产基地；西部核桃产业基地，积极推进品牌农业建设；目前已初步形成“黄河鲤鱼”“王屋山浓香型烟叶”“玉奥蔬菜”“卢仝茶”“济源冬凌草”“寺郎腰大葱”和“卫佛安西瓜”等农产品品牌。

2. 大力发展多功能产业

目前，全市已具备生态观光农业雏形园区 14 个，累计投入 8.2 亿元，经营面积 4.7 万亩，年接待游客 98 万人次，年实现利润 6200 万元，基本形成了“一廊、两带、两片区”生态观光农业布局。

（三）坚持以农业经营主体创新为突破口

党的十八届三中全会明确指出培育新型农业经营主体，认为培育新型农业经营主体是实现农业现代化的核心。济源坚持以创新农业生产经营体制为突破口，大力发展专业农户、家庭农场以及农民专业合作社，促进现代农业又好又快发展。

1. 农村集体土地流转有序推进

济源以土地确权颁证为契机，进一步促进土地流转和适度规模经营，全市土地流转比例达 70.4%，30 亩以上种植大户达 2600 多个，其中百亩以上达 189 家，千亩以上达 50 家。

2. 农民专业合作社规范化建设快速推进

济源通过强化培训指导、开展示范创建，合作社发展更加规范，全市市级示范性合作社 26 家、省级 7 家、国家级 1 家。

3. 家庭农场建设继续推进

济源抢抓中央一号文件首次提出支持发展家庭农场的政策机遇，大力培育家庭农场，主动与市工商部门沟通协调，开展注册工作，经工商部门注册登记的家庭农场已达 19 家。

4. 农业经营模式创新逐渐扩大

根据全市 49 家龙头企业动态管理，形成了“公司 + 合作社 + 家庭农场”“农超对接”“农社对接”等多种新的农业经营模式。

（四）坚持以农业装备全面升级为基本保障

农业装备现代化是加快现代农业建设的基本保障。济源紧紧抓住全国农机化示范区这一历史机遇，坚持以农业装备升级来提升现代农业建设水平，大力推动农机装备升级。

1. 农机装备结构布局逐年改善

农机总动力持续增加，大中型农业机械年均增长10%，玉米收割实现全部机械化，农业机械装备结构布局呈现出逐年改善的好态势。着力拓展农机化发展空间，促进机械化生产水平全面提升。主要农作物耕、种、收综合机械化水平从2007年的76%提高到2013年的90%，主要粮食作物生产基本实现了全程机械化。机械化作业领域由粮食作物延伸到经济作物、设施农业、农产品加工业，发展空间不断扩大。

2. 着力发展农机合作组织，促进农机社会化服务体系进一步完善

农机专业合作社蓬勃发展，作业量占到全市农机作业总量的70%以上，以农机合作组织为主体的新型农机社会化服务体系逐渐形成。着力强化农机安全监督，促进农机化安全和谐发展，全市农业机械的注册登记率、检审率、驾驶人持证率和维修网点办证率全部超过90%，农机安全生产形势日趋稳定。

二　济源现代农业发展的基本经验

随着国家现代农业示范区建设步伐的加快，济源现代农业发展取得了一定成效，位居全省现代农业建设前列，其基本经验总结如下。

（一）重视发展规划，引导农业科学发展

现代农业建设是一项系统工程，必须先行科学规划，才能保证各项建设工作有条不紊地实施。

1. 重视现代农业总体发展规划

济源的农业发展总体规划立足现代农业发展方向、立足全省城乡一体化试点市，结合优势农作物区域，制订了符合济源现代农业发展实际的建设规划，

为其科学发展奠定了基础。

2. 重视现代农业各专项发展规划

立足总体规划、农机化发展重点及现有农机化基础条件，济源制订了农机化示范区建设规划，明确了指导思想、基本原则、内容目标、区域布局、技术标准体系、工作机制及保障措施等，为示范区建设提供了科学的实施线路图；立足总体规划及各园区发展现状，制订了各园区发展规划，在功能定位、产业特色、生态、文化等方面规划，不断提升园区发展品位。

（二）突出龙头带动，推动农业产业发展

培育壮大龙头企业是推进农业产业化经营，促进农业产业化，全面提高农业整体效益的重要环节。济源重视龙头企业发展，并把龙头企业作为优先发展的重点来抓，通过龙头带动、项目推动、改革驱动等方式，推动农业产业化快速发展。

1. 重视龙头企业运行监测与管理

加强对龙头企业的动态管理，坚持每两年一次龙头企业运行监测，为龙头企业发展提供良好的服务环境。

2. 重视政策扶持

为了壮大龙头企业力量，专门出台了《济源市人民政府办公室关于支持农业产业化龙头企业发展的实施方案》，为龙头企业提供了规模扩张、基地建设、标准化生产、品牌建设、展会展销、技术创新、人才培训、上市融资等方面的政策扶持力度。

3. 重视素质培训

通过信息服务与技术指导，解决企业在发展过程中的技术、人才、制度等要素短板问题。

（三）加强设施建设，改善农业发展环境

加强农业基础设施建设，改善农业发展环境，是推动现代农业快速发展的重要一环。济源现代农业发展重视基础设施建设，为现代农业发展提供了良好的发展环境。

1. 注重基础设施项目建设

全市每年争取一定数额的项目资金花在用基础设施建设上，并让各部门进行协作，整合高标准良田、农业综合开发、农田水利、国土整理、农业信息化建设等项目，全面改善农业基础设施条件。

2. 重视基础设施项目监管

济源在基础设施项目建设中，严格执行涉农项目监督管理，规范项目推进程序，确保每个工程都建成“廉洁工程”“精品工程”“富民工程”。

（四）强化科技支撑，提高农业发展效率

科技是农业生产和粮食安全的有力支撑，是突破当前资源环境约束的必然选择，也是加快现代农业建设的决定性力量。济源重视农业科技创新，充分发挥科技的支撑引领作用，为扎实推进科技服务现代农业建设提供支撑。

1. 重视院市共建、院企合作

济源市与中科院、中国农科院、农业部规划设计院等省内外 20 多家科研院校签订合作框架协议，建立了中科院绿色农业集成技术中心、绿茵蔬菜种子工程院士工作站等科研技术中心，为全市现代农业发展提供了强力支撑。

2. 重视技术推广

济源以全国基层农技推广体系改革与建设项目和“百名科技人员包百村”活动为依托，建设了 6 个基层农技推广区域站，遴选了 9 位产业专家和 80 名农业科技人员，围绕小麦、玉米、蔬菜等产业，培育了 800 个农业科技示范户进行推广，从而带动全市现代农业科技水平持续提升。

3. 重视培养职业农民

济源依托阳光工程，构建普及培训、职业技能培训和农民学历教育培训三位一体的培训体系，着力培育一批规模经营户、科技示范户、营销专业户，促进农民职业化。

（五）加大政策支持，确保农业快速发展

加大政策支持力度是实现现代农业的重要保障。济源重视政策支持，充分发挥政策引导扶持作用，促进现代农业快速发展。

1. 重视实施方案政策

以济源现代农业示范区建设为契机，出台各项工作实施方案，如《济源市农业局2013年招商引资工作实施方案》《济源市人民政府办公室关于支持农业产业化龙头企业发展的实施方案》等政策，为济源现代农业快速发展提供了政策支持。

2. 重视建立奖惩政策激励机制

济源充分发挥政策激励作用，积极推动现代农业各项工作。重视中央、省级政策的落实。全市积极贯彻“中央一号文件”“省一号文件”精神，严格落实强农惠农政策，使广大农民生产的积极性、原动力不断增强。

（六）扩大招商引资，推进农业跨越式发展

农业招商引资是推动农业跨越发展的重要抓手。济源重视农业招商引资，明确目标、突出重点，切实增强农业招商工作实效，为农业跨越发展提供项目、资金保障。

1. 突出招商引资机制建设

济源在招商引资方面建立招商引资项目台账，突出重点，明确分工，积极构建党组成员带头招商－专业科室综合招商－相关单位跟踪服务－年终绩效考核的招商引资工作机制，实现务实招商、高效招商。

2. 重视项目谋划

济源在围绕农业产业化集群培育方面，收集了解各类项目信息，充分挖掘本市现代农业发展优势，精心筛选项目，并印制《济源市农业局招商引资项目手册》，利用各类招商引资平台进行宣传推介。

3. 积极实施农业“走出去，请进来”战略

济源先后组团赴北京、武汉、郑州洽谈对接能源再生利用、航天育种等项目，并积极组织龙头企业和合作社参加第八届中国中部投资贸易博览会、2013年中国农洽会、农交会、厦洽会等，推介济源，洽谈对接项目，邀请中船重工集团（央企）、吃好网、中国公共采购网等单位的客商来济源考察洽谈项目，进一步提升济源农业综合生产能力。

三　济源现代农业发展趋势分析

2014 年是全面落实十八届三中全会精神的开局之年，现代农业发展形势依然复杂，对此既要正确估计农业现代化的难得机遇与有利条件，坚定必胜信心，又要充分认识面临的问题和不利因素，保持清醒认识，努力使济源现代农业快速发展的良好态势继续承接和延续。

从有利的方面看，党的十八届三中全会精神指出要加快发展现代农业，深化农村改革，这为济源发展现代农业，解决发展瓶颈，夯实发展基础，释放要素潜能等方面带来了发展机遇。国家大力支持现代农业发展的各项政策将保持稳定，特别是“中央一号文件”提出坚决破除体制机制弊端，坚持农业基础地位不动摇，加快推进农业现代化，将使农村社会生产力得到更大的解放，有利于济源现代农业的长远发展。河南以实施高标准良田“百千万”建设、现代农业产业化集群培育、都市生态农业发展、“三山一滩”群众脱贫“四大工程”推进农业现代化，着力打造现代农业大省，为济源现代农业建设指引了方向。济源国家现代农业示范区建设步伐的不断加快，为济源现代农业发展提供了重要契机，这些积极因素为 2014 年济源现代农业发展提供了重要支撑。

从不利的方面看，随着世界经济缓慢复苏，对农产品需求不会增加，农业获利空间受到挤压，为济源农产品出口带来压力。国内经济增长速度放缓长期化，农业需求逐渐压缩，农村剩余劳动力就业机会不断减少，对济源农业生产、农民增收带来负面影响。农业生产经营进入高投入、高成本阶段，农业生产资料价格持续攀升，农业土地租金和融资成本不断上涨，继续提高农业比较效益难度加大。随着农村劳动力不断外迁，村庄空心化的趋势不断加剧，人口老龄化步伐等社会矛盾不断升级，济源现代农业发展的社会制约因素凸显。这些不利因素给济源现代农业发展带来了不可低估的风险和隐患。

综合两方面的因素，2014 年济源现代农业发展总体仍处于重要的战略机遇期，继续保持向好的发展势头的可能性较大。在农业增长方面，随着农村改革不断深化，各项惠农政策的实施，农业投入不断扩大，济源现代农业发展步伐会不断加快，预计 2014 年农业总产值将进一步增加，且增速将略高于 2013

年。在农业结构方面，随着农业产业化进程加快，院市合作不断深入，2014年济源现代农业结构调整会更趋于合理化。在农民收入方面，随着现代农业经济效益不断显现，以及中央和地方配套补贴政策的实施，2014年济源农民收入会进一步增加，且增长幅度会略高于2013年。

四　加快推进济源现代农业发展的对策建议

加快济源现代农业发展，必须坚持以科学发展观为指导，全面贯彻党的十八届三中全会和“中央一号文件”精神，持续推进农业经营体制创新，继续探索集约化、标准化、信息化、组织化、产业化的现代农业发展方式，增强济源现代农业发展能力，为济源现代农业示范区建设夯实基础，提供保障。

（一）加快农业产业化发展，着力提高农业发展效益

以优势农产品为基础，以龙头企业为示范，以科技创新为支撑，以产业链式发展为目标，全面推进济源现代农业产业化进程，构建“全链条、全循环、高质量、高效益”的现代农业产业体系。

1. 进一步做大做强龙头企业

济源要在培育行业领军企业上取得新突破，要在蔬菜、园艺、制种、杂粮等行业，培育一批引领行业发展的领军企业。

2. 强化农业产业链构建

济原要在推动产销各环节融合发展上取得新突破。鼓励企业加大原料基地投入，支持企业进行农产品深加工，建立“从餐桌到田头”可追溯食品安全机制。

3. 加大科技创新力度

济源要在农业企业核心竞争力上取得新突破。鼓励企业加大科研投入，提高自主创新能力。

4. 完善利益联结机制

济源要在增强辐射能力上取得新突破。大力发展订单农业，逐步实行合同可追溯管理，支持企业与合作社、农户进行有效对接，采取联动发展、“公司＋农户”等合作机制，推动发展。

（二）推进农业品牌化发展，着力提升农产品竞争力

1. 鼓励支持农产品商标注册

对现有品牌进行整合，选出一批影响大、效益好、辐射带动强的农产品，积极推荐认定品牌，做到成熟一个，推荐一个，避免农产品价格波动所带来的损失，保证农民收益。

2. 着力培育农产品品牌经营主体

充分发挥龙头企业、合作组织、行业协会等主体作用，实行统一标志、标准、包装、销售，并有效整合品牌，实现品牌共享。

3. 加强农产品推介保护

加大宣传推介力度，通过参加国内外展示、展销会以及举办新闻发布会、博览会等活动，推介品牌，宣传品牌，努力扩大品牌农产品的知名度，提升农产品竞争力。

（三）创新农业经营方式，着力构建多元农业经营模式

1. 继续推进农业生产经营方式创新

围绕改造传统农户、培育现代农业经营主体，不断加强农户经营能力建设，提高农户的科技应用能力、机械使用能力和市场开拓能力。把培育职业农民作为推动农业发展的核心力量，以生产经营型人才、技能服务型人才和农村发展带头人为重点，着力培育科技示范户、农民专业合作组织负责人、种养大户、农机能手等主体，使之成为发展现代农业的示范户和“领头雁”。

2. 着力推进济源农产品销售方式创新

在传统销售方式的基础上，不断增强农产品电子商务，推动济源本土农产品电子商务企业发展壮大，促使农产品电子网上交易量不断提升，全面推动济源智慧农业建设。

（四）完善农业保障体系，着力提高农业生产保障能力

1. 强化农业信息服务保障体系建设

着力打造农业信息服务平台，以最快捷、低成本的方式把产品供求、农业

技术和法律政策等信息传递给农业生产者、经营者和消费者，帮助他们适应变化多端的市场。

2. 强化农业科技服务保障体系

坚持公共农业技术服务体系的主导地位不动摇，改善农户采用新技术的外部环境，加大政府扶持力度，引导企业、民间组织和社会力量积极参与农业科技服务体系建设。

3. 强化农业保险体系建设

积极扶持、引导商业保险公司开办农业保险，探索成立政策性农业保险公司，引入民间资本进入农业保险领域。

参考文献

韩长赋：《积极推进新型农业经营体系建设》，《人民日报》2013 年 8 月 7 日。

陈锡文：《农业和农村形势发展：形势与问题》，《南京农业大学学报》（社会科学版）2013 年第 13 期。

《中共中央关于全面深化改革若干重大问题的决定》，2013 年 11 月。

中共中央、国务院：《关于全面深化农村改革加快推进农业现代化的若干意见》，2014 年 1 月。

B.9

济源发展高成长性服务业的分析与思考

王　芳*

摘　要：

高成长性服务业是衡量一个国家或地区发展水平的重要标志。济源作为一个典型的工业城市，服务业发展水平相对滞后，存在着占比仍然偏低、产业层次不高、产品缺乏竞争力、投入相对不足、专业人才短缺等问题。但同时，济源雄厚的工业基础、较高的居民收入水平、丰富的文化旅游资源、城镇化加速推进以及政府大力支持等也为其发展高成长性服务业提供了优势与机遇。要实现济源高成长性服务业发展的突破，结合济源市情，应重点发展文化旅游、现代物流、现代商贸、健康养生、金融服务五类高成长性服务业，着力强化政府引导、加大投入力度、实施项目带动、优化发展环境等，从而促进济源高成长性服务业又好又快发展。

关键词：

济源　高成长性服务业　建议

服务业是国民经济的重要组成部分，服务业的发展水平是衡量现代社会经济发达程度的重要标志。随着济源工业化、城镇化进程的加快，服务业在全市经济发展中扮演着越来越重要的角色。第一、二产业，尤其是工业的竞争力越来越依赖于现代物流、金融服务、技术研发、信息服务等高成长性服务业的支撑。河南省省长谢伏瞻在河南省第十二届人民代表大会第三次会议上所作的

* 王芳，河南省社会科学院金融与财贸研究所助理研究员。

《政府工作报告》中也明确提出，要着力做大服务业，加快建设高成长性服务业大省。当前济源服务业，尤其是高成长性服务业发展相对滞后，成为制约工业化、城镇化提速提质的重要因素。立足济源市情，结合自身的比较优势，加快发展高成长性服务业，使其成为新的经济增长点，全市三次产业相互促进、协调发展，是今后一个较长时期内济源发展的战略选择。

一　济源市服务业发展概况

近年来，济源市委、市政府高度重视服务业发展，实施了政策扶持、资金投入、项目带动、改革促进、优化环境等一系列得力举措，特别是2012年以来，按照“一年打基础、两年见成效、三年大发展”的要求，制订实施了《济源市服务业发展三年行动计划》，出台了进一步加快服务业发展的若干政策，推动服务业发展取得了明显成效。

（一）济源市服务业发展现状

1. 发展总量稳步提升

2008年以来，济源市服务业发展规模不断壮大，虽然在2009年服务业增加值有小幅回落，但总体上呈现稳定提高的态势，企业规模与数量持续扩大。2012年，济源市共有服务业法人单位2510家，产业活动单位2836家，分别比上年新增118家和96家；全市服务业增加值完成85.4亿元，较2011年增加8.6亿元，占全市地区生产总值的19.4%，较上年提高了0.8个百分点。2013年，济源市服务业增加值同比增长7%，全市社会消费品零售额预计达到106亿元，较上年提高了13个百分点。服务业的稳步发展，使其对拉动全市经济增长的作用日益增强（见图1）。

2. 产业内部结构趋向优化

随着城乡居民收入稳步增长，交通运输仓储和邮政业、批发零售业、住宿餐饮业等传统服务行业稳步增长，市场消费规模持续扩大。2012年，济源市批发零售和住宿餐饮业增加值为30.12亿元，比上年增长11.4%，占全市服务业增加值的35.3%；交通、邮电和旅游业增加值为13.72亿元，比上年

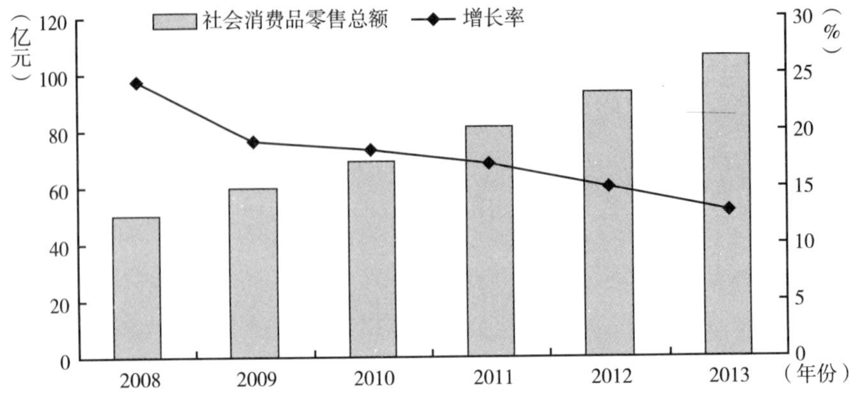

图1　济源市2008～2013年社会消费品零售额及增长率

增长9.5%，占全市服务业增加值的16.1%。2012年，全市休闲旅游、物流商贸、文化教育、房地产等重点产业不断壮大，占服务业的比重达63.4%；以金融服务、科技信息、健康养生、社区服务等为代表的现代服务业也得到快速发展，现代服务业占服务业的比重达到16.3%，比上年提高2.1个百分点，年增速达16.2%，服务业的外延和范围不断扩大，产业内部结构逐渐优化，服务体系日趋健全，初步形成传统服务业和现代服务业共同发展的格局。

3. 投入力度不断加大

2013年，济源市召开全市服务业发展大会，明确了八大支柱产业和四项重点工程，实施服务业项目110个，完成投资115亿元，同比增长40%。组建了市旅游集团，设立王屋山、五龙口旅游管委会，加快文化旅游项目建设，完成投资2.7亿元，累计接待游客695万人次，增长20.6%；实现旅游综合收入30.9亿元，增长25.3%。在房地产方面，于6月结束了下行趋势开始缓慢回升，全市房地产开发项目增多，1～11月全市房地产投资共完成29.3亿元，同比增长28.7%，比前三季度提高11.6个百分点，投资增速有所加快（见图2）。2013年，济源市还把加快物流业发展的优惠政策融入济源市关于进一步《加快服务业发展的若干政策》中，加快推进亚太有色金属电子交易平台、威佳汽车公园、华铁集装箱物流、克井煤炭市场等项目，前三季度累计完成投资

7.8 亿元。在商贸业方面编制完成了中心城区商业网点规划，红星美凯龙家居广场正式签约，信尧城市广场、宏宇国际酒店、新八方家电城等投入运营，印象新城、中原国际商贸城三期、东方国际、美国豪生和德泰酒店等项目加快推进，槐仙、商业城、南街等城区夜市完成了整治提升工作。

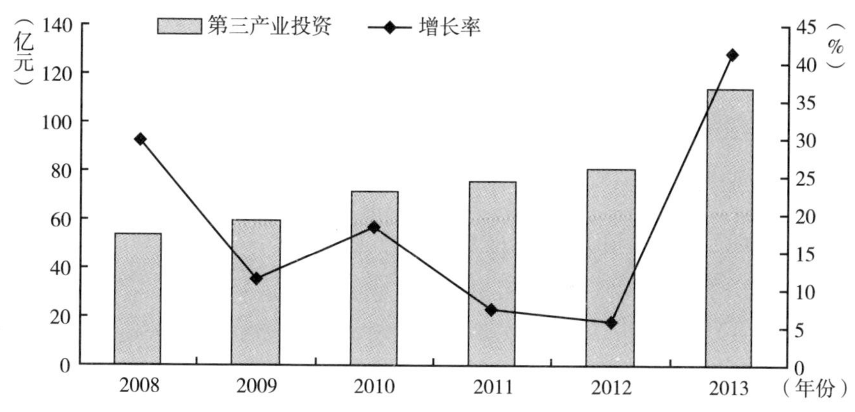

图 2　2008～2013 年济源市第三产业投资额及增长率

4. 带动能力逐渐增强

随着济源市服务业的不断发展，服务业的经济社会效益逐渐增强，综合服务功能日益完善。最突出的表现就是服务业就业空间逐步扩展。2012 年，全市服务业从业人员 16.2 万人，比上年增加 7200 余人，占全部从业人员的比重达到 37.1%，服务业已经成为吸纳新增劳动力就业的有效渠道。与此同时，全市现代化商贸设施逐年增多，信息网络不断完善，各类金融主体加快集聚，社区服务、中介服务快速发展，教育、文化、卫生等社会事业服务水平也不断提高。在金融业方面，济源市全力推进金融产品创新，金融运行总体平稳。目前，工商银行对中原化工、亿利化纤等企业进行了订单融资；澳洲联邦村镇银行推出了快速贷、兴农贷、“钢结构”质押等产品；丰之源饮品、贝迪制冷公司开展了融资租赁等业务，与郑州银行也签订了战略合作协议。2013 年，预计金融机构存贷款余额达 258 亿元和 221 亿元，分别增长 12.9% 和 17.9%，金融业总体实力不断增强，服务地方经济的能力也日益提升。

（二）济源市服务业存在的问题

尽管济源市服务业取得了长足发展，但从整体上看服务业仍然是全市国民经济与社会发展的薄弱环节，存在总量不大、发展不快、结构不优、竞争力不强等问题。

1. 服务业发展速度相对滞后，占比仍然偏低

近年来，济源市服务业增加值增幅低于 GDP 增速，2012 年服务业增加值增长 8%，居全省第 15 位，低于工业增加值增速 7.2 个百分点，低于 GDP 增速 3.6 个百分点。服务业增加值占 GDP 比重方面，实际上是在一个低水平上保持稳定，2011 年，全市服务业占 GDP 的比重为 18.8%，比 2005 年下降 5.5 个百分点；2013 年这一比重为 19.5%，而全省平均水平约为 33.3%，郑州约为 41.0%，开封约为 34.0%，在全省排名依然靠后。特别是随着济源市工业的快速发展，服务业占 GDP 的比重还有逐年下降的趋势。

2. 产业层次不高，行业结构不够合理

整体来看，济源市服务业还处于初级发展和功能提升阶段，传统服务业比例较高，现代服务业发展不足是一个需要面对的问题。济源当前服务业主要集中在商贸、餐饮、交通、邮政等传统服务业上，金融、信息服务等高成长性服务业发展不足，服务业仍处于低层次结构水平。2012 年全市批发零售业、住宿餐饮业、房地产业、交通运输以及仓储邮政业等相对传统业态占服务业增加值的比重达 70.7%。尽管近几年服务业内部结构有所改善，新兴产业有一定的升级趋向，但还没有成为产业增长的主体，传统部门和一般产业仍是带动服务业增长的主要力量。

3. 服务业市场化程度偏低，产品缺乏竞争力

目前，济源市金融、科技、物流、贸易等生产性服务业仍处于散、小、弱状态，休闲娱乐、住宿餐饮等生活性服务业还没有形成特色和品牌，很难形成有竞争力的产品；银行、保险、传媒等高成长性服务行业存在明显的政策性进入壁垒和垄断现象，抑制了产业竞争力的提升。从企业来看，全市服务企业以中小规模的占主导，企业规模实力普遍不足，缺乏具有带动区域性发展的上规模、上档次企业，服务业规模型、品牌型企业不多，企业竞争力不强；服务功

能不健全，区域特色不够明显，集聚辐射能力比较弱，还没有形成具有济源特色的现代服务业产业体系。

4. 发展观念落后，投入相对不足

近年来，济源市提出要大力发展服务业，但多属于一些餐饮、商贸等消费性行业，由于对现代服务业、高成长性服务业认识不足，社会资本投向服务业的积极性和动力明显不足，对整个服务业的投资还明显不够。2012 年，全市服务业固定资产投资增长 6.1%，低于全社会固定资产投资增速 15.1 个百分点；2013 年，全市服务业固定资产投资占投资总额比重的 33.4%，远低于全省平均水平（约 45%）。从投资结构看多集中于传统领域，2012 年全市交通运输、批发零售贸易、房地产等行业投资额占服务业投资总额比重的 74.8%，而信息传输、计算机服务和软件、金融保险等现代服务业发展明显欠缺。

5. 缺乏高层次人才集聚，专业人才短缺

高成长性服务业，尤其是知识密集型服务业的发展，对人才的需求总量大，由于长期存在的"重制造、轻服务"观念的影响，对服务业人才的培养没有得到足够的重视，导致全市服务业高级专门人才储备不足，人才供给结构也不合理，而职业教育发展滞后，也影响了服务业人才的培养。2012 年济源市教育经费为 12.24 亿元，仅占全省的 0.83%；普通高等学校和成人教育学校数量及教职工人数在全省排名也较靠后，特别是电子商务、电脑软件和信息技术、市场服务和公司管理服务等方面人才的短缺直接制约了高成长性服务业的发展。

二　济源市发展高成长性服务业的优势与机遇

（一）雄厚的工业基础为高成长性服务业发展提供了有力支撑

制造业是服务业发展的前提和基础，以金融、物流、信息等为主的高成长性服务业与制造业的关系更为紧密，可以说，高成长性服务业的拓展和深化在很大程度上来源于制造业本身发展的内在需求。济源市整体处于工业化中后期阶段，制造业基础雄厚，2013 年，全市地区生产总值完成 460 亿元以上，人均 GDP 超过 7000 美元，规模以上工业增加值完成 295 亿元，形成了钢铁、铅锌、能源、化工等支撑产业和装备制造、农产品加工等高成长产业。随着济源市制造技术的进步和产品档次的提高，研究开发、储存运输、市场调查和售后服务等生产环节将逐渐增多，使得原有内置于制造业产业链中的服务活动通过专业分工的不断细化逐渐外置，形成特定的需求体系，为高成长性服务业发展提供有力保障和支撑。

（二）较高的居民收入和消费能力为高成长性服务业发展注入了强劲动力

收入水平是服务业发展的重要原因，即随着人均收入水平的提高，人们对服务的消费需求会增加。济源市城乡居民收入长期保持在较高水平，2013 年全市城镇居民人均可支配收入达到 23152 元，农民人均纯收入达到 11926 元，均在全省名列前茅，各类社会保障水平均也居全省前列。随着城乡居民收入水平的不断提高，人们的消费愿望和消费能力明显增强，新的消费热点也不断涌现，特别是对房地产、通信、旅游、文化、医疗、体育休闲等服务行业的需求增长明显，消费结构加速升级。根据发展中国家消费升级的一般规律，从消费高增长趋势出现到市场进入相对饱和状态持续的时间通常较长，扩大需求的潜力很大，这些都为济源高成长性服务业的发展带来了无限机遇。

（三）丰富的文化旅游资源为高成长性服务业发展夯实了基础

济源地处黄河流域，因济水发源地而得名，境内高山、大河、丘陵、平原交相辉映，自然景观和人文景观极为丰富，2001 年被命名为“中国优秀旅游城市”，2006 年获得“国家卫生城市”称号。济源的历史文化源远流长，文物古迹和文化遗址遍布各地，木结构古建筑居全省之首，神话寓言名扬中外，拥有道教圣地、愚公精神、济渎文化、卢仝茶文化等优秀民族文化，被誉为中原历史文化名城。济源还拥有人间仙境王屋山、“大河盆景”黄河三峡、“茶道之源”九里沟、“女娲之乡”小沟背、温泉小镇五龙口等一大批特色旅游资源，是中原地区著名的旅游目的地之一。这些资源目前多处于正在开发或者待开发阶段，为发展济源旅游产业，实现济源的“华丽转身”奠定了重要基础。

（四）城镇化的加速推进为周边人口集聚创造了条件

城镇化建设是以城镇发展和产业集聚创造的就业岗位促进农民向城镇转移落户，人口的增加为服务业发展创造了条件，形成产城融合的良性发展格局。济源坚持全域城乡一体化发展特色，多措并举推动新型城镇化提速发展，2013年全市城镇化率预计达55%，已经具备了吸引周边人口集聚的能力。特别是随着富士康项目引发的产业集聚和雁阵效应逐步显现，将更加促进济源市农村人口向城市集中，预计未来济源城市流动人口将突破50万人，到2020年市区建成区面积将达到70平方公里。不断扩张的城区规模，日益完善的配套设施，良好的山水生态环境，丰富的文化旅游资源，将进一步吸引周边人口加快向济源集聚、就业和居住。

（五）明确的政策导向为高成长性服务业发展提供了保障

当前，服务业发展面临良好的政策环境，国家高度重视服务业发展，把发展服务业作为一项重大而长期的战略任务来抓。河南也做出了把服务业打造成中原崛起新支柱的重大决策，相继出台了《关于加快发展服务业的若干意见》《河南省人民政府关于促进中心商务功能区和特色商业区发展的指导意见》等意见和政策。2014年河南省《政府工作报告》明确提出，要着力做大服务业，加快建设高成长性服务业大省。河南省省长谢伏瞻在2014年省委经济工作会议上指出，要加快构建充分融入经济各领域和社会发展各方面、具有多元化活力的现代服务业发展格局。而伴随着一系列具体政策措施的相继实施，必然为济源服务业发展带来重要契机。

（六）国际服务业产业转移为加快服务业发展创造了机遇

从历史的角度来看，全球产业转移经历了两个重要阶段。第一次是全球生产制造业的大转移，第二次是全球服务业的大转移。服务业转移是制造业全球化的自然延伸，目前国际服务业转移正加快步伐，已经扩展到信息技术服务、人力资源管理、金融、保险、会计服务、后勤保障、客户服务等多个服务领域，有专家认为全球有80%～90%的跨国企业还有进行服务业转移的需要。

随着服务业国际投资逐渐转向发展中国家，沿海地区服务业向内地转移，为济源承接服务业转移、提升服务业发展水平带来难得机遇。

三　济源市发展高成长性服务业的思路与重点

（一）发展思路

要以科学发展观为指导，强化规划引领，以发展提速、比重提高、水平提升为目标，实行全面发展与突出重点相结合，市场主导与政府推动相结合，发展高成长性服务业与改造提升传统服务业相结合，依靠改革推动、开放倒逼、项目带动和政策引领，大力实施“旅游带动”战略，着力发展以文化旅游、现代物流为代表的高成长性服务业和现代商贸等具有比较优势的服务业，推动高成长性服务业快速、优质、高效发展，努力形成与现代制造业相融合、与城镇化进程相协调、与城乡居民需求相适应的现代服务业体系。

（二）发展重点

1. 文化旅游业

要充分挖掘济源生态和人文资源优势，深入推进旅游体制机制改革，整合景区旅游资源，提升品牌，既要对传统景区进行“主题化”整合和“游乐化”改造，也要善于“无中生有”建设一批新景点，进一步做优做美景区，建设国内重要的“旅游目的地”。积极发展旅游商品、餐饮、宾馆、温泉洗浴等关联产业，拉长旅游产业链条，推出一批以地方民间艺术、风俗民情为看点的文化娱乐节目，满足游客吃、住、行、游、购、娱需求，提高旅游服务质量和综合接待能力。加快旅游企业整合重组，引进和培育一批大型旅游企业，适时设立济源市旅游服务公司，加强与焦作、晋城、洛阳等周边地区合作，积极融入中原经济区旅游网络，推动区域旅游一体化。完善支持政策，充分调动旅行社积极性以逐步扩大和增强“地接”规模及能力，创新营销思路，加强旅游宣传推介，积极争取长三角、珠三角市场，逐步向中国的港澳台以及东南亚市场扩展。

2. 现代物流业

要立足济源传统产业优势基础，围绕建设“豫西北晋东南物流中心”的目标，利用豫光金铅、济源钢铁等行业优势，整合资源，培育龙头，加快传统物流改造与业态提升，推进重点工业企业主辅分离，逐步实现企业物流活动社会化，建设豫西北和晋东南的有色、煤炭和钢铁物流中心。推动服装、建材、日用品等行业有条件的运输、仓储和代理企业向第三方物流企业发展，积极引导国内外著名的第三方物流企业入驻济源，鼓励本地物流企业通过多种方式与国内外大型物流企业联合与合作。完善物流发展载体，围绕煤炭、化工、有色金属等产业，加快建设一批专业物流园区和仓储配送中心，完善交易、仓储、加工、配送、物流金融、信息服务、中转分拨等功能，增强对资源要素吸附能力、产业支撑能力和周边产业辐射带动能力。构建物流网络，深化济源与中原经济区及周边城市物流节点的对接，加强与郑州国际物流中心全面对接，建设成连接河南与山西的重要支点和中转枢纽，增强对豫西北、晋东南地区的物流服务能力。

3. 现代商贸业

打造大型商圈和商贸集中区，抓好一批有较强集散能力和服务功能的大型商品交易市场、专业批发市场和大型购物中心、配送中心等的建设，建立健全以大型商品交易市场和专业批发市场为中心、各类连锁综合超市和配送中心等为配套的市场体系。根据各商业街区的历史文化特色和业态定位，新建和改造一批以专业化、连锁化经营为特色的商业街区，形成一街一品的城市商业名片。按照高、中、低档相匹配，大、中、小型相协调，促进发展和规范管理相结合的要求，推动济源市餐饮业壮大规模，提升层次。鼓励具有竞争优势的商贸企业进行规模扩张，通过资产重组、联合兼并、连锁经营和采购联盟等多种方式，培育一批拥有自主品牌、主业突出、核心竞争力强的大型商贸企业集团。积极引进新型商贸流通业态和先进商贸流通手段，加快发展连锁经营、特许经营、代理经销等现代商贸流通形式，大力推进电子商务、网上交易等现代商贸营销手段，逐步推广竞买制、拍卖制、仓单交易等现代商贸交易方式，加快实现从传统商贸服务业向现代商贸服务业的转型。

4. 健康养生业

围绕“健康养生之都”市场定位，充分利用休闲、运动、健身、生态等服务资源，根据消费者对保健和养生的需求，并与旅行、休闲和娱乐这些旅游产品相结合，建设一批休闲、运动、饮食、疗疾和益智等重大项目，实现“医药养、吃住行、游购娱”多元化发展。积极开发利用王屋山、小浪底等山地、水域、生态资源，依托冬凌草、怀药等中药材，通过多元化招商打造一批规模化、专业化的生态医疗健康养护基地，吸引各类消费群体。打造以西霞院为重点的休闲养生业品牌，把西霞院作为休闲养生业发展的重点区域，立足其优越的地理位置和优美的自然风光，加强基础设施建设，完善休闲、娱乐、健身、会展等服务功能，叫响西霞院休闲养生业品牌。

5. 金融服务业

加强“诚信济源”建设，创建金融安全区，创新金融发展政策，优化金融环境，活跃金融市场，吸引各类金融机构到济源设立分支机构，逐步完善金融业态，扩大产业规模，不断增强金融业对全市经济的服务能力，争创中原经济区农村金融综合改革试验区。积极开发多种个人理财项目，融通社会上的闲散资金，推进银团联贷，分担风险。迅速扩大保险业市场，开发为商业银行提供的商业信贷保险和个人信贷保险。进一步加快优势企业上市步伐，通过企业上市融通资金，做大做强。支持中小企业特别是高新技术企业在创业板上市。积极争取发行企业债券融资。进一步完善创业投资机制，扩大风险基金等创业基金的来源。

四　加快济源高成长性服务业发展的对策建议

（一）树立正确理念，提高对发展高成长性服务业的认识

服务业，尤其是高成长性服务业的兴旺与发达，是现代经济的一个重要特征。发展高成长性服务业绝不是权宜之计，而是大势所趋，符合产业演进规律；这不仅是当务之急，而且是一项长远的战略任务，是实现现代化的一个重要环节，是济源产业转型升级的战略重点。济源作为一座典型的工业城市，要

提高对加快发展高成长性服务业重要性的认识，要清醒地认识到，如果服务业发展缓慢，将会严重制约第一、二产业的发展。因此，必须充分调动各方面的主动性、积极性和创造性，共同推动高成长性服务业发展，改变长期以来济源服务业滞后的状况，使其与第一、二产业协调发展，相得益彰。

（二）编制发展规划，引导高成长性服务业科学发展

按照适度超前的原则，尽快编制具有济源特色、适应长远发展的高成长性服务业发展规划，对全市现代服务业的发展目标、基本原则、发展重点、产业布局等提出指导意见，并制定切实可行的政策措施。成立济源市高成长性服务业发展领导小组，定期或不定期分析研究现代化服务业发展的重大决策，协调解决商贸、物流、新型旅游等现代服务业发展中存在的问题，加强对全市高成长性服务业的指导、协调、管理和服务。尽快形成和健全高成长性服务业各类行业组织体系，鼓励发展行业协会，发挥服务业协会在维护市场秩序、强化行业自律、制定行业标准、沟通企业与政府等方面的作用，积极发挥行业协会的自律管理作用。

（三）破除发展瓶颈，加大物力、人力、资金投入力度

促进服务业发展，加大投资力度是关键，必须调动社会各方面的积极性，鼓励社会资本通过合资、合作、联营、特许经营等方式进入服务业。要进一步创新思路，坚持多层次、多渠道、多形式增加对服务业的投入，吸引银行贷款和社会民间资本增加对高成长性服务业的投入，不断壮大服务业总量。放宽市场准入，引入竞争机制，为民间资本提供更多的发展机会和更大的发展空间。不断完善投融资体制，增加服务业引导资金规模，制定和完善推进服务业发展的配套政策，更好地吸引资本、技术，引导外资投向高成长性服务部门，优化服务业内部结构。完善服务企业的投融资平台，鼓励企业加大对科技创新、人才培养等方面的投入力度，着力解决企业发展中遇到的资金瓶颈。

（四）深化对外开放，实施项目带动战略

项目是产业发展的载体，发展服务业要靠大项目做支撑，靠重点项目做引

领。进一步健全招商引资政策和服务体系，吸引国内外客商到济源创业发展，积极培育一批在全国同行业具有竞争优势的现代服务业企业集团，打造国际品牌。围绕济源高成长性服务业发展，科学筹划、论证、筛选一批重大建设项目，建立全市高成长性服务业重大项目库。对已确定的项目，要做好前期规划，积极向省、国家申报，加强对上沟通和衔接，争取早立项，早动工；对已开工的项目，要进一步做好服务工作，及时协调解决遇到的困难和问题，加快项目建设进度，力争早建成，早见成效。建立项目责任制，将项目建设任务分解落实到具体责任领导和责任单位并定期跟踪督察，确保项目建设顺利推进。

（五）加快城镇化进程，进一步提高城乡居民收入

要发挥规划引领作用，科学设置工业区、居住区、文化区、休闲区等功能区域布局，以城市和专业市场为载体，加快商务中心区和特色商业区建设，强化其金融、贸易、信息、中介服务以及生活服务等功能，促进产业结构向高级化和现代化方向发展。加强农村基础设施建设，提高农业综合生产能力以增加农民收入；建立适应不同群体的工资增长机制，不断提高工薪人员的工资水平，适当调高最低工资标准，使得职工工资随经济发展而逐步增长，提高城乡居民整体服务性消费水平，增强服务业发展的内在动力。

（六）优化发展环境，充分发挥政府引导作用

在加快高成长性服务业发展过程中，政府应当明确其职能定位，全面履行政府经济调节、市场监管社会管理和公共服务职能，建设职能到位、法制健全和公开透明的服务型政府，逐步完善面向社会、企业的市场化服务体系。力求先行先试，全面清理不合时宜的法规条例和收费项目，简化行政审批手续，提高行政效能。认真落实现有政策措施，围绕近年来国家、省、市出台的服务业发展政策文件，组织服务业政策落实情况检查，指导服务业企业用足用好政策；设立市级高成长性服务业引导资金，出台高成长性服务业引导资金管理办法，重点支持高成长性服务业的关键领域、薄弱环节和自主创新等，研究制定加快文化旅游、现代物流等产业发展的专项扶持政策。

B.10

济源提升优化固定资产投资的调查与建议

杜明军*

摘　要：

2013年济源固定资产投资紧紧围绕"一个中心、两个率先"的发展目标，在错综复杂的外部环境约束中，集中精力抓重点破难点，全力以赴稳增长、促发展，逆境突破，全年总体保持了增长较快，结构持续优化，发展后劲加强。济源固定资产投资的规模有待稳定、结构有待优化、效益有待提升、后劲有待加强、环境有待突破。需要准确把握固定资产投资提升优化的战略机遇，以大项目为抓手提升优化投资结构，以产业集聚区为突破口提升优化投资平台，以改革创新为动力提升优化投资效益。

关键词：

固定资产投资　提升优化

一　2013年固定资产投资的基本态势

2013年，全市固定资产投资运行总体稳健。全年固定资产投资完成346亿元，同比增长23%。项目投资加快推进，全年投资1000万元以上的项目有262个，其中亿元以上项目121个，济源钢铁高洁净机械用钢、豫光多金属综合回收、富士康模具、伊利液态奶加工、鲁泰能源等一批投资项目竣工投产。开放招商，投资引进成效显著。全年招商引资突破200亿元，新签约项目208

* 杜明军，河南省社会科学院经济研究所副研究员。

个，总投资额达750亿元，印度尼西亚力宝集团与豫光集团成功签约，西安交大科技园、中国煤科机电产业园、重型机械装备关重件等一批重大投资项目开工。投资载体建设全面加强。三个产业集聚区全年完成固定资产投资205亿元，同比增长9.2%。虎岭集聚区入选省“十强集聚区”，玉川集聚区被评为省循环经济标准化示范区，高新技术开发区荣获全国煤矿用防爆电器知名品牌创建示范区。

（一）固定资产投资在稳运行、防下滑的困难中逆势增长

受世界经济复苏乏力、国内经济增速下滑、市场有效需求不足等外部因素与自身结构性矛盾和体制性问题多重因素叠加影响，2013年上半年全市固定资产投资在平稳增长中存在着下行压力。1~5月，共完成投资116.65亿元，同比增长23%，但比1~3月和1~4月分别回落0.9个和0.5个百分点；居全省第14位，较上月下降2位，投资增速呈逐月走低态势。2013年下半年以来，面对严峻局面，坚定信心、保持定力，主动采取针对性措施，努力克服各种不利投资的因素影响，1~7月，共完成投资198.37亿元，同比增长23.1%，较上月提高0.1个百分点，增速小幅回升；前三季度，共完成投资259.1亿元，增长23%；下半年以来，固定资产投资稳中趋升，全年投资增速稳定在23%，结构稳中向好，各项指标趋于协调。

（二）固定资产投资对转方式、调结构、促转型作用明显

济源高度重视、努力增强固定资产投资对稳增长、调结构、促转型的统筹带动作用，依靠投资规模扩大和投向结构调整促进了经济结构优化升级。

1. 固定资产投资的三次产业投入结构呈现向好态势

2013年1~5月，第一、二、三产业分别完成投资4.11亿、80.34亿、32.21亿元，同比分别下降10.4%、增长27.8%和17.5%；三次产业投资的比重结构由上年同期的4.8∶66.3∶28.9变为3.5∶68.9∶27.6，三次产业投资占比分别下降1.3个、增加2.6个、下降1.3个百分点，呈现第一产业投资下降，第二产业增长较快，第三产业增长平稳的态势。1~7月，第一、二、三产业分别完成投资6.5亿、133.9亿、58亿元，同比分别下降8.9%、增长

24.4%和25%；三次产业投资结构比重由上年同期的4.4∶66.8∶28.8变为3.3∶67.5∶29.2，第一产业占比下降1.1、第二、三产业占比分别提高0.7个和0.4个百分点，呈现第一产业投资下降，第二产业增长平稳，第三产业增长较快的“一降一缓一快”的增长格局。前三季度，完成投资259.1亿元，增长23%，其中第三产业占比达30.6%，同比提高3个百分点。

2. 依靠投资增量推动工业优化升级成效明显

2013年1～5月，工业投资引领作用明显。全市实施工业投资项目77个，占在建项目的50.7%，完成投资80.3亿元，增长27.8%，高出全市投资增长4.8个百分点，占全市投资比重由2012年同期的66.3%提高到68.9%。前三季度，完成固定资产投资259.1亿元，增长23%；其中20个省重点项目完成投资87.1亿元，占年度计划的91.3%。高新技术产业投资增势良好，增速高于全市28.5个百分点。

3. 依靠固定资产投资加快推进国家现代农业示范区建设和第三产业发展

隆平高科、羽伟植物蛋白、养生嘉源等投资项目进展顺利，农业龙头企业达49家。创新融资平台，争取国开行贷款5800万元；建成王屋蔬菜制种、下冶烟草、轵城奶牛养殖等精品园区10个，完成投资1.5亿元。第三产业发展。明确了八大支柱产业和四项重点工程，实施服务业投资项目110个，完成投资115亿元，增长40%。组建市旅游集团，设立王屋山、五龙口旅游管委会，加快文化旅游投资项目建设，完成投资2.7亿元。红星美凯龙家居广场正式签约，信尧城市广场、宏宇国际酒店、新八方家电城等投入运营，印象新城、中原国际商贸城三期、东方国际、美国豪生和德泰酒店等投资项目加快推进。

（三）固定资产投资对城乡一体化建设的作用日益彰显

1. 城乡基础设施建设持续加强，投资环境不断优化

2013年1～5月，基础设施投资28.59亿元，增长62%，较上年同期提高37.2个百分点；占全市投资的24.5%，同比提高5.9个百分点。其中，除卫生和社会工作投资有所下降外，教育、水利管理业、城市基础设施、电力生产业均有大幅提高，分别比上年同期增长719.7%、72.1%、47.5%和41.6%。1～7月，基础设施投资53.70亿元，增长108.8%，较上年同期提高了92.2

个百分点；占全市投资的27.1%，同比提高11.1个百分点。其中，教育、电力生产业、交通运输仓储和邮政业、水利管理业、城市基础设施、卫生和社会工作投资均有大幅提高，分别比上年同期增长385%、136%、86.4%、56.7%、50.2%和23.6%。全年市政工程完成投资1.26亿元，新建改造城市道路12.1公里，新增“两气一水”管网60.5公里，新增改造雨污管网36.9公里，污泥处置项目投用，第二污水处理厂主体建成，西气东输二线支线开工。焦济洛城际铁路前期、济阳高速实质性开工准备就绪，南环至南站、裴大线至东二环等外延道路竣工通车，完成投资10.8亿元。

2. 城市片区组团建设投资取得新进展

实施中心城区、产业集聚区、小城镇、城市重点部位等规划修编50余项，济东新区、三湖片区、小浪底北岸新区控制性规划通过评审。九大片区投资开发全面展开。强力推进规划设计、征地拆迁、项目建设等各项工作，实施片区项目65个，完成投资38亿元。东南片区宗庄村提前竣工交房回迁，济东新区、小浪底北岸新区、济渎片区、三湖新区取得实质性进展，蟒河片区、健康城、龙湖片区、建业十八城有序推进。实施组团、小城镇项目83个，完成投资17.3亿元。

3. 新农村建设加快推进

编制完成社区规划方案13个，新开工项目5个，完成投资6亿元，新入住群众4000人。造林绿化植树1966万株，开发整理土地6000亩，村容村貌和重点区域综合整治成效明显。

（四）利用外资取得成效显著

1. 完成实际利用外资目标

2013年实际利用外资2.25亿美元，增长13.1%。其中，上半年实际利用外资超额完成目标任务。据省商务厅数据显示：截至6月，实际利用外资完成15108万美元，占省政府对济源市下达目标的69%，同比增长41.89%，实现目标进度居全省第1位，增幅全省排名第2位。

2. 实际利用外资进入新阶段

“大块头”外资投资项目到位进一步增多，块头明显增大，旗舰型外资项目落地开花。富士康、卡朱米服饰、迪特克生物、印象新城等一批具有“发动机”效应的外资项目不断落户，预示着济源已步入利用外资高速发展的新阶段。

3. 产业集聚区逐渐成为外商投资的主阵地，“磁场效应”集中释放

2013年上半年，实际利用外商直接投资的99%源于虎岭产业集聚区，尤其是富士康济源产业园的建设，更是一花“引”来百花香，与富士康相配套、涉及仓储物流、电子零配件、机械零配件加工、生产材料、包装材料等100余家企业，形成了产业集群发展“雁阵效应”。

二 固定资产投资提升优化面临的主要问题

（一）固定资产投资规模有待稳定

2013年全市固定资产投资态势起伏波动，始终存在着下行压力。1~5月全市固定资产投资比1~3月和1~4月分别回落0.9个和0.5个百分点，投资增速呈逐月走低态势。经过综合分析固定资产投资的规模结构、方向重点，采取针对性施策，使得投资态势保持较好发展势头。1~7月，全市投资同比增长23.1%，较上月提高0.1个百分点，增速出现小幅回升。全年固定资产投资增速艰难维持在23%，总体动力疲软，发展态势不稳。市场和周期性因素是决定投资波动的基础性力量。当前我国经济正面临近年少有的复杂局面，增长速度换挡期、结构调整阵痛期、前期刺激政策消化期“三期叠加”的阶段性特征明显。加上世界经济处于深度调整之中，存在明显的不确定性。在外需低迷、企业利润率低位维持、产能过剩所形成的成本抵消了原材料价格下降的空间、总体创新能力较弱的条件下，新的投资热点难以形成，市场力量难以支持短期内投资快速增长。因此，稳定固定资产投资规模，减少起伏波动，发挥其在当前启动需求，消化过剩产能，提高经济增长，增加就业、收入和消费的作用；发挥固定资产投资项目建成后提高生产率、增长潜力和质量以及经济运行效率等功能，任重而道远。

（二）固定资产投资结构有待优化

1. 工业投资结构优化步伐放缓

2013 年 1 ~7 月，高技术产业投资 34.4 亿元，同比增 198.6%，虽继续保持高速增长，但增幅较上年同期下降了 118.7 个百分点，较上个月下降 124.4 个百分点，与 2013 年其他月份相比有大幅下降，为 2013 年最低点。六大高成长性产业投资 81.2 亿元，同比增长 23.2%，增幅较 2012 年同期下降了 3.2 个百分点，较上个月下降了 5.9 个百分点，同样为 2013 年的最低点。六大高耗能产业投资 61.4 亿元，同比增长 34.4%，自进入二季度结束增速下降趋势以后增速逐月提高，比 2012 年同期提高了 26.9 个百分点。工业投资结构调整出现的“逆转”现象需引起警觉。

2. 尽管民间投资下降幅度收窄，但持续走低

2013 年 1 ~5 月，全市民间投资项目 126 个，同比减少 9 个，完成投资 61.4 亿元，下降 10.6%，延续进入 2013 年以后持续负增长的态势，与 2012 年同期相比增幅下降 21.2 个百分点，低于全市投资增幅 35.8 个百分点；占全市投资的比重为 52.7%，比上年同期占比下降 19.8 个百分点。1 ~7 月，全市民间投资 113.32 亿元，占全市投资比重 57.1%，在投资主体结构中仍占有举足轻重的地位，尽管增速分别比 1 ~4 月、1 ~5 月、1 ~6 月提高 11.3 个、1.0 个和 0.4 个百分点，降幅逐月收窄，但同比增速下降了 9.6%，延续了 2013 年以来的下降趋势。长期以来，民间投资一直占据济源固定资产投资的主导地位，是投资增长的内生动力，民间投资持续走低，会严重制约济源投资增长。

（三）固定资产投资效益有待提升

以技术改造为主的内涵效益投资下降，以新建和扩建为主的外延扩张型投资增长。如 1 ~7 月，全市以新建和扩建为主的投资分别完成 129.6 亿元和 39.1 亿元，同比增长 47.5% 和 37.1%，两项投资占全市投资的比重达 85%。以改建和技术改造为主的投资完成仅 10.4 亿元，同比下降 62.5%，仅占全市投资比重的 5%，这在一定程度上反映出投资内涵效益不高，全市内涵效益型投资与当前国家转变经济增长方式、推进自主创新和结构调整、实现科学发展的政策期望仍有较大差距。

（四）固定资产投资后劲有待加强

1. 企业信心不足，制约持续投资行为

2013 年以来，受市场有效需求不足、主要工业品价格持续低位运行等因素影响，济源有色、钢铁、化工等优势产业增长乏力，增加值增速持续下滑，1～10 月仅实现增长 9.6%，低于全市平均水平 6.2 个百分点；拉动工业增长 6.1 个百分点，同比回落 1.8 个百分点。豫光金铅、济源钢铁、中原特钢等重点企业主营业务收入同比增长分别为 -0.1%、3.4% 和 -27.9%，目前仍无向好迹象。市场不振、效益疲软，必将影响企业的投资信心。

2. 投资后劲不足

从项目摸底情况看，共收集 2014 年计划建设项目 473 个，总投资 1766 亿元，年度计划投资 454 亿元。虽然项目个数比 2013 年台账项目增多 90 个，但年度计划完成投资数却减少 55 亿元，特别是计划新开工项目年度计划完成投资数减少 70 亿元，项目建设后劲不足。

3. 宏观政策调整的投资动力不足

2013 年第三季度时，中央提出了“上限”CPI 增长 3.5% 和“下限”GDP 增长 7.5% 的经济运行区间，提高了对经济适度减速的容忍度，更加注重提升经济增长的质量和效益，出台短期刺激政策的可能性较小。而济源的钢铁、铅锌、能源、化工、建材五大传统产业受国内外经济增速放缓的影响，产品库存高企，经营压力不断加大，电解锌、钢材、树脂粉、原煤等重点工业品库存同比分别增加 7000 吨、4 万吨、500 吨、24 万吨，流动资金紧张，严重影响未来投资预期。

（五）固定资产投资环境有待突破

投资提升优化的制约因素依然明显，建设资金趋紧，用地指标紧张且手续繁杂、企业和项目用工缺口较大等因素制约项目建设进度。

1. 企业融资困难，资金来源渠道少，问题突出

受国家信贷政策、金融环境和企业经营状况等因素的影响，企业贷款融资的难度进一步加大，造成项目建设资金难落实。集聚区正处于建设期间，新上项目多，资金缺口大，受国家信贷政策影响，融资困难。目前三个集聚区虽然成立了投融资平台，但受国家对地方投融资平台实行“名单制”和“总行集中审批制度”等制约，融资能力不足，中小企业融资难问题依然突出。由于建设资金严重短缺导致企业投资决策更加谨慎，投资信心严重不足，投资行为更加保守，使新增建设项目明显减少，直接影响投资增速。

2. 土地供应仍然偏紧

由于国家土地政策的调整和群众对征地拆迁补偿期望值的提高，征地拆迁难度越来越大，成本越来越高，征地拆迁难、矛盾纠纷多等问题仍然存在，部分建设项目因征地拆迁、安置补偿、杆线搬迁、规划审核等前期工作推进不快，影响了项目开工和建设进度。全市新增城乡建设用地指标少，能用于集聚区项目建设的指标有限，且用地手续审批周期长，影响了项目的最佳落地建设时间。

3. 公共服务能力有待进一步加强

目前三个集聚区水、电、路等基础设施基本到位，集办公、住宿、科研为一体的综合服务区建设明显滞后。随着富士康等劳动密集型企业的快速入驻，企业急需的交通物流、综合办公、人员住宿、科技服务平台等生产、生活类公共服务设施明显不足。同时，由于缺乏公共综合服务设施，各企业重复建设办公、住宿、餐饮、娱乐等用房，不利于集聚区集约节约利用土地。

三　固定资产投资提升优化的对策建议

（一）准确把握投资提升优化面临的战略机遇

要坚定信心，抢抓机遇，把思想统一到中央和省委经济工作会议以及省人大十二届三次会议精神上来，把固定资产投资提升优化统一到调结构、促转型，推改革、建机制上来，要紧紧抓住固定资产投资促进经济转型千载难逢的

机遇，谋求济源固定资产投资高质量、高水平推进。

1. 要抓住改革试点的投资机遇

要准确把握党的十八届三中全会全面深化改革的机遇，利用申报全国中小城市综合改革试点和全省新型城镇化综合改革试点的有利时机，谋划新一轮依托固定资产投资的提升优化，调结构、促发展的远景蓝图。要充分利用省委、省政府调整复合型城市新区建设意见，站在全市域范围规划建设城乡一体化示范区的新发展平台上，谋求固定资产投资促进济源经济转型。

2. 要抓住区域融合的投资机遇

国家布局打造丝绸之路经济带，省委、省政府深入实施三大国家战略规划，为济源加大固定资产投资提供了有利条件。要谋划推动一批重大基础设施项目，加强与周边地市的融合发展。

3. 要抓住产业转移的投资机遇

随着国家促进产业向中西部转移的政策出台，沿海地区产业向中西部转移方兴未艾，济源要加大固定资产投资，构建良好的基础条件，积蓄强大能量和动力，创造良好经济发展环境承接产业转移。

（二）以重大项目为抓手提升优化投资结构

1. 继续实施投资结构提升优化的项目带动战略

要着力在项目谋划和项目开工上下功夫，通过要素倾斜政策，集中推进一批重大项目工作进程，增强项目对投资的支撑能力。要依托优势谋项目。充分依托济源具有的传统产业加工基地等优势，研究谋划一批产品加工升级基地项目。要突出重点谋项目。坚持围绕国家产业导向和投资重点以及市场需求，结合自身实际，谋划一批科技含量高、市场前景好的大项目、好项目。要强化对接谋项目。充分利用与河南主要化工基地洛阳炼油厂的合作战略升级和加快经济发展的机遇，积极对接，谋划争取一批项目。

2. 要全方位扩大以重大项目为主的开放招商

要培育固定资产投资提升优化的新动力。继续把开放招商作为应对固定资产投资态势不稳，局面复杂的综合性举措，以重大项目为招商抓手，注重平台招商和全方位招商、引进资金和引进智力、引进外资和引进民资相结合。继续把开放招商作为“一举求多效”“一招应多变”的综合性举措，充分利用国家促进产业向中西部转移的政策措施，突出招大引强。完善产业招商组工作机制，重点抓好龙头项目引进，依托产业、企业和产业集聚区，紧盯国内外500强、行业50强、大型跨国公司、上市公司和央企等龙头企业，加大对接力度和频次，力争新引进龙头企业10家以上。更加注重产业延链补链招商，逐行业论证梳理，绘制产业链图谱，针对薄弱环节和产业链缺失开展招商，力争在电子信息、装备制造、新能源、新能源汽车、节能环保等重点产业延链补链上取得新的突破。更加注重集群招商，分行业制订实施产业集群引进方案，积极承接产业链关键环节和发展配套企业。更加注重发挥企业在招商中的主体作用和商会、协会的桥梁作用，大力开展以商招商和中介招商。抓住国家放宽外商投资市场准入机遇，强力推动开放招商向经济社会发展各个领域延伸，吸引更多社会资本进入农业、金融、社会事业、基础设施等领域，力争引进一批具有战略意义的大项目。

3. 谋划实施一批重大项目投资

根据国家在铁路、信息、城市基础设施、健康服务等方面出台的一系列支持政策，紧紧围绕省委、省政府关于建设大枢纽、发展大物流、培育大产业、塑造大都市的发展主线和加快推进产业结构战略性调整的指导意见、城镇化三年行动计划、生态省建设规划等重大决策部署，在基础设施、现代服务业和高端制造业等领域谋划一批项目。要围绕城市群“连接性”的基础设施投资需求，城镇化进程中的城市公共交通、污水处理、燃气管道铺设、绿化、垃圾处理、公园建设等公共设施投资，以地铁和快速公交为代表的城市交通体系建设，城市供水供气、垃圾处理等生活服务体系的投资需求，农民工市民化引致的公务服务均等化投资需求布局未来的投资，促进城镇化与经济转型的双赢。

（三）以产业集聚区建设为突破口提升优化投资平台

围绕国家重点支持领域和产业结构战略性调整方向，以高新、玉川、虎岭等三个产业集聚区为载体，强力推进一批能够拉动经济增长、带动产业升级、强化基础支撑、保障改善民生的重大投资项目，进一步扩大投资规模、优化投资结构，促进全市经济社会加快发展。

1. 形成以产业集聚区提质发展为突破口的固定资产投资提升优化平台

按照“一个载体、三个体系”发展要求，结合省新的考核办法，提升“四集一转”水平，加强基础设施固定资产投资。全面推进集聚区生产、生活性服务设施建设，重点实施标准化厂房、综合服务中心、基础设施配套等项目投资建设，进一步提高承载能力；重点推进水电、道路、气暖、配套管网、物流配送、综合服务中心等基础设施建设，进一步加快提升产业集群和产业集聚的保障能力。完善要素平台建设，为集聚区快速发展提供保障。进一步完善集聚区投融资平台、土地收储等要素平台建设，为集聚区项目建设提供资金和土地等要素保障。积极引导和促进专业园区提升固定资产投资发展水平，增强发展后劲。培育壮大产业集群。要引导虎岭、玉川集聚区围绕主导产业深入开展招商引资，全力推进项目固定资产投资，提升主导产业集群化水平，扩大总量，提升发展内涵和质量。增强创新发展能力。加快产业集聚区创新体系固定资产投资，依托主导产业和龙头企业，建设一批企业技术中心、检验检测中心、孵化中心，高新技术开发区争创国家火炬计划矿用机电特色产业基地。

2. 完善联审联批工作制度，优化固定资产投资服务机制

充分发挥联审联批对项目建设的提速作用，开辟绿色通道，增强主动服务意识，提高工作效率。尝试构建负面清单机制，对法定权限内能办理的审批事项，限时办结；对权限外的审批事项，及时组织相关部门结合项目单位与上级有关部门衔接，全程服务，一跟到底。

3. 加强监测监督、组织领导，狠抓固定资产投资外部环境治理

加强对出现问题的投资项目及时督察汇报，对进展缓慢的项目紧盯不放，专项督察，直到问题得到解决。实施领导联系重点项目制度，及时帮助协调解决项目建设中遇到的问题，确保项目投资按时序进度推进。积极实施警、企、地联合治理工作机制，加大治理干扰、阻挠施工现象的力度，为重点项目建设创造良好外部环境。

（四）以改革创新为动力提升优化投资效益

坚持把改革创新作为破解投资瓶颈制约的根本之策，以全省新型城镇化综合改革试点为抓手，深入推进重点领域和关键环节改革，围绕深化改革促进投资结构优化。

1. 加快政府职能转变和审批制度改革

政府应做到“法无授权不可为”，优化政府组织结构。解决部门职责交叉和分散问题；深化投资行政审批改革，推动部门行政审批事项进入窗口集中办公，彻底消除“前店后厂”现象；扎实推进工商登记制度改革。加快目标考核体系和干部人事制度改革，科学设置考核指标，统筹过程考核和年终考核，鼓励各级、各部门争先创优；改进干部评价机制，强化干部管理培养，创新干部选任方式，提高各级干部的工作积极性、主动性。

2. 要进一步对固定资产投资简政放权

政府管得过多，直接干预微观投资活动，不仅影响市场配置投资要素决定性作用的发挥，增加交易成本，还容易滋生腐败。要靠简政放权对投资结构优化添活力、增动力。要进一步下放投资行政审批事项，更多、更快释放改革红利，有效遏制权力寻租。要把那些含金量高的、管用的，真正能够激发市场活力的投资行政审批事项直接放给市场、放给企业。特别要下决心最大限度减少对投资项目的审批，同步减少、规范投资项目的前置审批。坚持“法无禁止即可为”，把大部分投资决策都应放给市场主体，坚持市场对资源配置的决定性作用，谁投资谁承担风险。同时，必须跟上事中事后监管。完善和创新投资监管要重规则、重机制，特别要建立健全科学的抽查机制、责任追溯制度，规范自由裁量权，防止缺位、失位或选择性监管，堵塞缝隙和漏洞。

3. 确保相关政策落到实处

完善落实鼓励和促进民间投资发展的各项政策措施，细化实施细则，确保相关政策落到实处。要切实落实好国家和省有关鼓励和引导民间投资发展的各项政策措施，打破“玻璃门”和“弹簧门”的限制，消除行业垄断，放宽准入门槛，营造公开、公平、公正的市场投资环境，优化对民间投资的服务，确保在更宽领域、更高层次对民间资本实行开放，充分发挥民间投资的主力军作用。搭建银、企、政合作融资平台。设立中、小、微企业发展专项基金，通过贷款风险补偿、直接债务融资或银、政、企平台铺底资金等途径，发挥政府为企业增信和为银行风险补偿的作用，撬动数倍金融资源进入济源重点培育的高新技术产业和新兴产业，培育壮大中、小、微企业，促进投资构调整和经结转型升级。

B.11

提升济源旅游产业发展水平的思考与建议

卫绍生*

摘　要：

济源市旅游资源丰富，区位优势明显，具有发展旅游产业的基础优势。近年来，济源市旅游产业发展势头很好，但同时也存在着一些制约发展的问题。应针对济源市旅游产业发展的重点难点，抓住建设中原经济区的历史机遇，站在中原经济区“三化”协调发展先行区的高度，提高对发展旅游产业的认识，采取切实可行的措施，突破制约旅游产业大发展的“瓶颈”，进一步提升济源市旅游产业发展水平。

关键词：

济源市　旅游产业　发展重点　对策建议

济源市地处河南西北部，背依巍巍太行山，南临滔滔黄河，西与山西垣曲接壤，东面是古河内之地。这里山环水绕，林木葱郁，人文底蕴厚重，旅游资源丰富，可谓好山好水好人文。慕其山水人文之佳，笔者曾多次去那里的风景名胜考察旅游。最近两年，因为工作需要，先后多次赴济源，对王屋山、小浪底、黄河三峡、五龙口、九里沟等著名风景区进行实地调研和考察。此次撰写“济源蓝皮书”得到了济源方面及济源市旅游局的热情帮助。从他们提供的文字资料中，笔者对济源旅游产业有了更多更全面的了解，并结合自己对济源市旅游产业的感性认识，对济源市旅游产业的发展现状、重点难点、制约因素等

* 卫绍生，河南省社会科学院首席研究员、中原文化研究所所长。

进行了深入思考。现就进一步提升济源市旅游产业发展水平谈一点个人看法，以期对济源旅游产业发展有所裨益。

一 济源旅游产业发展现状分析评价

济源市山多川少，山地丘陵约占济源市总面积的80%。独特的地理位置和山水风貌，赋予了济源市旅游产业资源优势、区位优势和特色优势，为济源市发展旅游产业奠定了坚实基础。近年来，济源市委、市政府高度重视旅游产业，注重发挥现有优势，采取一系列措施推动旅游产业发展。如今，旅游产业已经成为济源市第三产业的领跑者。

1. 济源旅游产业资源优势明显

济源市拥有独特的旅游资源优势，拥有的风景名胜之多，远非其他地市所能比。在济源市1931平方公里区域内，拥有王屋山、黄河三峡、小浪底、五龙口、九里沟等著名风景名胜。有道教“第一洞天”之称的王屋山，是道教名山、国家重点风景名胜区和4A级景区。王屋山主峰天坛山，相传是华夏始祖轩辕黄帝设坛祭天之所。王屋山景区因《列子》的寓言故事和毛泽东的《愚公移山》而闻名天下；位于济源和洛阳之间黄河段上的小浪底水利枢纽工程，不仅营造出“高峡出平湖”的奇观，而且使这里成为中国北方最具特色的水上游览区。因小浪底水利枢纽工程而形成的黄河三峡景区，已成为济源最热门的旅游景区。位于济源市东北15公里处的五龙口是国家级太行猕猴自然保护区，也是国家4A级景区。位于济源市西部15公里的九里沟景区，不仅有奇峰飞瀑，更有道教文化和茶文化为之增添文化内涵。济源市文化旅游资源丰富，具有旅游价值的古代建筑位居全省之首。位于济源市区的济渎庙，是古四渎之一的济水发源地，现为全国重点文物保护。这里有宋元明清各代古建筑26座，是河南省现存最大的古建筑群落，被誉为“中原古代建筑博物馆”。坐落于市内荆梁北街的奉仙观，其主体建筑三清殿系用荆木作梁，故俗称荆梁殿，在河南现存古代建筑中木构纯度最高。此外，位于济源市南轵城村的大明寺、王屋山景区的阳台宫、五龙口景区的盘古寺、九里沟景区的灵都观，众多的历史文化名人和文化遗址，邵原神话故事传说等，都具有丰富的历史文化价

值，为济源市的旅游资源增添了深厚的人文内涵。济源的山水自然景观因这些历史文化资源的滋润而鲜活起来。

2. 济源所处区位交通优势独特

（1）区位优势明显，济源市位于河南西北部，西与山西运城接壤，北与山西晋城相连，与陕西、河北两省的距离都在最佳旅程之内。中原经济区上升为国家战略之后，济源市在对接同属中原经济区的山西运城、晋城和长治3市，促进豫晋经济融合发展中，具有不可替代的地位。

（2）交通优势明显，长济高速和二广高速在济源市交会，成为济源市连接东西南北的大通道。

（3）从旅游发展角度来看，济源市周边的郑州、焦作、洛阳、晋城等皆属于旅游强市，济源市位于4个市的结合部，既连接周边，又日益被周边所辐射，拥有非常明显的区位优势。

3. 济源旅游产业发展较为迅速

近年来，济源市紧紧抓住建设中原经济区的历史机遇，站在中原经济区"三化"协调发展先行区的高度，重新审视旅游产业面临的形势，采取一系列行之有效的措施，推动中国休闲文化旅游名城建设，加快旅游产业跨越式发展。2011～2013年，济源市旅游产业实现了三级跳，年接待游客、景区收入、旅游收入等旅游产业主要指标，年均增长都在20%以上。年接待游客由2011年的453.34万人次，增加到2013年的695万人次；景区收入由2011年的3377.93万元，增加到2013年的6788.83万元；旅游收入由2011年的19.78亿元增加到2013年的30.9亿元，年均增长分别是28%、36.77%和31.6%（见表1）。①

表1　2011～2013年济源市旅游业发展情况

单位：%

年份	接待游客		景区收入		旅游收入	
	总数(万人次)	同比	总额(万元)	同比	总额(亿元)	同比
2011	453.34	35.1	3377.93	33.0	19.78	38.3
2012	581.50	28.3	6034.17	64.2	25.90	31.2
2013	695.00	20.6	6768.83	13.1	30.90	25.3

① 此处引用的接待游客、景区收入和旅游收入数据，来自济源市旅游局提供的报表数据。

快速发展的旅游产业已经成为济源市的支柱产业。2011 年，旅游收入占济源市第三产业的比重为 25.72%，占 GDP 的比重为 5.29%；2012 年，旅游收入占济源市第三产业的比重为 30.30%，占 GDP 的比重为 6%。预计 2013 年济源市旅游收入占第三产业的比重仍将保持在 30% 以上，占 GDP 的比重在 6.5% 左右。旅游产业已经成为济源市支柱产业和第三产业领跑者。

同时也应看到，济源市旅游产业也存在着一些不容忽视的问题。主要是重视程度不够。济源市是典型的工业城市，工业增加值 2011 年为 262.27 亿元，2012 年为 307.93 亿元，对当年 GDP 的贡献率分别是 70.24% 和 71.46%，超出全省 9.04 个百分点和 11.66 个百分点。① 济源经济发展对工业的依赖程度由此可见一斑。对工业的高度重视，使得一些人对发展旅游产业既不看好，又缺乏积极性，因而重视不够。由此而导致 3 个问题。一是经济效益不如预期。济源好山好水，交通便利，但旅游产业发展却没有达到应有水平。和近邻焦作相比，济源市全部景区的收入，尚不及焦作云台山景区门票收入的 1/2。二是环境有待改善。除小浪底景区外，济源市景区的软硬环境都有很大的改进余地，尤其是景区内部环境，进一步提升空间很大。三是景区影响尚待扩大。济源市许多景区资源优势明显，如王屋山作为愚公移山故事的发源地，曾经广为人知，但作为旅游景区，知名度与影响力却不相匹配，还有待进一步提升。

二　提升济源旅游产业发展水平的重点难点

在推进中原经济区建设的宏观背景下，济源市确立了建设中原经济区“三化”协调发展先行区的战略目标。为实现这一战略目标，进一步提升济源市旅游产业发展水平是当务之急。为此，应明确提升济源市旅游产业的重点与难点，针对济源市旅游产业存在的深层次问题，有的放矢，在解决重点与难点方面求得突破。结合济源市旅游产业发展现状与存在的问题，根据多次调研的感性认识，建议提升济源市旅游产业发展水平，应着重在以下四个方面求得突破。

① 河南省统计局：《2012 河南统计年鉴》和《2013 河南统计年鉴》，中国统计出版社。

1. 如何进一步彰显景区文化内涵

人们游览山川美景不仅是为了饱览祖国秀美山河，同时也是要通过旅游来丰富阅历、颐养性情、增加知识。对于旅游景区来说，山川美景是载体，文化内涵才是灵魂。没有文化内涵的景区，很难给游客留下深刻印象。有了文化内涵，尤其是具备了独特的文化内涵，会加深游客对景区的印象，给游客留下美好的记忆。济源的旅游景区，如王屋山、五龙口、九里沟等，有许多文物古迹，文化内涵丰富。如何结合景区特色和现有文物古迹，进一步丰富景区文化内涵，彰显景区文化特色，让游客在游山玩水、观览美景的同时，留下深刻而美好的文化记忆，进一步提升景区的吸引力，扩大景区的影响力，是必须破解的难题之一。

2. 如何进一步改善旅游软硬件环境

旅游产业要健康发展，吃、住、行、游、购、娱等服务项目和服务设施必须相互协调，统筹跟进，营造良好的软硬件环境，让游客感到舒心满意，使旅游变成愉快之旅。要达到这一要求，济源市旅游的软硬件环境还有很大的改进空间。在硬件建设方面，景区设施老化、旅游交通可进入性差、旅游餐饮住宿设施不足、旅游购物场所较少、旅游产品匮乏等问题比较突出；在软件方面，服务态度、服务质量、导游水平及后续服务等，都有进一步提升的空间。对济源市旅游产业来会说，加大旅游基础设施建设，形成可进入、可停留、可观赏的旅游服务体系，已经成为进一步提升济源市旅游产业发展水平的重中之重。

3. 如何进一步优化景区景点布局

旅游景区景点，尤其是以山水风光游为主的景区景点，大多是天然天成，有各自不同的自然禀赋，所以，许多地方在发展旅游时，都是按照自然生成的景区景点安排旅游线路。从便利、节约的角度看，这样做没什么不对。但对于景区比较集中的地区来说，尤其是像济源这样风景名胜区比较集中的地方，不能放任自然，而要把优化景区景点优化布局，作为进一步提升旅游产业发展水平的重要问题来对待。济源市风景名胜众多，怎样通过景区景点的优化布局，形成整体优势，吸引游客、方便游客、留住游客，让游客在吃、住、行、游、购、娱等方面都得到最大的满足，进而提高行业效益与整体水平，需要统筹规划，逐步加以解决。

4. 如何进一步强化景区整体推介

济源市拥有众多的知名风景名胜区，旅游资源非常丰富，风景旅游规划面积占区域国土总面积的30%。小浪底、王屋山和五龙口等特色景区，不论在河南还是在北方都具有唯一性和不可替代性。济源市的一些旅游景区，山水景色和人文内涵都有很大的竞争优势。但是客观地说，济源市旅游产业发展却不如预期，不论是门票收入还是综合收益，还有很大提升潜力。原因之一，就是景区的整体推介力度还不够。如何进一步强化景区的整体推介，彰显济源旅游的整体优势，突出济源市旅游的山水和人文特色，也是济源旅游产业亟待解决的重点问题之一。

三　提升济源旅游产业发展水平的对策建议

提升济源市旅游产业发展水平，推动济源市旅游产业大发展，需要进一步提升对旅游产业发展的认识水平，高度重视旅游产业在济源经济社会发展中的重要地位和作用，针对旅游产业发展的重点难点问题，采取有效措施，突破瓶颈制约。应进一步提高对发展旅游产业的认识，强化文化与旅游融合发展，突出人文特色，彰显景区优势，加大资金投入，凝练济源符号，进一步提升济源市旅游产业发展水平，扩大济源旅游的知名度和影响力。

1. 把旅游产业摆在更加重要的位置

旅游产业是无污染、低消耗、高收益的绿色产业和朝阳产业，是调整经济结构、转变经济发展方式的切入点，是提升经济发展质量和发展水平的支撑点。对于旅游规划面积占到区域国土面积30%的济源来说，发展旅游产业至关重要。有关方面和部门应高度重视旅游产业，提高对发展旅游产业的认识水平，把旅游产业发展摆在更加重要的位置。济源市工业基础很好，工业是推动济源市经济社会发展的重要引擎，工业增加值在GDP中占比在70%以上，这说明工业在济源市经济社会发展中的重要地位，但同时也说明济源对工业依赖度较高。应按照调整经济结构、转变经济发展方式的要求，推动工业调结构、上台阶。与此同时，应高度重视旅游产业发展，注重发挥济源市的旅游资源优

势，把旅游产业作为调整经济结构、转变经济发展方式的切入点，作为济源“三化”协调发展先行区的重要支点。只有人们对发展旅游产业的认识水平提高了，有关方面和部门真正把旅游产业摆在了应有的位置，才能为济源市旅游产业大发展奠定坚实的思想基础。

2. 做好济源旅游产业整体发展规划

济源风景名胜众多，拥有4A级景区4处，国家级风景名胜区2处，世界地质公园1处，此外还有多处知名景区。像济源市这样旅游资源丰富的地区，旅游产业不能无序发展，更不能搞无序竞争、恶性竞争，而应牢固树立“一盘棋”意识，把旅游产业作为一个整体，切实做好发展规划。值得欣喜的是，济源市有关方面已经在旅游产业整体发展规划方面做了许多卓有成效的工作，先后制订了《济源市旅游发展总体规划》《济源市旅游产业发展三年行动计划》《济源市“十二五”旅游产业发展规划》等。尤其是后者，明确了济源市“十二五”旅游产业发展的指导思想、发展目标、工作重点和保障措施等，对济源市旅游产业发展作了比较全面的规划，对实现济源市旅游产业发展新跨越具有战略意义。但是，从目前济源市旅游产业发展的实际情况来看，规划的一些内容还停留在书面上和文件中，规划中的“一核两带三区”旅游布局虽然已具雏形，但与要求还有很大距离。因此，不论是旅游产业规划的完善还是进一步落实，都还有很大的空间。需要按照规划要求，进一步狠抓落实，把蓝图变成现实。

3. 进一步加大对旅游产业的资金投入

济源市要大力发展旅游产业，面临着软硬件建设滞后的问题。这实际上也是制约济源市旅游产业发展的“瓶颈”之一。要进一步提升济源市旅游产业发展水平，必须加大投入，下决心优化旅游环境，解决景区基础设施老化和落后、景区交通可进入性较差、旅游接待能力不足、旅游产品和旅游购物场所较少，以及旅游服务质量不高、人才队伍结构不合理、服务旅游发展的意识不强等问题。因此，有必要加大投入，尽快改变济源市旅游产业软硬件建设滞后的问题，改善旅游产业发展环境，提升旅游产业服务质量，壮大旅游产业人才队伍。同时，还可以通过招商引资、合作开发以及混合所有制经济等形式，多渠道筹措旅游建设资金，使《济源市“十二五”旅游产业发展规划》中确定的一些重大旅游项目，如城市休闲游憩核综合提升项目、南太行山水文化带项目和黄河休闲精品度假、亲水游乐带综合项目等能够尽快落地，尽快成为济源市旅游产业新的增长点。

4. 提炼和培育济源旅游产业代表性符号

济源市的旅游资源，不论在山水景色还是人文内涵等方面，都具有鲜明的地方特色，具有可以与许多著名景区一争高下的实力。如有道教“第一洞天”之誉的王屋山景区，有“北方三峡”之美誉的小浪底景区，都具有非常明显的竞争优势。但是，这些景区的效益不仅没有实现最大化，而且甚至没有达到其应有水平。原因之一，就是济源市的旅游产业还没有形成有竞争力的品牌。要弥补这一短板，应结合济源旅游资源特色优势，挖掘愚公移山、邵原神话群等人文资源的文化内涵，通过文化与旅游的结合，为济源好山好水注入文化内涵，丰富济源旅游资源的文化价值，提炼和培育具有中原风貌和济源特色的旅游文化符号，打造具有影响力和竞争力的旅游品牌。从济源市现有优势旅游资源来看，以王屋山为代表的南太行山水文化带，可以主打道教文化品牌，以愚公移山故事和邵原神话群为辅翼，提炼和培育道教文化旅游品牌，与湖北武当山南北呼应，与四川青城山、江苏茅山呈鼎足之势；以小浪底和黄河三峡为代表的黄河休闲度假亲水游乐带，可以依托小浪底和黄河三峡等著名旅游景区，主打黄河文化，培育休闲度假游品牌。济源中心城区则可以依托济渎庙等文化古迹，主打济水之源品牌。从营销角度看，王屋山道教文化游和小浪底黄河文化游更具品牌推介价值。建议强化文化与旅游的深度融合，着力培育王屋山道教文化游和小浪底黄河文化游，采取更为有力的措施予以强力推介，以期打造成具有影响力和竞争力的国内外知名旅游品牌。

5. 发挥区位优势加强毗邻区域协作联动

济源市位于河南省西北部，与山西东南部接壤，是中原经济区连接山西运城、晋城、长治 3 个市的重要纽带。南太行山水使济源与晋城山水相连，滔滔东去的黄河水则把济源与运城紧密地联系在一起。济源市注重发挥纽带作用，加强与运城、晋城和长治 3 个市的战略合作，于 2011 年 10 月与 3 个市签订了战略合作框架协议，明确 4 个市将以项目规划、交通、能源、工业、旅游、金融、人才、科技交流等领域为突破口，不断拓宽并加强文化、教育、医疗、社

会保障、社会治安及环境保护等领域交流合作。2011 年 3 月，济源市王屋山风景管理局宣布，为了增强济源与运城两地游客的互动，特别向运城市民推出优惠政策——2011 年内享受半价游览王屋山景区。2012 年 9 月，中原经济区西北 4 个市重大项目对接暨战略合作研讨会在郑州召开，河南、山西两省和济源、运城、晋城、长治 4 个市领导及有关专家参加了研讨会。在这次会议上，旅游合作成为讨论的热点话题之一。济源应进一步发挥区位优势，在加强与省内毗邻区域协作的同时，加强与山西、陕西、河北等近邻的联系，通过战略合作等形式增强游客的互动，实现合作共赢。

提升济源市旅游产业发展水平，是一项系统工程，既需要提高认识，统筹谋划，更需要通力合作，强力推进。“一打宣言抵不上一个行动”，再好的规划也需要落实。推动济源旅游产业大发展，需要发扬愚公移山精神，从景区景点做起，从具体项目做起。只要坚持不懈，持之以恒，真抓实干，务求实效，一步一个脚印，济源市旅游产业一定能够迎来辉煌的明天。

B.12

济源政府就业引导与服务管理报告

李怀玉*

摘　要：

就业是民生之本。近年来，济源市认真按照河南省委、省政府提出的“积极实施扩大就业的发展战略，促进以创业带动就业”的方针，不断加强政府就业引导与服务管理，完善市场就业机制，围绕城镇化和集聚区建设，经济发展持续增速和优化，济源市就业形势继续保持持续稳定发展的势头。

关键词：

就业　形势分析　对策建议

近年来，济源市围绕河南省委、省政府“保增长、保民生、保稳定”的工作部署，坚持以民生为本，紧紧围绕全市“一个中心、两个率先”建设，锐意进取，攻坚克难，不断加快城镇化进程和产业集聚区建设，就业形势继续持续稳定和扩大，为全市经济社会发展提供了有力的支撑。

一　2013 年济源就业基本情况

济源市现有常住人口 70.3 万人，居住在农村的有 32.4 万人，居住在城镇的有 37.9 万人。城镇从业人员总数达 24.2 万人。近年来，因富士康、双汇、伊利等大型劳动密集型企业入驻济源，对济源市就业的拉动作用明显增强。2013 年济源市城镇新增就业 22179 人，失业人员再就业 4545 人，农村富余劳

* 李怀玉，河南省社会科学院社会发展研究所副研究员。

动力实现转移就业 12180 人。城镇登记失业率为 2.8%，为近年来济源市城镇登记失业率最低的一年。

（一）农村劳动力转移就业情况

济源市农村劳动力现有约 23 万人。据测算，济源市农村富余劳动力约 13 万人，其中已实现转移就业 9.9 万人，目前仍有 3.1 万名农村富余劳动力需要转移。已实现转移就业的农村劳动力中，省内就业的有 7.9 万人，其中在本市就业的占绝大多数，约 7.5 万人，省外转移就业 2 万人。在本市就业的主要集中在金属冶炼、建筑施工、采矿业、机械加工、电子产品组装、服装裁剪、食品饮料加工、商贸百货、餐饮住宿、广告娱乐等行业；市外就业的主要分布在深圳、珠海、广州、上海等沿海发达地区，以青年劳动力居多，女工主要以从事电子产品组装为主，男工主要从事焊工、数控等工种。外来农民工约 2.4 万人，主要集中在电子设备制造、采矿、建筑以及服务业。济源市 3 个产业集聚区累计吸纳农村富余劳动力 5.5 万人，占济源市农村富余劳动力总数的 38%。三个产业集聚区 2013 年新招录员工 1.5 万人，占同期城镇新增就业的 67%。

（二）人力资源市场整体供求情况

根据每月对济源市产业集聚区重点企业用工情况的调查，以及分析用人单位在人力资源市场发布招聘信息的相关数据，2013 年全市各单位通过人力资源市场共提供就业岗位 3.86 万个，进入人力资源市场的求职者 4.14 万人次，求人倍率为 0.93（求人倍率 = 需求人数/求职人数）。总体而言，人力资源供给略大于需求，供求总量基本平衡。2013 年上半年，进入济源市人力资源市场的招聘单位共 836 家，招聘岗位 26631 个，求职应聘人数达到 29918 人次。下半年，受经济大环境影响，市场供求虽有回落，但所受的影响较小，求职应聘人数总体与之平衡。从产业需求看，第二产业和第三产业需求人数较多，占总需求人数的 99.61%；第一产业需求人数只占需求总数的 0.39%。就业岗位主要集中在第二、第三产业（见图 1）。从行业需求看，用工需求最大的前五个行业分别是制造业、批发零售业、采矿业、租赁和商务服务业、住宿餐饮旅游业（见图2）。其中制造业、批发和零售业、采矿业的用人需求比重达76.07%，是市场岗位需求的主导行业。从职业需求情况看，生产运输设备操作工、商业和服务业是吸纳劳动力的主渠道。从求职情况看，求职人数相对集中的职业为生产运输设备操作工、商业和服务业。

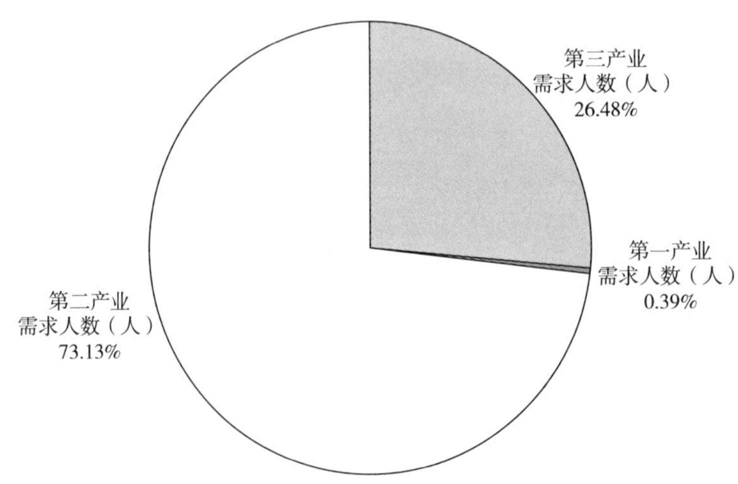

图1　产业需求人数

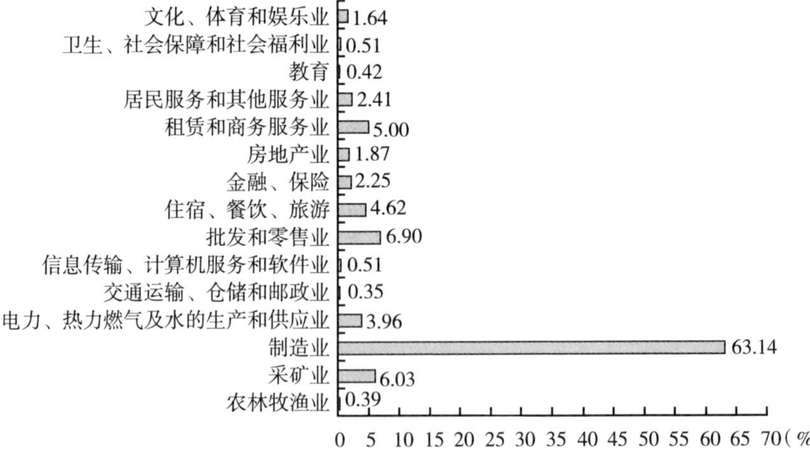

图2　行业需求人数

（三）重点企业招用工情况

随着济源市三个产业集聚区综合承载能力的不断拓展，富士康、双汇、伊利等一大批知名企业纷纷落户济源，吸引了济源市及周边地市大量农村劳动力和灵活就业人员实现稳定就业。根据2013年济源市产业集聚区及主要工业企业用工监测情况，用工主要集中在电子设备制造、金属冶炼、化工、机械加工、食品饮料加工、服装加工等行业。少数中小企业因薪资待遇、行业工种、地域等因素影响，还存在一定的用工缺口，缺口岗位主要分布在采煤、金属冶炼、炼焦、造纸等劳动强度大的普工岗位。

（四）劳动力就业素质全面提升

2013年，济源市继续实施劳动力免费职业技能培训，将所有城乡居民全部纳入，其中全年开展培训7200余人。深入实施全民技能振兴工程，加快培训基地建设，完成市机械高级技工学校省级短期培训示范基地项目建设检查验收，市技工学校被评为国家级重点技工院校，并积极组织开展省级技能培训基地项目建设申报工作。指导全市各职业技能培训机构针对劳动者技能需求和企业人才需求，面向市场新设置家政服务员、种养殖技术、聋哑人驾驶等培训专业，与企业开展“订单式”“定岗式”培训，同时，加大职业技能鉴定力度，重点对农村转移劳动力、下岗失业职工、年度毕业大学生、未继续升学初高中毕业生等群体中属于就业困难人员给予免费职业技能鉴定，帮助劳动者实现技能就业。全年完成劳动力职业技能培训20554人，开展职业技能鉴定10730人次，其中1774人享受到免费职业技能鉴定。

（五）就业服务的针对性进一步增强

就业岗位总量的增加最终要靠经济发展和城镇化进程的推进来提供。为及时获取就业岗位信息，济源市一方面完善就业信息采集、发布制度，重点监控全市200余家企业用工信息，通过“周核查、月寻访”的方式，及时了解和掌握用人单位的空岗情况，并多渠道发布企业岗位信息，逐步建立完善了就业信息采集发布网络体系。在做好日常求职介绍服务的前提下，坚持每周五定期举办免费专场招聘会，保质保量完成国家、省市统一组织的各类大型专场招聘会。通过人力资源和社会保障网、济源就业服务网、广播电视等主流媒体，免费为求职人员和用人单位提供了广阔的交流平台。从2009年以来，发布各类用工信息10.9万余条，举办各类招聘会211场次，其中大型专场招聘会87场，办理用工登记92115人次，求职登记80548人次。另一方面主动服务企业和济源市新上项目招工，成立专项活动招工小组，先后为卡朱米、佳加嘉、富士康等市内重点招商项目招募员工，从2012年至今济源市各有关部门配合协助富士康招募员工23947人。同时，随着济源市经济发展、社会需求及企业实际用工所需，济源市开展劳务派遣业务，现有合作单位98家，在职职工3879人，有效解决了企业发展中的用工问题，同时，也在很大程度上满足了济源市劳动力的就业需求。

二　济源政府出台的就业引导性文件及做法

（一）贯彻落实就业优惠政策，促进就业

随着城乡一体化进程的推进，济源市强化落实均等就业服务政策，尤其是近两年来，较好地贯彻了就业优惠、创业帮扶、职业培训、就业援助、社保补贴等各方面的优惠政策。通过就业优惠政策的落实，在服务业、劳动密集型产业、非公有制企业、各类中小企业领域，多形式、多渠道开发就业岗位，很好地促进了就业、保障了民生。2011年济源市出台了《济源市人民政府关于进一步做好企业用工服务的意见》，通过政策支持，鼓励全社会服务企业用工，鼓励企业更加积极地进行招工和培训；2012年济源市政府出台了《济源市2012年协助富士康济源项目招募员工工作方案》，根据济源市情况，制订优惠方案，开拓就业渠道，有力促进了居民就业。

（二）实施就业援助活动，帮扶就业

济源市政府连续三年实施“春季就业援助”行动，以零就业家庭成员、“4050”就业困难人员、长期失业人员等就业困难群体为重点，深入开展就业

援助月、就业援助周活动，从2009年开始，成功举办“春季就业援助行动专场招聘会”18场，对认定的就业困难对象进行定期走访，免费提供就业岗位信息、职业技能培训、政策咨询等服务。2010年出台《济源市人力资源和社会保障局关于进一步完善公益性岗位援助办法的通知》，从公益性岗位开发范围和安置对象、开发程序、就业困难人员认定及安置程序、公益性岗位人员档案管理和工资待遇、岗位和社保补贴、岗位退出等进行明确和规范，进一步完善了就业援助工作机制。近年来，济源通过开发公益性岗位、开展职业技能培训等方式，帮助就业困难人员充分实现就业，2009年以来，开发公益性岗位安置就业困难人员1779余人，动态消除零就业家庭486户。另外还充分发挥基层劳动保障服务平台作用，逐户排查，建立台账，有针对性开展各类就业援助活动。

（三）大力开展培训工作，带动就业

1. 强化职业技能培训，提升劳动力就业技能

一方面通过农村劳动力转移培训、岗前培训、订单培训、委托培训、联合培训等多种方式，不断提高从业人员的劳动技能；另一方面通过开展针对就业困难人员的各类培训，使其尽快提高就业能力。2009年以来，完成各类培训54000余人次，全面提高了劳动力综合素质。

2. 强化创业培训和后续服务

从强化农民工创业培训、提供创业支持、维护农民工权益等14个方面强化保障，并给予税费减免、免费培训、政府贴息贷款等优惠政策，调动广大城乡居民自主创业的积极性，通过典型树立、榜样带动，在全社会营造了浓郁的创业氛围。坚持把创业培训班办到镇、社区、家门口。2009年以来完成创业培训288期，免费培训学员5500余人，培训合格率达98%；实现创业6074人，创业率达65%，带动就业20000余人。坚持组织优秀学员外出考察。济源市政府先后组织600余名创业农民工外出参观考察找项目、定规划、解难题，通过市场考察和项目调研，不断完善济源市创业项目库建设；同时，发挥创业服务专家团队和创业后续服务小组作用，积极做好后续跟踪服务，切实帮助创业人员解决实际困难。

3. 强化职业教育

不断完善市技工学校专业设置、师资队伍和硬件建设，以成功申报国家重点技工学校为目标，注重济源市新成长劳动力的技能培训工作，通过开展校企合作、顶岗实习等培养学生实际操作技能。

（四）为灵活就业人员、下岗职工全方位服务，稳定就业

济源市政府不断深入开展“春风行动”和“农民工服务月”等公共就业服务活动，重点为农民工、灵活就业人员提供就业和维权服务，实现其多渠道就业。通过开展技能培训、提供就业信息、帮助推荐就业、提供维权服务等方式，实现了就近就地就业。在切实解决下岗失业人员的档案管理、社会保险缴纳、退休手续办理、工作岗位转移等问题方面，将其纳入就业服务管理体系内，享受正常的就业援助和帮扶优惠政策。为下岗失业人员提供管理档案、代收代缴社会保险、办理退休手续等服务，做他们贴心的“娘家人”，使他们“业有所就、老有所养”，解除了他们的后顾之忧。2009 年以来，政府为全市 62193 人下岗失业人员、灵活就业人员办理了代理业务，完成社保征缴 3.3 亿元，发放社保补贴 1595 万元，有效地稳定了全市就业形势。

（五）加快服务平台建设，服务就业

济源政府在认真履行公共就业服务机构职能的同时，不断加大对各项优惠扶持政策的宣传和执行力度，通过不断完善公共就业服务体系，延伸就业服务平台，拓展就业服务信息网络，逐步提高服务经营和管理水平，极大地提升了社会影响力。此外，立足于人力资源市场，坚持举办固定和专场招聘会，在做好日常求职介绍服务的前提下，坚持每周五定期举办免费专场招聘会，保质保量完成国家及省市统一组织的各类大型专场招聘会。通过人力资源和社会保障网、济源就业服务网、广播电视等主流媒体，免费为求职人员和用人单位提供了广阔的交流平台。同时，加快市级就业和社会保障平台建设，开展技能培训、职业教育、技能鉴定、就业和社会保障服务等项工作，实现综合办公，为全市劳动者提供不可或缺的公共就业服务。

三　济源市就业对策建议

2014年，济源市将深入贯彻落实党的十八届三中全会精神，以“改革创新年”为载体，锐意进取，积极探索，先行先试，全力破解体制机制、政策措施、经办管理、作风建设等方面问题，努力推动就业工作呈现新的局面。重点要加强以下几个方面的工作。

（一）加强对就业工作的宏观管理

经济社会发展阶段不同，面临的就业问题也不同。对此，济源市必须始终保持清醒认识，切实把就业工作摆在更加突出重要位置，建立经济发展和扩大就业的联动机制，实现经济增长与就业扩大的良性互动。要深入实施就业优先战略，把促进就业放在经济社会发展优先位置，建立健全经济发展和扩大就业的联动机制。落实各级政府促进就业责任，将新增城镇就业、农村劳动力转移等指标纳入镇、街道和产业集聚区目标考核体系，调动各方推动就业工作的积极性。落实就业联席会议机制，与教育、发改、农业等部门建立高校毕业生就业联动、重大项目招用工协调、农村劳动力转移等机制，形成全社会促进就业工作的合力。

（二）认真落实更加积极的就业政策

一是鼓励用人单位吸纳就业，对招用城乡就业困难人员和就业困难高校毕业生的用人单位，给予一定社保补贴和岗位补贴。二是发挥失业保险基金促进就业作用，对劳动密集型企业以及促进就业贡献大的企业给予资金补贴。三是落实好职业介绍、技能培训、创业扶持等政策，实现就业政策均等化、无差别化。四是统筹做好高校毕业生、城镇困难人员、零就业家庭等特殊群体就业工作，实现零就业家庭动态为零。积极稳妥推进在城镇化过程中农民融入城市的相关工作，持续做好农村富余劳动力转移就业和被征地农民职业转换，稳步推进城镇基本公共服务常住人口全覆盖，加快进城农民工市民化进程，为他们提供均等化的就业创业服务。

（三）建立完善的工作机制，强力推进全民创业

创业既是扩大就业的增长点，也是经济增长的内在动力。要发挥济源市全民创业领导小组职能，整合各项政策和资金，进一步完善工商注册、财政贴息、税费减免等方面政策，形成政府激励创业、社会支持创业、劳动者勇于创业的新机制。要鼓励创业带动就业，对高校毕业生、城乡失业人员和返乡农民工创办企业并缴纳社会保险费的，根据带动就业人数给予岗位开发补贴。在承接产业转移的同时，更加注重培育本土企业，扶持小型微型企业发展，让“草根”经济迸发出创业活力。进一步降低创业门槛，加大创业扶持力度，完善和落实扶持创业的各项优惠政策，支持和鼓励创业者自主创业和农民工返乡创业。组织实施“青年创业计划”，促进以高校毕业生为重点的青年创业，充分调动和发挥青年创新创业的优势，努力扩大青年创业比重。加大创业教育、培训、服务和宣传力度，提高创业者的创业能力，激发广大劳动者创业热情。

（四）进一步加强公共就业服务能力建设

济源市要围绕统筹城乡就业一体化的需要和农村劳动力转移就业的实际需求，加强省、市、镇三级公共就业服务体系建设。完善就业信息对接平台，为济源市城镇和农村劳动力转移就业提供政策咨询、求职信息、档案代理、社保关系办理和转移等一站式服务；建立健全就业信息监测制度，为济源市劳动力就业与转移搭建强有力的服务平台，推动公共就业服务向农村延伸、向农民覆盖。加强岗位信息对接，在产业集聚区等开设公共就业服务窗口，建立产业集聚区和重点项目人力资源保障跟踪服务机制，及时掌握企业人力资源需求状况，根据用工需求组织定向、定岗和订单式培训，为城镇和农村劳动力就地就业或转移提供便利条件，积极为他们提供政策咨询、岗位信息、职业介绍、技能培训、创业扶持和权益维护等服务。

（五）创新培训模式，加大就业培训工作力度

要紧紧围绕济源市经济社会建设发展的需要，以就业为导向，进一步整合培训资源，创新就业技能模式，建立健全面向城乡全体劳动者的就业培训制

度。一是实施全民技能振兴工程，扩大技能培训规模，加快构建劳动者终身职业培训体系。二是创新技能培训方式，大力开展定向、定岗和订单式培训，实现教学和实践一体、实习和生产一体，促进技能培训与产业需求对接。三是围绕产业转型升级，大力开展企业提升技能培训，对获得职业资格证书的职工，给予技能鉴定补贴和培训补贴。四是对于开发济源市产业发展紧缺专业、名牌骨干专业，促进就业效果明显专业的职业培训机构，采取以奖代补方式给予扶持。

B.13

济源提升社区建设管理水平的思考与建议

李怀玉*

摘　要：

近年来，济源市按照"城乡一体、群众自愿、集中集约、改革创新、依法依规"要求，坚持"政策引领、科学规划、产业为基、就业为本、因地制宜、分类推进、试点先行、示范带动"原则，全市上下共同努力，大力推进社区建设，城乡社区面貌发生了巨大变化，城乡居民满意度、幸福感全面提升。

关键词：

社区建设　管理体制　对策建议

近年来，济源市围绕"建设中原经济区充满活力的新兴中心城市、河南省城乡一体化示范市和生态宜居精品城市"的目标，以改善农村群众生产生活条件、均衡城乡公共服务为根本，用城市理念改造农村，用城市居民理念转化农民意识，稳步有序推进社区建设。特别是受"血铅"事件的影响，企业周边村庄环境污染严重，村民要求异地搬迁的积极性非常强烈，全市农村社区建设步伐进一步加快。截至2013年12月，全市共实施新型农村社区建设项目17个，建成多层住宅楼210栋95.74万平方米6950套，庭院式住宅648户，入住群众5057户2万余人。在建的社区项目14个，在建住宅楼89栋，开展地探、物探1264.8亩。累计完成投资16.5亿元。

* 李怀玉，河南省社会科学院社会发展研究所副研究员。

一　济源市社区建设成效

（一）市域一体，科学规划布局

济源市坚持按照“市域一体、城乡一体、产城一体”的理念，努力实现城乡规划布局的一体化。

1. 科学编制全域规划

把全市1931平方公里的市域面积作为一个整体进行统筹规划，确定了“11334”城乡发展布局，即坚持以城乡一体化为统揽，建设好一个中心城区，推进3个复合型组团融合式发展，抓好3个重点镇，带动全市41个新型农村社区建设的“中心城区—复合型组团—小城镇—新型社区”四位一体、布局优化、衔接紧密、功能完善、统筹发展的城乡一体化发展格局。

2. 加快编制新型农村社区规划

根据济源现有产业资源与基础设施配套情况，掌握人口转移趋势，科学选定新型农村社区地址和用地规模，科学规划设计，统一公共基础设施和产业布局。通过科学规划，济源市坚持做到节约集体建设用地，不占用耕地。

（二）试点先行，分类指导推进

济源市坚持因地制宜、分类指导，综合考虑资源禀赋、产业特点、公共服务配套及群众意愿等各方面因素，积极探索符合济源实际的五种新型农村社区建设模式，以点带面，逐步推开。

1. 城镇带动型

依托小城镇公共资源在镇区建设新型农村社区，如承留镇的滨湖花园社区，由7个村整合建设。

2. 产城一体型

依托产业集聚区建设居民就地转移就业的新型农村社区，如驿城社区。

3. 产业培育型

济源市以旅游产业等为基础，科学规划建设新型农村社区，如王屋镇愚公新社区，依托王屋山旅游和“愚公移山”精神文化资源，在通往景区沿线发展“农家乐”，目前已集聚850户3500余人。

4. 民俗特色型

济源市对具有一定特色民俗的村庄在环境、基础设施等方面进行改造，建设农村社区，如承留镇大峪社区。

5. 改善环境型

对一些诸如水库库区、受地质灾害威胁及较偏僻、偏远的山区，济源市通过企业、社会赞助、群众自筹、政策扶持等措施，按照适宜居住的社区标准，选择建设社区，如承留镇丹桂园社区就是为解决大峪镇、下冶镇5个地质灾害易发多发区村庄和承留镇2个环境污染村建设的社区。[①]

（三）发展产业，提供实力支撑

社区建设，产业为基，就业为本。近年来，济源市为解决农民“转身”的后顾之忧，依托优势产业，积极建设产业集聚区，推进土地流转、调整产业结构，促进农民就近就业，增加农民收入。2011年，进入社区的居民人均纯收入达到了11500多元，幸福指数有很大提高。

1. 加快产业集聚区建设

济源市按照“工业出城，项目上山，节约土地，集群发展”的思路，规划建设了玉川、虎岭、高新技术三个省级产业集聚区，规划面积23平方公里，先后投入80多亿元，用于基础设施建设和奖励企业发展。目前三个产业集聚区建成区面积达到11.3平方公里，入驻企业114余家，工业总产值达到610亿元，占全市工业总产值的60%以上，成为济源工业发展的新高地，吸纳劳动力5万余人。

2. 大力开展招商引资

重点引进一批劳动密集型、辐射带动型农产品加工企业，提升农业产业化水平；引进一批工商企业投资农村兴办无污染工业企业；引进一批投资者兴办

① 李国营等：《济源建设新型农村社区纪实》，《东方今报》2012年6月15日；http://www.jinbw.com.cn/jinbw/xwzx/zzsx/201206155070.htm。

“农家乐”和“渔家乐”，发展社区特色旅游，为新型农村社区建设提供产业支撑，为群众就近就地就业提供更多岗位，仅富士康一个项目，就提供了3.7万个就业岗位，为社区经济建设奠定了坚实基础。

3. 大力调整农业结构

重点围绕蔬菜、烟叶、薄皮核桃、冬凌草、畜牧养殖五大支柱产业，进行土地流转，加大结构调整力度，着力发展优势特色农业产业带、产业片，促进了农业生产的集约化、规模化、标准化，烟叶之乡、冬凌草之乡、薄皮核桃之乡等这些乡镇经济带有明显的地域特色。实施农业龙头企业带动，引进了双汇、伊利等大型农业企业。目前，济源市已累计流转土地36.5万亩，占可流转面积的83.9%，组建土地流转服务中心11个，培育土地流转专业合作社16个，直接带动了5万余户农民发家致富，全市职业化农民达到4万余名。

4. 大力发展第三产业

改革旅游管理体制，将王屋山景区、五龙口猕猴区整体出让给河南省投资建设集团，加大基础设施建设，发展旅游业。[①] 完善社区服务功能，发挥各社区的历史、人文、习俗、生态、产业等优势，积极发展商贸物流、生态旅游、健康养生、餐饮娱乐等，提升服务水平，不断增加居民收入。

（四）政策引导，破解瓶颈问题

济源市坚持政策引导、注重体制创新，先后出台了《济源市人民政府关于加快新型农村社区建设推进农村社区化发展的实施意见》等近20项扶持政策。在资金筹措方面，建立财政投入稳步增长机制，市、镇两级逐年加大对社区建设的奖补支持力度。在此基础上，采取整合部门资金集中利用、城乡建设用地增减挂钩指标置换、企业帮扶、群众自筹和市场运作等方式，有效破解了社区建设资金难题。在建设用地方面，出台了《济源市人民政府关于加强新型农村社区建设用地管理意见（试行）》，明确了社区人均建设用地标准，最大限度地节约集约利用土地。新型农村社区建成后，村庄集体用地可以用于发

① 党涤寰、汪俊杰：《河南济源：消除城乡二元结构的破冰之路》，人民网河南分网，2012年8月9日；http：//henan. people. com. cn/news/2012/08/09/635549. html。

展产业，也可以利用城乡建设用地增减挂钩政策实行有偿使用（每亩 12 万元），所得用于建设新型农村社区，还可以与企业合作参股，股金为农民所有。在确权颁证方面，出台了集体土地房屋登记和土地确权登记等办法，允许在全市一定范围内可以交易、抵押。同时对土地承包经营权、集体林权等农村物权确权进行登记，对入住新型农村社区的居民继续享受国家对农民的各项优惠政策。在公共服务方面，在全省率先实现了城乡一体的居民养老保险、医疗保险全覆盖（其中医疗保险实现了六统一，即统一参保范围、统一缴费标准、统一财政补助标准、统一社会保障卡、统一医保待遇、统一用药范围）和城乡义务兵同义务同待遇；同时，进入社区的农民可享受与城镇居民一样的低保待遇。

二 济源市社区建设存在的困难与问题

济源推进社区建设在一定程度上促进了新型城镇化发展，改变了部分农民群众的生产生活条件，树立了形象，腾出了土地，特别是在新型农村社区建设中取得了一些成效，但是在实际推进过程中，还存在一些需要进一步研究、克服和完善的问题。

（一）新型农村社区规划问题

在加快新型农村社区建设，推进新型城镇化进程中，某些走在前面、成效明显的地市经验一经推广，其他地市就会效仿。比如在社区规划方面，先进地市搞“一刀切”，将所有村庄全部整合规划为若干个社区，其他地市就会将本地所有村庄全部规划整合成若干个新型农村社区。目前济源市的新型农村社区专项规划是一个长远规划，即没有分阶段规划，也没有对中长期不进社区的村（居）作专项规划，还没有和美丽乡村建设有机结合，在实施过程中难度较大，操作性较弱。

（二）社区建设资金投入机制问题

推进社区建设需要持续投入大量的资金，并形成机制，稳步推进。那么，社区建设，尤其是新型农村社区建设，资金从哪儿来，靠谁出？农民是主体，

但如果全凭农民，建设社区难度较大。靠农民，农民收入有限，一般农户只能勉强盖起新房，无财力用于公共设施建设；靠集体，农村集体经济薄弱，“无钱办事”问题日渐突出；靠财政，省、市虽然出台有扶持政策，列支了专项奖补资金，但还是不能满足济源市农村社区建设的需要。目前，济源市农村社区建设资金来源，一是市镇财政奖补，占不到3%；二是土地综合整治项目12万元/亩，但落实较难；三是整合的迁户并村、倒房重建和危房改造资金，有条件限制。因此建新型农村社区有90%以上的资金由入住群众负担。同时还要退出原宅基地，拆除原居住房屋，和城中村改造、项目占地享受的待遇差距很大。

（三）社区项目管理问题

目前济源市的新型社区建设项目多而杂，有片区开发需要建设社区安置村民的，如轵城镇东湖社区、沁园街道宗庄社区；有市重点项目建设需要腾出土地安置村民的，如驿城社区，坡头社区西霞湾、和谐苑；有为解决小浪底库区周边地质灾害和煤矿塌陷区安置村民的，如克井镇北辰社区怡山苑、盘溪苑，承留镇丹桂园，下冶镇月亮湾；有利用迁户并村政策安置零散户群众建设社区的，如邵原镇邵州社区、大峪镇寺朗腰社区；有为集聚农民、发展农家乐建设的社区，如王屋镇愚公新社区；有为解决环境污染问题搬迁建设的社区，如天坛龙潭花园、柿槟花园、裴村社区；有以公租房建设、棚户区改造建设社区安置居民的，如三湖嘉园；有目前不计划安置群众、在建项目主要是搞小产权房开发的，如玉泉办事处苗店社区和马头社区；也有以社区名义建设商品房，开发房地产的，如轵城镇沁园春天A区和梨林镇梨苑春天；等等。名目繁多，涉及范围广，到底哪些项目属于新型农村社区建设项目，哪些项目属城中村改造项目，需要有一个明确的界定。

（四）群众意愿问题

在济源市积极推进新型农村建设的过程中，虽然大部分群众对入住新社区很新奇、热情度也很高，但对于一些在老宅基地上重新建房的群众来讲，让他们重新拆迁，再花钱买社区的房子，不仅增加了经济压力，而且造成了资源浪费。在这种情况下，政府搞“一刀切”，要求整村搬迁或整组搬迁就会损害一部分群众的利益。建议地市级政府要尊重群众意愿，不要强拆强搬，以加大奖补力度和出台好相关扶持政策为主，有序引导群众搬迁入住新型农村社区。

（五）建成社区的后续管理问题

从社区建设来说，新型农村社区是一个新生事物，建设过程比较复杂，但建成后的管理更是一个大问题。例如，济源市目前已经建成入住的有阳光社区，滨湖花园，北辰社区怡山苑、寨河苑，愚公新社区五里桥等5个，其中北辰社区寨河苑入住了原来的5个行政村，阳光社区入住了原来的2个行政村，滨湖花园入住了原来的2个行政村，北辰社区怡山苑是1个行政村。但这些村仍为原属镇管辖，给居民的生产和生活带来诸多不便。诸如妇女康检、新生儿入户、居民交纳新农保、新农合费用等，都需要回到原镇办理。如果在组织机构上，社区组建党总支和管委会，那么它们与原有村支部和村委会关系如何处理和协调；在债权债务上，原有集体资产和债务如何处置，通过社区建设形成新的集体资产归谁所有、收益如何分成；在物业管理上，社区管理维护是否参考城市社区采用物业管理模式等，这些都需要在以后的社区管理服务工作中进一步研究、探讨和解决。

三　济源社区建设的对策建议

党的十八届三中全会提出：“推进农业转移人口市民化，逐步把符合条件的农业转移人口转为城镇居民。”济源市在落实河南省促进农村富余劳动力有序转移政策方面，要积极稳妥推进新型农村社区建设，实现农村人口就地转移或集中居住。

（一）继续稳妥推进新型农村社区建设

新型农村社区建设是河南推进新型城镇化的创新之举，也是实现农村人口有序转移、优化人口空间布局的重大举措。经过几年的实践探索，河南新型农村社区建设取得了显著成效，也受到农民的积极响应。当前，济源应在认真总结过去新型农村社区建设的探索实践的基础上，依托镇区稳妥推进新型农村社区建设。对已建成的社区，要加强后续的管理完善，在农村产权确权登记的基基础上，建立健全可持续发展机制，逐步推进社区属地化和网格化管理；对目前在建的社区，要充分尊重群众意愿，量力而行，稳步推进，着力实施迁村并点工作，稳妥推进新型农村社区建设，逐步实现济源市农村人口的集中居住和合理布局。

（二）尊重和维护农民的合法权益

在新型农村社区建设和土地流转等过程中，要充分尊重和维护农民的根本利益。新型农村社区能不能建、何时建、怎么建、在哪里建，必须充分尊重群众意愿，保障农民的知情权、决策权、参与权、监督权，切实把好事办好。加快推进农村集体土地所有权、集体建设用地使用权、宅基地使用权确权登记发证工作，保护居民的农村集体财产分红收益、土地流转以及集体土地转让收益，使农民成为最大的受益者。

（三）大力推进产业发展

新型农村社区建设要实现农民就地就近城镇化，关键在于能否就地就近有效就业，让群众有事做、有钱挣、能致富。推进新型农村社区建设，实现农民就地就近就业，就要拓展农业的就业空间。要因地制宜、科学规划农业产业园，发展农副产品加工等产业；要发展旅游观光、度假等休闲产业，引导农民科学投资发展服务业，拓展农村富余劳动力的就业渠道和空间。

（四）加快产权制度改革

在新型农村社区建设中，产权制度改革是最大的难点之一，其中土地制度改革更是难中之难。因此，建议在新型农村社区建设过程中，可开展土地流转、土地抵押等方面的探索。通过出台法律法规建立制度化的长效机制，保障新型农村社区建设中土地置换产生的增值收益回馈农民。同时，借鉴温州金融体制改革试验区的经验，鼓励和引导地方通过设立村镇银行、发展小额贷款公司、组建农村资金互助社等方式，有效破解建设资金难题。

（五）加强建成社区的后续管理

建立健全新型农村社区管理和服务体系。建议由济源市民政局牵头，做好建成后的新型农村社区的后续管理工作，实行属地化、网格化、规范化管理；市政法委要将新型农村社区纳入社会化管理范围，市房管局对新型农村社区的物业管理进行指导服务，真正确保入住社区的居民可以安居乐业。

B.14

济源科技创新现状分析与对策建议

林园春*

摘　要：

党的十八大提出实施创新驱动发展战略，把科技创新摆在了事关国家发展全局的核心位置，济源市正处于经济发展跨越期、新型城镇化的转型期，保增长、调结构、促转型、破瓶颈、惠民生等对科技创新都提出了新的要求。本文在分析济源市科技创新现状的基础上，剖析了其科技创新存在的制约因素，并给出了在新的历史时期，济源市要发挥好科技创新的引领和支撑作用，实施好创新驱动发展战略的对策建议。

关键词：

科技创新　新型城镇化　创新驱动

科学技术是经济社会发展的决定性因素。加快科技进步与创新，是提升区域自主创新能力，推进发展方式转变，增强区域经济综合竞争力，实现区域经济社会跨越式发展的迫切要求和必然选择。2013 年以来，济源市按照党的十八大提出的实施创新驱动发展战略的要求，及时调整发展战略，不断强化科技创新能力建设，克服科技创新发展障碍，在优化科技创新环境、加强区域创新体系建设、突出企业创新主体地位、推进产学研协同创新等方面做出了许多努力，科技创新能力显著提高，科技创新对经济发展的支撑作用明显增强。

* 林园春，河南省社会科学院经济研究所助理研究员。

一　济源科技创新取得的成效

近年，济源市坚持把科技创新摆在优先发展的位置，始终坚持“自主创新、重点跨越、支撑发展、引领未来”的工作方针，深入贯彻落实“科技兴市”战略，科技创新取得显著成效。

（一）自主创新能力持续增强

济源市坚持把增强自主创新能力作为科学技术发展的战略基点和调整产业结构、转变发展方式的中心环节，大力提高原始创新能力、集成创新能力和引进消化吸收再创新能力，自主创新能力持续增强。连续四次获得全国科技进步先进市荣誉称号，2011 年成功创建国家可持续发展试验区，成为河南省首家建立国家级可持续发展试验区的省辖市。2012 年争取国家、省科技计划项目 15 项，实施市级重大科技计划项目 49 项，带动企业和社会投资 1.2 亿元，新增效益 7125 万元、利税 2356 万元，高新技术产业增加值占工业增加值的比重达到 28%，万人发明专利拥有量 1.29 件，居全省第 3 位。2013 年，争取省级以上科技计划项目 16 项，争取资金支持 753 万元，其中优克电子、蓝曼节能、中科陶瓷 3 家企业成功获得国家科技型中小企业创业投资引导基金的资助。农业自主创新方面，全市已拥有国家新农村科技示范试点村 1 个，省级新农村建设科技示范试点村 2 个，市级新农村建设科技示范试点村 12 个，农村科技示范户 2530 户，农业科技的示范带动作用逐步显现。

（二）企业创新主体地位不断加强

济源市在推进自主创新能力建设方面，始终以强化企业自主创新主体地位为主线，引导企业成为科技创新的投入主体、研发主体和成果转化主体，通过加强企业研发中心建设，加快培育创新型企业，促进创新要素向企业集聚等，增强了企业的创新主体地位。目前，济源市拥有世界上最大的铅冶炼企业技术中心，全国最大的昆虫病毒生物农药研发生产基地。2013 年，济源市有 5 家企业通过国家高新技术企业认定，2 家企业通过省级创新型（试点）企业认

定，1 家企业通过优秀创新型企业认定。矿用电器设立了院士工作站，元丰科技等 10 家企业建立了市级企业研发中心，财源种业等 5 家企业建立了市级重点实验室。企业创新主体地位的不断提升，使企业的自主创新能力和科技成果转化能力明显提高，有力地促进了济源市产业的转型升级和企业市场竞争力的提高。

（三）产学研结合成效显著

济源市克服地域狭小，高校、科院院所少，创新资源不足的劣势，围绕优势产业和高新技术产业发展的重点领域，大力推进产学研结合，建立产业创新战略联盟，吸引和整合了一批优势创新资源。最近几年，济源市政府先后与中科院、西安交大、郑州大学、省科学院、中原工学院、河南科技学院等高校和科研院所签订了产学研科技合作协议，引进了西安交通大学济源科技产业园项目；豫光金铅、矿用电器等 50 多家企业分别与中科院、钢铁研究总院等科研单位建立了产学研合作关系。目前，全市拥有产学研共建工程技术研究中心 10 家，院士工作站 4 家，博士后科研工作站 2 家，省级博士后研发基地 5 家。政产学研金协同创新成效的充分发挥，使得市场对技术研发方向、路线选择、要素价格、各类创新要素配置的导向作用更加明显，成为建设“创新型济源”的重要着力点。

（四）创新平台建设不断完善

创新平台是创新资源整合和集聚的基础，是自主创新能力提升的重要条件。济源市始终把创新平台建设放在科技工作的重要位置上，采取措施，加快发展，取得了一系列令人瞩目的成绩。一是积极服务西安交大科技园建设，依托西安交大科技资源，与西安科技大市场服务平台紧密对接，建成了济源市科技综合服务平台。二是学习常州、苏州等地建设科教城的成功经验，高规格规划建设市科教城，着力打造教育、科技资源汇聚、创新创业活跃的科技创新载体。三是围绕高新、虎岭、玉川三个产业集聚区，启动建设了 1 个特色产业科技园，建成科技企业孵化器 4 个，专业创新服务平台 5 个。通过创新平台建设，在实现科技创新平台上档升级的同时，也有效吸纳了周边创新要素向济源的聚集，为济源市产业集聚区和特色产业集群的发展提供了重要的支撑。

（五）高新技术产业发展取得突破

济源市原是一个传统产业占比较高的城市，经过近年的转型发展，战略性新兴产业、高新技术产业发展取得明显突破，实现了从小到大、从少到多的重大跨越。一方面关闭了一批工艺落后、污染严重的中小铅锌企业，淘汰落后产能在 10% 以上。另一方面大力实施高新技术产业培育计划，积极培育和发展新能源、新材料、生物医药、电子信息等战略性新兴产业。运用高新技术改造嫁接提升有色金属、钢铁、能源、化工、建材等传统产业，促进高新技术产业快速发展。2013 年，全市高新技术产业增加值占工业增加值的比重达到 28.3%。高新技术企业 12 家，省级创新型（试点）企业 5 家；高新技术产业集聚区被认定为国家火炬计划矿用机电产业基地和省级高新技术产业开发区。2013 年，高技术产业增加值同比增长 461.8%，实现利润同比增长 553%，实际利用外资增长 86%，居全省第 1 位。高新技术产业的突破性发展，促进了产业的优化升级，极大地提升了济源市的区域经济竞争力。

（六）科技创新环境不断优化

济源市委、市政府近年来一直高度重视科技创新工作，在自主创新体系建设、科学技术奖励、科技成果转化等方面出台了一系列政策文件，初步形成了激励创新的科技政策体系。先后出台了《中共济源市委、济源市人民政府关于增强自主创新能力　建设创新型济源的意见》《济源市人民政府关于加强企业研发中心建设提高企业创新能力的实施意见》《济源市人民政府关于进一步加快高新技术产业发展的实施意见》《中共济源市委济源市人民政府关于加快科技创新促进产业发展的实施意见》《济源市人民政府办公室关于印发济源市知识产权战略实施方案的通知》《济源市人民政府关于印发济源市自主创新体系建设和发展规划（2009～2020 年）的通知》《中共济源市委、济源市人民政府关于加快自主创新体系建设促进创新驱动发展的实施意见》等一系列文件。连续 6 年对科技平台建设、科技创新等方面做出突出贡献的单位和个人实

施重奖，开展了“十佳科技创新人才”评选工作，充分调动了广大科技人员的创新积极性，为全市科技创新营造出良好的社会环境，也为吸引和聚集创新资源，促进经济持续健康发展奠定了坚实的基础。

二　济源科技创新存在的制约因素

近年来济源市科技创新工作虽然取得了显著成绩，但也还存在许多瓶颈因素，突出表现在以下方面：

（一）企业自主创新能力有待进一步提升

企业既是市场的主体，也是创新的主体。企业自主创新能力的强弱，在很大程度上代表着区域创新能力的高低。近年来济源市企业自主创新能力虽然有很大提高，但与产业转型升级和区域经济发展的要求相比，还存在较大差距，不少企业仍然存在着追求数量和速度，短期行为明显，依靠创新驱动发展的意识和动力还不够强。在经营实践中，表现为不想创新、不敢创新、不会创新的现象。据统计，全市主营业务收入超亿元的企业有 128 家，建有省级研发中心的只有 14 家，占 11%；建有市级研发中心的只有 13 家，占 10%；企业拥有专利的只有 23 家，占 18%；拥有发明专利的仅有 7 家，占 5%。从这些数据中可以看出，济源市的企业自主创新能力还有待于进一步提升。

（二）科技创新资源集聚整合能力有待进一步增强

科技创新资源集聚整合，最重要的是对科技人力资源、科技财力资源和科技物力资源的集聚和整合。济源市 1988 年撤县建市，1997 年升格为省辖市，由于县级市升格为省辖市时间较短，城市规模较小，辐射集聚能力有限，目前济源市还没有一所本科院校，也没有国家和省部级的科研机构，公共创新服务平台与其他省辖市相比，在数量和质量上也有一定差距，因此济源市集聚、整合科技创新资源的能力还比较弱。虽然济源市科技经费投入呈较快上升趋势，但占 GDP 的比重仍然偏低，科技投入仍显不足，与发达地区科技投入水平相比仍有差距，这也是导致济源市科技资源集聚整合能力不强的一个重要原因。

此外，由于存在部门分割、领域分割和体制机制等问题，科技资源配置效率不高、结构不够合理，现有科技资源的优势尚未得到充分发挥。

（三）科技创新服务体系建设有待进一步完善

科技创新服务体系是区域创新体系建设的重要组成部分，也是区域创新效率高低的重要标志。济源市区域创新服务体系建设虽然有很大进展，但发育滞后的问题仍然存在。一是市场意识不强。绝大多数的科技服务机构隶属于政府部门，官办服务机构往往缺乏市场意识、竞争意识和服务意识，不能完全适应科技创新服务这一特殊产品市场化的需求。二是创新服务机构类型失衡。创业服务中心、科技企业孵化器等发展较快，而为科技创新提供管理咨询、法律咨询、风险投资、金融服务等的中介服务机构发展相对滞后。三是从业人员服务质量不高。科技创新服务机构对从业人员各方面的专业知识和工作经验有较高要求。而目前就济源的情况看，现有的从业人员大都存在知识结构单一、工作经验不足等问题，难以为创新者提供法律、技术、管理、资金等全方位的科技创新服务。

（四）科技创新领军人才培育有待进一步加强

人才是“第一资源”，是发展先进生产力最活跃的要素，是增强区域竞争力最关键的因素。科技创新领军人才在创新发展中起到至关重要的作用，从某种意义上讲，科技创新领军人才的多寡决定着区域创新能力的强弱。当前，济源市仅有高职院校 2 家，科研机构 4 家，而且科研实力都比较弱，吸纳科技创新领军人才的能力还十分有限。2013 年，全市拥有全日制硕士研究生以上的人才 253 人（其中博士 10 人），各类正高级职称的专业技术人员 39 人，高技能人才 600 人，人才密度为 8.2%，低于 10.5% 的全国平均水平，科技创新人才不足，尤其是领军人才少之又少。科技创新领军人才严重匮乏，成为制约济源市科技创新发展的重要短板。

三 提升济源科技创新能力的对策建议

当前，济源市正处于转型发展的关键时期，保增长、调结构、促转型、破

瓶颈、惠民生等对科技创新都提出了新的要求。科技创新在经济社会发展中的作用越来越明显，在新的历史时期，济源市要发挥好科技创新的引领和支撑作用，实施好创新驱动发展战略，需要着力做好以下工作。

（一）加强企业自主创新能力建设

企业自主创新能力建设是区域创新能力建设的基础和关键。加强企业自主创新能力建设，就是要充分发挥企业在技术创新决策、研发投入、科研组织和成果转化中的主体作用，鼓励企业牵头承担或参与科技计划项目，重点鼓励企业与科研院所、高校通过组建合作研发机构、技术创新联盟等形式联合开展面向产业和企业的关键共性技术研发，满足企业技术创新需求。政府支持的与产业相关的应用性研发项目要有企业参与，产业目标明确的重大科技项目一般由有条件的企业牵头组织实施。把研发投入和研发中心建设作为企业申请政府科技经费支持的重要条件，落实战略性新兴产业、传统产业技术改造和现代服务业等领域企业研发费用税前加计扣除政策。改进企业研发费用计核方法，合理扩大研发费用税前加计扣除范围，加大企业研发设备加速折旧等政策的落实力度，激励企业加大研发投入。大力实施企业创新能力培育工程和高新技术企业发展倍增计划。重点培育20家创新潜力大、成长性好的企业，成为国家高新技术企业或省级创新型企业。

（二）突出产业科技创新重点

围绕构建现代产业体系，明确产业技术创新的方向和重点。在新材料、生物医药、新能源、电子信息等领域，实施战略性新兴产业科技成果转化工程，加速高新技术成果转化，引领和培育新的经济增长点。在有色金属、钢铁、化工、装备制造等传统产业领域，加强科技研发和协同创新，加快信息化与工业化深度融合，促进结构调整和产业升级。在现代农业领域，大力发展生物技术和绿色农业生产技术，大力推进农村农业信息化建设，支持实施重大农业技术创新，壮大现代农业。在科技惠民工程领域，围绕人口与健康、公共安全、城镇化建设等，加大先进技术应用推广力度，推进智慧城市建设与研究，同时加强文化科技创新，推进科技与文化融合，提高科技对文化事业和文化产业发展的支撑能力。

（三）推进科技创新平台建设

科技创新平台建设是济源市提升科技创新能力的重要突破口和切入点。加快科技创新平台建设，一要加快建设科技创新公共服务平台。以政府投入为主，依托有关单位，建设生产力促进中心、行业检测服务机构和技术转移交易机构，推进大型仪器、科技文献、科技信息、中介服务等资源共享，为科技创新活动提供基础条件。加快高新技术孵化器、科技成果转化、信息平台、融资担保机构等公共服务平台建设。二要积极打造产学研合作平台。组织产学研专题培训，鼓励和支持高等院校、科研机构在济源市建立技术研发、成果转化等分支机构，鼓励企业与高等院校、科研机构合作开展科技创新活动。积极拓展合作渠道，以北京、上海、西安、郑州等为主要合作地，围绕重点行业、重点领域，开展专题对接活动。三要发挥产业集聚区综合载体作用，引导企业加快建设工程技术中心、重点实验室等各类研发平台和载体，形成功能完备、结构合理的科技创新平台体系，吸引各类创新资源和要素向产业集聚区集中，提升产业集聚区的创新能力。

（四）加快科技创新人才队伍建设

积极实施“玉川英才”、企业人才服务团等科技人才计划，培养培育科技领军人才、优秀工程师和高水平创新团队。支持其对高端科技人才和紧缺人才的引进，对引进拥有核心技术、产业带动力强的创新项目及创新团队，优先列入相关部门计划予以资助。通过建设工程技术研究中心、院士工作站、博士后科研流动（工作）站、重点实验室等，为高层次科技人才创新创业创造条件。鼓励高新区、产业集聚区和有条件的镇（街道），建立“人才特区”，允许其在人才政策、体制机制方面先行先试。深入实施科技特派员行动计划。鼓励产业聚集区、高新区建设专家公寓等，为科技人员提供优良的居住条件和工作生活环境。

（五）深化科技创新体制机制改革

建立健全鼓励原始创新、集成创新、引进消化吸收再创新的体制机制，健

全技术创新市场导向机制，发挥市场对各类创新要素配置的导向作用。创新科技成果转化机制，用好国家科技成果转化引导基金，改革科技成果评价标准，把科技成果的转化应用作为自主创新活动的根本目的和主要评价指标，着重评价成果技术的成熟度、转化情况、技术的突破性和创新性，以及推动产业发展和技术进步的作用和贡献。完善落实科技人员成果转化的股权、期权激励和奖励等收益分配政策。建立健全科技投入保障机制，加快建立和完善财政投入为引导、企业投入为主体、金融投入为支撑、社会资金踊跃参与的多元化科技投入体系。促进科技和金融结合，创新金融服务科技的方式和途径。综合运用买方信贷、卖方信贷、融资租赁等金融工具，引导银行等金融机构加大对科技型中小企业的信贷支持。推广知识产权和股权质押贷款，加快培育和完善科技保险市场。

文化政治篇

Culture and Politics

B.15

济源改革行政审批制度着力高效便民

祁雪瑞*

摘　要：

济源市在行政审批制度改革方面，做出了独特的探索，取得了良好的效果。济源行政审批制度改革的特点是：创新审批方式，率先在全省推行模拟审批机制；改进审批方法，大力开展联合审批；强化实时监督，构建网上政务服务大厅；完善六项公开，减少审批随意性；紧跟上级部署，在规范管理中进行创新。济源行政审批制度改革的经验有：积极学习先进，解决突出问题，确保规范运行，优化管理方法，建立激励机制。

关键词：

行政审批　制度改革　高效　便民

* 祁雪瑞，河南省社会科学院政治与法学研究所研究员。

行政审批制度改革是政府职能转变的途径之一。目前政府职能转变要求以简政放权、加强服务为核心，向市场放权减少审批，向社会放权职能转移，向下级政府放权权力下移，这些都需要通过行政审批制度改革来完成。行政审批制度改革关系到部门权力和利益关系的调整，涉及面广、政策性强、工作难度大。现阶段我国地方政府的行政审批制度改革以便民、效能为目标，通过行政服务中心进行运作。济源市在行政审批制度改革方面，做出了积极的探索，取得了良好的效果，值得总结和借鉴。

一　济源政府改革行政审批制度的做法

济源作为省直管市，其行政审批制度改革是对中央政府和河南省政府改革部署的贯彻落实，其创新是决策执行层面的创新，是过程与方式的创新。自2002 年以来，济源市先后开展了四轮行政审批制度改革，审批事项由最初的2000 余项减少至 200 多项。本次改革将原来涉及 80 余个科室的行政审批职能统一集中到了 23 个行政审批服务科，实现了部门行政审批工作“一个窗口对外”，初步实现了审批与监管职能的相对分离，促进了各有关部门工作重心从注重审批向加强服务和后续监管的转变。济源市改革行政审批制度的具体做法如下。

（一）提高认识

济源市领导认为，行政审批制度改革是一项事关全局的工作，任务非常艰巨。地区发达不发达，很大的差别就在行政环境上。如果不进一步深化行政审批制度改革，不优化发展环境，要想聚集产业、人才和资金加快发展是很难的。济源曾经有一个项目，从申报到批完用了 173 天。如果不改革，济源要加快发展，只能是一句空话。现行的行政审批制度具有直接支配经济社会资源的权力，一些部门千方百计找事争权，争取那些能给本部门、本系统带来实惠的审批发证权、收费罚款权，把审批作为增加部门权力和利益的一种手段。事实证明，审批过多过滥，又缺乏监督制约，是产生腐败的土壤。规范行政审批行为，有利于从源头上预防和解决腐败问题。

（二）出台文件

为了把行政审批制度改革落到实处，济源市先后出台了《中共济源市委、济源市人民政府关于进一步深化行政审批制度改革、加强行政服务中心建设的意见》（济发〔2011〕8号）、《中共济源常委办公室、济源市人民政府办公室关于在全市行政职能部门推行行政审批“两集中、两到位”工作的意见》（济办文〔2011〕20号）、《关于政府工作部门设立行政审批服务科的通知》（济编〔2011〕38号）、《济源市人民政府关于公布行政审批事项清理结果的通知》（济政〔2012〕58号）、《关于开展行政审批“两集中、两到位”改革工作“回头看”活动的实施方案》（济审改〔2013〕1号）、《关于进一步深化行政审批制度改革的意见》（济发〔2013〕10号）等一系列文件，要求各部门按照全市统一部署，打破行业壁垒，实现跨部门信息资源共建共享。按照“精简、统一、便民、高效”的原则，提升市行政服务中心“一站式”服务水平。凡确因涉密、场地限制等特殊情况不能进入行政服务中心办理的，须按《中共中央办公厅、国务院办公厅关于深化政务公开加强政务服务的意见》（中办发〔2011〕22号）要求，提请市政府研究批准。

（三）部署工作

1. 明确改革目标

济源市成立了深化行政审批制度改革领导小组办公室（市审改办），明确了深化行政审批制度改革目标就是要以加强对全市行政审批工作的监督管理、提供一站式行政审批服务为核心，把市行政服务中心打造成为全市行政审批工作的监督管理平台和统一处理各类政务事项的“政务超市”，力争成为全省“审批环节最少、工作效率最快、群众满意最高、综合服务最优”的行政服务中心。对不需集体讨论、专家认证、前置审批、上报省和国家的事项，实行“一审一核制”，即由行政审批服务科工作人员负责受理审查行政审批申请事项，行政审批服务科科长依照法律法规的规定确定审批意见。

2. 建立长效机制

（1）建立绩效考核机制，把制度落实、纪律执行、事项办理等有关情况，

作为对各部门及窗口人员绩效考核的主要内容，严格考评。

（2）建立激励机制，择优选拔干部进驻市行政服务中心窗口，并在评先评优、提拔任用等方面对窗口工作人员予以倾斜。

（3）建立责任追究机制，对乱作为、不作为、慢作为行为，要严厉查处。

（4）建立监督检查机制，市委市政府督查局、市纪委监察局、市委组织部、市委编办、市行政服务中心、市法制局等部门加强对行政审批事项、服务行为和窗口单位及其派驻人员的监管，发现问题及时纠正查处。

3. 开展网上电子审批和效能监察

做好各部门行政审批信息化业务系统与市行政效能电子监察系统、市政府门户网站的对接工作，实现进驻事项的网上申报、网上审批和表格下载，同时对各窗口行政审批工作实行服务现场与办件流程同步、视频与音频同步的实时、动态的全程监控，监督工作人员的工作作风、服务态度、办事效率等情况，并对行政效能进行综合考核和评估。市级行政效能电子监察主系统包含行政审批、行政征收、行政处罚、视频监控 4 个子系统，具备实时监控、预警纠错、统计分析、绩效评估、投诉处理、信息服务等 6 项功能。

4. 加强行政服务中心自身建设

行政服务中心能否有效履职，直接影响行政审批制度改革的成效和新的行政审批工作机制的运行。为此，先后制定了《济源市行政审批（服务）大厅管理办法》和《济源市行政审批（服务）大厅窗口工作人员行为规范》。要求市行政服务中心在服务质量和服务形象上与全省比较，每年年底召开一次座谈会，让企业和群众评判工作成效。在市行政服务中心大厅和分大厅实行“六统一”（统一政务公开规定、统一大厅名称标识、统一窗口管理制度、统一服务运作模式、统一人员行为规范、统一组织考核评比）和“六件制”（直接办理制、承诺办理制、联合办理制、上报办理制、补充办理制、明确答复制）管理。

5. 把中心确定为市政府信息公开示范点

通过多种形式，将全市 226 个行政许可事项的项目名称、申报材料、办事依据、办理程序、办理时限、收费标准等内容进行了公开，对经常发生业务的

100多个项目制作成规范的申请书示范文本，放置于服务大厅供服务对象查阅。同时，按照市政府信息公开领导小组的要求，设置了政府信息公开查阅点，制定了依申请政府信息公开流程图，对群众依申请政府信息公开事项，积极协调相关部门按期办理。

（四）组织活动

主要是开展了“两集中、两到位”改革“回头看”活动。“两集中、两到位”是省政府的统一要求，即部门行政许可职能向一个机构集中，部门行政许可机构向行政服务中心集中；部门行政许可项目进驻行政服务中心要落实到位，部门对窗口工作人员要授权到位。济源市2013年在全市主要行政审批职能部门开展了“两集中、两到位”改革“回头看”活动。活动范围包括进驻市行政服务中心的27个部门，各单位围绕7个方面开展自查自纠：一是领导重视情况，看单位领导是否按要求定期到中心窗口检查指导工作。二是职能归并情况，看单位是否按要求成立行政审批服务科，是否还有内部科室多头受理、多头审批的现象，行政审批服务科与其他原相关职能科室之间的关系是否理顺，是否存在行政审批职能“回弹”现象。三是人员配备情况，看单位行政审批服务科是否按要求配备工作人员，并整建制进驻行政服务中心窗口，行政审批服务科的科长是否任命并到岗到位。四是项目进驻情况，看单位是否按照“应进必进”的要求将行政审批服务事项全部进驻市行政服务中心窗口受理、办理、出证。五是充分授权情况，看是否做到即办件的审批工作在窗口当场完成，承诺件是否做到程序性审核在窗口完成，涉及现场查勘、技术论证的是否由行政审批服务科牵头，组织后方有关部门（科室）共同完成，窗口是否启用了行政审批专用章，窗口负责人是否有权力。六是服务效率情况，看单位是否按要求对行政审批事项的环节、流程、时限等进行优化和压缩，采取了哪些提高窗口行政审批效率的措施，行政审批事项的申报材料、办理程序、承诺时限、法律依据、收费依据、收费标准等“六公开”工作是否按要求完成，是否做到对办事人员的一次性告知。七是网上审批情况，看单位是否按要求将行政审批事项信息及时录入全市网上审批系统。

（五）存在问题

改革过程中发现有“名进实不进、人进权不进”的现象，让办事群众两头跑。由于一个单位有三五个科室在审批，三五个局长在管理，就出现了窗口负责人不敢批，还要拿回去报告副局长、副局长再报告局长，窗口仍然是“传达室”“发表处”，实质上仍是“前店后厂”的模式。有的部门未将行政审批重要组成部分的现场勘查、勘测、专家论证的组织协调等职责划入行政审批服务科，造成审批工作事实上仍是由多个科室办理。各单位派驻行政服务中心的窗口工作人员中，多为普通工作人员，还有些单位派驻的甚至是临时雇用人员。审改办对其中10家单位存在的问题进行了逐项反馈，提出了整改落实的工作要求。

二　济源政府改革行政审批制度的特点

市级政府的行政审批制度改革是在中央政府和省级政府的统一部署下进行的，所以在大框架方面都是相同的。但是在具体的运作中，由于现实情况千差万别，决策者对改革的认识深浅不一，就出现了各自不同的特点。济源市与其他省辖市相比也有不同之处。

（一）创新审批方式，率先在全省推行模拟审批机制

出台了《济源市投资建设项目模拟审批暂行规定》（济政办〔2013〕81号），要求针对投资建设项目，在尚未完全具备基本建设项目审批条件的情况下，为使项目早日开工，在未供地前开始进入模拟审批程序，各审批部门先不出具正式审批文件，只出具注有“模拟”字样的模拟审批文件，待土地出让手续完成并达到法定条件后，再出具正式审批文件，促使项目早落地、早开工、早投产。模拟审批分提出申请、联合评审、模拟审批、文件转换4个阶段。

市行政服务中心以富士花园、三湖嘉园等保障性住房项目建设为试点，进行模拟审批，为两个保障房项目共节约了90天时间，得到了项目单位的一致肯定和省政府、省住建厅的认可，目前正在全省推广。

（二）改进审批方法，大力开展联合审批

建立了“一全面、两专项”的联合审批综合服务体系，提高了审批效率。“一全面”是指由市行政服务中心牵头，对符合联合审批条件的企业和项目统一实行联合审批；“两专项”是指由工信局牵头的工业项目前期预审联席会议和由发改委牵头的市重点项目联审联批等专项联合审批服务。

建立网上联审联批平台，对建设项目实现审批服务“一号通”（从项目立项到工程竣工验收，均使用同一个编号办理，并最大限度实行联合审批的管理模式），并借助流程图清晰展示该项目审批需要经过哪些单位和部门，以及这些部门办理的先后顺序与办理时间。把监控流程图中的各项目进展，利用不同的颜色块显示不同的办理状态，如绿色代表行政审批已经办理完毕，黄色代表正在办理，红色代表办理超期。管理者通过看流程图对每个项目的进程做到一目了然，既能实时监控项目进展情况，又能掌握具体环节的办理人员、每个环节的办理时间等细节，同时便于对操作超时的工作人员进行有效管理。

（三）强化实时监督，构建网上政务服务大厅

依托市政务门户网站“济源之窗”，以行政审批服务事项为重点，把面向社会公众的业务，通过互联网提供跨部门的“一站式”电子化服务，向公众、企业和社会提供网上办事窗口。在提供办事指南、表格下载、办事流程的基础上，逐步实现网上咨询、预审、查询和结果公示等功能，为社会群众提供方便快捷的服务。这个系统对各部门审批工作是一个约束，同时也是纪检监察部门开展工作的一个手段，省里也能看到。审批超期会有红牌警告，提前办结系统会统计到提前办结率，考核会加分。

（四）完善“六公开”，减少审批随意性

严格规范审批行为，简化审批手续，完善行政审批事项“六公开”（申报材料、办理程序、承诺时限、法律依据、收费依据、收费标准），将审批流程明确落实到每个项目、每个环节、每个窗口、每个承办人，减少审批过程中的随意性和自由裁量权。同时认真开展项目流程调研，在办理时限上要求进一步

压缩。如果一个环节走完，另一个环节快到期时，系统会自动发短信到承办人的手机上，提醒赶快去办。

（五）紧跟上级部署，在规范管理中进行创新

济源市行政服务中心创始于2002年9月，原为市行政审批便民服务信息中心，是全省建立较早的行政服务中心。2006年市行政审批便民服务信息中心与原发改委下设的信息中心整合为市信息化工作办公室，加挂市行政许可便民服务中心和市信息中心两块牌子。2010年更名为市行政服务中心，加挂市电子政务办公室、市信息中心两块牌子。目前市行政服务中心为正科级事业单位，机构职能除行政审批工作外，还包括市长热线（12345便民热线）、120指挥中心、市政府门户网站、全市电子政务的规划管理和实施、政府信息公开等多项职能。市行政服务中心共设立服务窗口19个，进驻部门22个，各部门窗口工作人员32人，进驻并发生业务的项目129项，另外还有分布于各部门、由各部门管理的10个行政服务分大厅。2011年审批项目的审批时限平均由2007年的10个工作日缩短至7个工作日。近年来，市行政服务中心先后荣获河南省“优质服务窗口”等多项荣誉称号。

三　济源改革行政审批制度的经验

济源市领导对行政审批制度改革工作高度重视，组织力量在全国和全省进行了深入调研。在开展工作的过程中，既借鉴外地经验，又重视本地市情，从而形成了自己的工作特点和经验做法。

（一）解决突出问题

审批时间偏长是群众反映最突出的问题，济源市围绕这一问题做了多方面的工作。除了充分授权窗口、实行联合审批等体制机制的创新外，还成立代办中心，积极推行行政审批协办、领办、督办等有效服务方式。特别是在市百川畅银新能源有限公司的设立登记中开展联办和代办服务，使其相关手续由承诺时限的15个工作日缩短至2个工作日，创造了行政审批的“济源速度”。

（二）确保规范运行

1. 处理好三种关系

（1）处理好集中审批与监管服务的关系，把监管放在过程，放在事后，而不是把监管全部放在审批环节，做到审批与监管“两不误、两提高”。

（2）处理好权力集中与规范运作的关系，以制度管人，按流程办事，通过电子监察有效监督管理。

（3）处理好部门、窗口与行政服务中心的关系，行政服务中心是一个由各部门派驻窗口组成的“联合体”，其作用发挥的好坏，与各部门的配合及窗口作用发挥的好坏密切相关。

2. 落实4个到位

（1）职能归并到位，针对各部门内设机构多、职能分得细、分管领导多，严格实行“一个窗口对外”，实现审批与监管相对分离。

（2）项目进驻到位，按照“无条件进、有条件出”和“应进必进”的原则，凡是与企业、社会和人民群众密切相关的行政审批（管理）事项，要全部纳入市行政服务中心办理。

（3）行政审批服务科人员选派到位，各单位要安排服务意识强的人员，特别是要将后备干部培养对象选派到市行政服务中心。

（4）审批授权到位，各部门要保证行政审批服务科能独立完成审批工作。

（三）优化管理方法

2008年，济源市行政服务中心首次启动了证照联合年检工作。2009年，为最大限度地方便企业和群众，使证照年检年审工作更加透明，济源市行政许可便民服务中心全面推行了证照联合年检，在年检窗口推行首问负责制度、一次性告知制度、限时办结制度。

（四）建立激励机制

在后备干部推荐时，在市行政服务中心工作满一年以上的行政审批服务科工作人员在市行政服务中心进行推荐。表现优秀的，同等条件下，优先推荐为

后备干部。对行政审批服务科工作人员的年度考核在市行政服务中心进行，年度考核指标由市人力资源和社会保障局单列审批，并适当提高优秀等次比例，考核结果由市行政服务中心向选派单位反馈。适当提高入驻窗口工作人员的生活福利待遇，提供统一工装、按月实行定额补助。

四　对济源行政审批制度改革的展望

制度竞争力是根本性的竞争力，会为地方带来持久性的经济社会活力。科学发展一定是制度化的发展，改革既是突破障碍性制度，也是寻求如何更好地落实和完善存量制度。

（一）国际行政审批制度改革的理论与实践

自20世纪80年代以来，随着经济全球化和信息化的加快发展，为了解决政府管理面临的新压力，以美、英、法、德、日等发达国家为代表，普遍进行了以市场化为导向的公共行政改革，在控制机构规模、降低行政成本、提高行政效能等方面取得了巨大成效。

国外行政审批制度改革的经验主要有：一是大胆下放政府行政审批权力。二是注重分析行政审批的效益成本。一般认为，规制对微观经济活动的干预是为了实现社会资源的有效配置，但事实上并非如此，规制者往往会为自身利益利用政府授予的权力主动介入，进行所谓的“设租性规制”，从而破坏规制设置的利益正当原则。美国里根政府的12291号行政令就对成本分析进行了明确的规定：对于重大项目（经济影响超过1亿美元以上）必须经过正式“规制影响分析”才能做出决定。在制定有关社会性规制时，必须经过“风险分析程序”寻求科学依据。三是合理设置、调整行政审批。具体来说，行政许可的事项主要有两类：一类是经济事务方面的许可事项，目的是为了保护消费者权益和市场竞争秩序而对市场机制无法解决的自然垄断（如基础公用事业）、过度竞争、供求不足的产品和服务设立行政许可。一类是社会管理方面的许可事项。目的是为了防止市场机制的消极影响而对有不良外部性影响的产品和行为（如不安全的产品、环境污染）、信息不对称的行业（如金融、食品）、稀缺物质（如自然资源）以及公共物品的配置进行管制而设行政许可。

（二）中国行政审批制度改革的时代要求

根据国际社会的经验，行政审批改革的过程分为3个阶段：第一阶段是废止过滥的审批；第二阶段是为每项必要的具体审批设立一个科学的分析制度；第三阶段是建立宏观上全面的审批管理制度，包括程序与监督制度。一直以来，我国的改革更多的还是停留在第一阶段。

转变政府职能，要求为行政审批框定范围。政府职能从“缺位”转向“到位”、从“越位”转向“定位”仍是我国行政审批制度改革的前提。政府职能不转变，作为体现政府职能的行政审批权不可能从根本上得到削弱。在当前行政审批制度改革的热潮过后，不排除被精简的审批事项会在某个时机改头换面、死灰复燃。因此，行政审批制度改革需要在转变政府职能方面取得实质性的突破，即从主要以指令、计划方式直接介入资源配置转变到主要借助法律、经济手段对市场配置资源的情况进行监控。

自1999年浙江省金华市率先成立集中办事大厅以及《中华人民共和国行政许可法》实施以来，全国行政服务中心发展大致经历了3个阶段：一是形式上集中办公阶段，即改变行政许可的地点、运作方式和运作程序，将原来分散在各部门的审批事项纳入行政服务中心。二是内部集中许可权阶段，即将机关内部行使许可权的机构与行使许可事项监管权的机构分离开，专设实施行政许可权的内部机构，使其专司行政许可实施职责，而不进行行政许可事项的日常监管职能。三是外部集中许可权阶段，即行政服务中心既成为行政许可的直接实施主体，又成为行政许可的协调实施主体。

（三）济源行政审批制度改革的前景展望

把行政审批服务中心的功能作用定位于转变政府职能的“转换器”、提高行政效率的“加速器”、方便群众办事的“服务器”、推进依法行政的“整流器”、遏制审批腐败的“监控器”和优化发展环境的“净化器”。行政服务中心的服务功能不断拓展，由原来单一的审批“专业店”向集行政审批、行政服务于一体的功能相对齐全的“政务超市”转变，进驻行政服务中心的项目发展到非行政许可项目、行政服务、收费、中介服务、依申请公开、公共资源交易项目等多个类别。

向“审批与管理并重、便民与服务并行”方面转变。积极构建政府“大服务”平台，关闭各部门的分大厅，全力推进各类行政服务项目整建制进驻行政服务中心集中办理。逐步提高行政服务工作的即办比例，使项目即办比例由目前的10%提高至60%。在全市各镇（街道）成立由市行政服务中心监管的镇（街道）便民服务中心，推行一站式服务，依法办理审批、咨询、代办服务，开展科技普及、信息发布、政策法规解答以及民政、计生、农业科技、合作医疗等便民服务。

注：本文资料与数据由济源市编办、济源市行政服务中心提供，并参考了《中原经济区行政管理体制改革与创新研究报告》（由河南省编办主持）。

B BLUE BOOK . 16

济源企业党建工作的调查报告

陈东辉*

摘 要：

近年来，济源市深刻领会中央精神，准确把握当地企业发展实际，坚持“围绕企业发展抓党建，抓好企业党建促发展”，健全机制，构建了企业党建新格局；创新模式，实现了企业党建全覆盖；找准抓手，做活了企业党建大文章。通过扎实的党建工作，济源市提升了企业党员队伍综合素质，增强了党组织的凝聚力和向心力，为企业生产经营提供了有力保障，实现了企业党建工作与地方经济社会发展的互动双赢。建议济源市进一步强化企业党建工作，提升思想认识，完善相关制度，引导企业党员发挥示范带动作用，努力把企业党建工作转化为看得见的生产力。

关键词：

济源　企业党建工作　调查与思考

企业党建工作能够为企业科学发展提供有力保证。根据企业性质不同，企业党建可以分为国有企业党建和非公有制企业党建。习近平对企业党建工作十分重视。一方面他强调“党建工作始终是国有企业的独特政治资源，是企业核心竞争力的有机组成部分”，要求“以改革创新精神加强和改进国有企业党的建设”。另一方面他指出“非公有制企业的数量和作用决定了非公有制企业党建工作在整个党建工作中越来越重要，必须以更大的工作力度扎扎实实抓

* 陈东辉，河南省社会科学院省情调研中心副研究员。

好”。近年来，济源市深刻领会中央精神，准确把握当地企业发展实际，坚持“围绕企业发展抓党建，抓好企业党建促发展”，全面推进企业党建工作，不断提高企业党员干部的思想素质和工作能力，为企业健康协调可持续提供了坚强的政治保证。

一　济源企业党建工作的总体情况

济源市工业经济发达，企业在当地经济社会发展中发挥着重要作用。截至2013年，济源规模以上企业达226家，其中主营业务收入超亿元的有136家、超百亿元的有3家；豫光金铅连续6年入选中国企业500强，济源钢铁、万洋冶炼、金利冶炼也入选中国民营企业500强名录。近年来，济源市认真贯彻落实中央和省委精神，把加强企业党建工作作为基层党建工作的重要内容，通过健全机制、抓好队伍、创新模式、强化保障，实现了规模以上企业党组织全覆盖和规模以下企业党建工作全覆盖，有效促进了企业党组织和党员作用的发挥。

（一）健全机制，构建企业党建新格局

济源市委高度重视企业党建工作，坚持以改革创新精神推进企业党的建设，努力把企业党组织建设成为推动企业改革发展稳定的政治核心和战斗堡垒，形成了市委统一领导，市委组织部负总责，工信局、工商局、国税局、地税局、工商联等部门各司其职、各负其责，齐抓共管、协调推进的党建新格局。

1. 健全企业党建工作领导机制

济源市在不断加强对国有企业党建工作领导的同时，根据非公有制企业的特点和发展态势，建立健全了非公有制企业党建工作领导机制。建立了非公有制企业党建工作联席会议制度，依托市委组织部设立非公有制企业党工委，依托市工商局成立市个体工商户党委，形成了“市委统一领导、组织部门牵头抓总、相关部门齐抓共管”的领导机制。

2. 健全企业党建工作运行机制

党建工作联席会议由市委统一领导，原则上每季度召开一次，必要时可临

时召开会议，研究处理工作中的有关问题。非公有制企业党工委作为市委派出机构统筹负责全市非公有制企业党的建设工作。个体工商户党委在市非公有制企业党工委领导和指导下，统筹管理全市个体工商户和新建设专业市场党建工作。

3. 健全企业党建工作管理机制

推行党员领导干部企业党建工作联系点制度，帮助企业协调解决发展中存在的难题和党建工作中的问题，形成了“联系一个点，负责一条线，带动一个片”的党建工作管理机制。出台了《关于进一步加强企业党建工作意见》等规章制度，完善了企业党建管理机制、党建工作队伍培训机制和党员作用发挥机制，使企业党建工作有章可循。

4. 健全企业党建工作考评机制

把企业党建工作情况作为考核基层党建工作的重要内容，由市委组织部牵头协调各相关部门，对企业党建工作进行联合考评，实行一季度一通报、半年一考评、一年一表彰。建立企业党务工作者述职评议制度，促使他们积极履职、发挥作用。

（二）创新模式，实现企业党建全覆盖

济源市根据企业布局和党员分布情况，积极推进区域党建模式、组织设置模式和党员培育模式的创新，实现了企业党建工作的全覆盖。

1. 创新企业区域党建模式

济源市国有企业党建工作基础扎实，基本上沿袭了传统的党建模式。对党建模式的创新主要体现在非公有制企业。济源市委组织部联合工商部门，对全市规模以下非公有制企业进行全面摸排，建立起翔实可靠的非公有制企业党建工作数据库。在此基础上，按照属地管理原则，着力构建“基层党（工）委－区域、行业联合党总支－非公有制企业党支部”的区域党建模式。目前，济源市已经在1家商圈、3家专业市场、16家协会和商会建立起了区域性和行业性党组织，覆盖了全市2000余家非公有制企业。

2. 创新企业组织设置模式

根据企业实际情况，不断创新企业党组织设置模式，有效消除了党建工作

盲区。在有 3 名以上党员的企业，一般采取“独立式”单独设置基层党组织。对不具备条件而又拥有党员的企业探索“联建式”设置党组织，主要包括村企联建、社企合建、行业联建等模式。对还没有党员的企业采取“渗透式”来发挥党组织作用，即对这些企业选派党建工作指导员、联络员，帮助组建群团组织、开展发展党员工作。目前，济源市已经实现了企业党建工作全覆盖，确保服务企业无盲区。

3. 创新企业党员培养模式

鼓励“零党员”企业在招聘工作中优先录用党员，近年来共向企业输送大学生党员、农民党员和下岗党员 300 多名。积极挖掘、培育入党积极分子，激励优秀企业职工积极向党组织靠拢，2012 年以来共培养入党积极分子 563 人，发展党员 230 名。每年集中组织 1～2 期企业党务工作人员培训班，把党组织负责人、企业主作为重点，采取外出学习、参观考察，请专家辅导、讨论交流等方式，培养出一支高素质的企业党建工作队伍。

（三）找准抓手，做活企业党建大文章

济源市深刻把握企业党建工作规律，找准企业党建的抓手和平台，有效创新企业党建的方式方法，激发企业基层党组织的活力，充分发挥广大党员在推动企业发展过程中的先锋模范作用。

1. 抓队伍建设

按照“政治素质好、懂经营管理、熟悉党建工作、组织协调能力强、善于做群众工作”的标准，从热心党群工作的退居二线领导干部、现职机关干部、军队转业干部中选派党建工作专员，到部分市属党委企业担任党委书记或专职副书记，有效提升了企业党建工作执行力和影响力。按照素质优良、结构合理、数量充足、专兼职结合的要求，为全市非公有制企业党组织已配备专职党务工作者 300 人、兼职党务工作者 149 人。

2. 抓示范带动

积极推进非公有制企业党建示范点建设，结合基层组织建设示范单位评选活动，选树 20 个“双强六好”的非公有制企业党建示范点，示范引领和辐射带动全市非公有制企业党建工作提升整体水平。济源市商贸集团充分发挥各岗

各线的党员同志的模范带头作用，每年都对先进支部和优秀共产党员评选和表彰，使广大党员、职工学有榜样，赶有目标。

3. 抓活动载体

开展了以“党建强、发展强，生产经营好、企业文化好、劳动关系好、党组织班子好、党员队伍好、社会评价好”为主要内容的“双强六好”党组织创建活动，激发了党员的责任意识、服务意识和创新意识。豫光金铅还创办了《豫光报》，通过报纸开展思想政治教育，使职工思想观念得到潜移默化式的改进提升，增强了企业党组织的凝聚力和向心力。

4. 抓制度保障

把制度建设作为党建工作的重要项目来抓，建立健全了企业党组织活动制度、发展党员工作制度、党员联系员工制度、党员教育管理制度等。例如，豫光金铅通过“三会一课制度”保证了每位党员的组织生活和党性教育的持续连贯，通过“党费收缴制度”明示了党员的权利和义务，通过“党员公开承诺”制度促进党员立足本职岗位积极发挥模范带头作用。

二　济源企业党建工作的实践成效

近年来，济源市坚持把党的建设作为推动企业又好又快发展的总抓手，解放思想，实事求是，立足企业的实际情况和现实需求，以改革创新精神积极开展企业党建工作，带动了企业党员干部队伍建设、思想政治工作和企业文化建设，提升了党员队伍综合素质，增强了基层党组织的凝聚力和向心力，为企业生产经营提供了有力保障，实现了企业党建工作与地方经济社会发展的互动双赢。

（一）提高了企业党员队伍的综合素质能力

济源市通过严把党员“入口关”，夯实了打造高素质企业党员队伍的基础。认真推行发展党员推荐制、票决制、公示制和责任追究制，促进党员发展工作的规范化、制度化，保证了党员发展质量。强化对党员的教育管理，不断提升企业党员的能力和水平。认真落实“三会一课”制度，深入开展“学理

论、树形象、做贡献”“一个党员一面旗”等活动，提高了党员职工素质，增强了党员职工的责任感和荣誉感。在实际工作中，按照“把技术骨干培养成党员，把党员培养成技术骨干”的双向培养原则，突出在企业生产经营科技骨干、一线优秀职工中发展党员，努力使广大党员真正成为政治素质过硬、生产技能熟练、模范作用突出的先进群体。经过持续努力，济源市企业党员队伍已经成长为政治素质好、组织能力强、懂经营管理、文化水平较高的企业中坚力量。

（二）增强了企业党组织的凝聚力和号召力

济源市通过在企业开展党员责任区、党员攻关项目、立足岗位比奉献等活动积极发挥党员作用，增强了企业党组织的凝聚力和号召力。各个企业也根据实际情况，采取有力措施开展党建工作，服务企业职工生产生活。豫光金铅党组织了解青年职工业余时间喜欢上网聊天情况后，指导他们利用网络媒介创建了豫光之家 QQ 群，现已吸纳好友 480 多人，成为豫光职工交流的重要平台。职工不仅通过 QQ 群和公司进行沟通交流，还开展一些义工和郊游活动，大大增强了职工的归属感。中原特钢党组织通过开展“关心职工、凝心聚力、促进发展”活动，资助 9 名困难职工子女上大学，2013 年全年共慰问困难职工 400 余人，累计发放现金及物品 36.9 万元。扎实的党建工作使企业党组织向心力切实得到增强，2012 年以来全市共有 1567 名职工向企业党组织递交了入党申请书。

（三）为企业生产经营提供了人力资源保障

济源市把开展党建工作与推进企业发展紧密结合起来，始终坚持企业党组织为企业发展服务、为党员人才服务、为职工群众服务的理念，努力吸引、培育推动企业发展的人才，为企业生产经营提供了人力资源保障。开展以“领导班子好、党员队伍好、工作机制好、发展业绩好、群众反映好；争当技术能手，争当管理能人，争当员工亲人”为主要内容的“五好三争”活动，提升了党员职工能力素质，促进了企业健康发展。加强“聚才兴企”工作，营造尊重劳动、尊重知识、尊重人才、尊重创造的良好氛围，2013 年面向全国引进 30 名“企业人才服务团”成员并派驻到不同企业帮助企业发展。中原特钢还通过开展“降本增效、党员争先”活动，实施以培育全员市场意识和培育先进管理经验为主要内容的“双培工程”等增强党员职工的市场意识和管理能力，推动企业党建工作与生产经营实现同频共振。

（四）为推动全市经济发展做出了突出贡献

企业是经济发展的主体，增强企业活力，加快企业发展，对于促进经济发展，推动社会全面进步至关重要。济源市深刻认识到，抓企业党建就是抓企业发展，抓企业发展就是抓全市经济。济源市把推动企业发展作为企业党建工作的重要任务，根据企业改革和生产经营实际，安排和设计组织生活内容，自觉探索企业党建与生产经营的结点，把党的政治优势和组织优势转化为促进企业发展的优势，把企业党建的成效落实到促进企业发展上来，在推动企业产业转型升级、维护企业稳定、推动企业发展等各项工作中做出突出贡献。2013 年，全市规模以上工业增加值完成 295 亿元、增长 15.9%。该市虎岭集聚区认为“把项目留下来、建设好，‘软环境’是关键”。他们把企业党建作为重要抓手，营造了有利于企业发展的良好“软环境”，集聚企业 38 家，成为全省“十强”产业集聚区。

三　推进济源企业党建工作的思考建议

尽管济源市企业党建工作做得较为扎实，对企业生产经营活动起到了促进作用，推动了全市经济社会发展。但是，考虑到当地企业快速发展的形势和企业党的建设面临的新问题、新挑战，企业党建工作还有很大的提升空间。要按照党的十八届三中全会提出的“创新基层党建工作，健全党的基层组织体系，充分发挥基层党组织的战斗堡垒作用”的要求，强化思想认识，完善相关制度，引导企业党员发挥示范带动作用，努力把企业党建工作转化为看得见的生产力。

（一）强化思想认识，增强抓好企业党建工作的责任感

思想认识的高度，关系到对企业党建工作的重视程度和推动这项工作的力度。社会主义市场经济决定着企业是具有独立决策意志、自负盈亏的市场主

体，尤其是在当前以经济建设为中心的大环境下，一些同志对企业党建的重要性认识不足，存在“企业党建抓不抓，怎么抓”“抓企业党建，会不会影响企业决策权”等思想疑虑。要在党内开展深入的思想教育，使广大党员认识到企业是工人阶级最集中的地方，巩固党的阶级基础需要靠企业党组织来联系职工、宣传职工、组织职工、团结职工；巩固党的执政地位需要靠企业党组织来保证党的路线、方针、政策在企业的贯彻落实。要针对企业经营者和管理者进行广泛的宣传，使他们认识到在企业开展党的活动，有利于增强企业的政治优势和思想优势，更好地凝聚职工力量，促进企业健康发展，形成“抓企业党建就是抓经济发展”的思想共识。

（二）完善相关制度，努力实现企业党建工作的规范化

制度具有根本性、全局性、稳定性和长期性。完善企业党建制度，推进企业党建工作制度化、规范化，是形成企业党建长效机制，提升企业党建工作科学化水平的重要举措。要把企业党建工作纳入党的基层组织建设的总体格局中来统一谋划、统一部署、统一推动，切实做到企业党组织建设与农村基层组织建设同步考虑，企业党员发展与农村党员发展同步安排。要按照“办公设施齐全、党建制度健全、学习用品齐全、工作职责齐全，有门牌标志、有会议记录、有党员照片、有党旗国旗、有党员权利义务、有入党誓词”的“四全六有”标准，实现党组织活动阵地建设制度化。要建立健全企业党组织“三会一课”、民主生活会、党员民主评议、流动党员管理、党组织书记恳谈等制度，规范党组织工作程序和运行机制，以制度建设推进企业党建工作全面发展，实现企业党组织自身建设规范化。

（三）结合企业实际，拓展党员发挥示范带动作用的途径

只有结合企业实际，有效拓展党员发挥先锋模范作用的渠道和途径，才能调动企业党员的积极性，使他们成为企业发展的带动者和敬业奉献的践行者。济源市通过争做“五先锋”党员、“支部牵头项目”“我为企业发展献一计”“我为党旗添光彩”等活动，有效发挥党员的示范作用，增强了企业职工的团队意识，为企业发展注入生机和活力，促进了企业健康快速发展。应当以制度

的形式把一些企业党建的好做法好经验固定下来、持续下去。此外，还要探索建立新的企业党建载体平台，为党员职工发挥作用提供干事创业广阔舞台。坚持“以身边事教育身边人、以身边人带动身边人”，选择一批思想好、党性强，技术好、能力强的党员职工，作为“示范党员”进行重点培养，使广大企业职工学有榜样、赶有目标，努力达到以模范带党员、以党员带群众，共同推动企业发展的良好效果。

（四）着眼企业发展，推动党建工作转化为看得见的生产力

要着眼于企业发展，建立健全企业党组织参与企业重大问题决策、协调企业内部利益关系、领导群团组织党群共建、维护各方合法权益以及与所在村（居）、社区结对共建等机制。要发挥企业党组织思想政治工作优势和群众工作优势，妥善处理好企业与员工、员工与员工、企业与社会、企业与市场的关系，优化企业发展的内部环境和外部环境，推进企业又好又快发展。要通过加强企业党建工作，解决好企业职工密切关注的现实问题，最大限度地维护好职工的合法权益，让广大职工在得实惠中感受到党组织的关心和温暖，构建企业与员工的和谐关系。要围绕企业改革和生产经营实际，把党建工作有机地融入企业经济活动之中，最大限度地发挥党员职工的聪明才智，同心同力推动企业生产发展，促进企业党建工作的政治优势转化为经济优势和市场优势，转化为看得见的生产力。

B.17

济源平安建设的实践探索与对策建议

李宏伟*

摘　要：

济源以人民群众满意为根本标准，以增强群众安全感和提升群众满意度为最终目的，坚持平安济源、法治济源、过硬队伍为主轴核心，扎实推进平安建设工作，取得了初步成效。济源深化平安建设，应将维护社会公平正义作为平安建设工作的核心价值目标，区域法治环境应进一步优化，立体化的社会治安防控体系建设应当加强，同时推进执法司法体制机制改革，建立健全科学的法治环境建设指标体系和考核标准。

关键词：

平安济源　实践探索　对策建议

近年来，济源紧紧围绕“一个中心、两个率先”的奋斗目标，坚持以平安济源、法治济源、过硬队伍“三大建设”为主轴核心，以“抓基层、打基础，保重点、攻难点，促落实、求突破”为工作重点，以增强群众安全感和提升群众满意度为最终目的，扎实推进平安建设工作，确保全市社会大局持续和谐稳定。全市呈现出社会稳定和谐、人民安居乐业、经济快速发展的良好局面。

一　济源平安建设的基本做法

（一）夯实平安建设的根基

济源市为夯实平安建设根基，在强化财政保障的前提下，采取了一系列的

* 李宏伟，河南省社会科学院政治与法学研究所助理研究员。

措施和方法，扎实开展平安“双创”活动。

1. 建立班子成员联系点制度和综治委成员分包制度

市委政法委主要领导分别联系2～3个镇（街道），不定期前往基层，督促督导，就地解决基层难题；全市38个综治委成员单位重点分包各集聚区、镇（街道）共76个村（居），在资金、政策、项目上给予支持，并定期向市综治办汇报。

2. 强化“两个建设”

以综治基层基础建设年活动为依托，积极推进社会管理服务中心（站）建设。组织相关部门人员赴郑州、新乡等地考察学习基层平安阵地建设经验，制定《济源市产业聚集区、镇（街道）和村（居、社区）社会管理服务站建设标准（试行）》，切实推动“两个建设”。严格按照“一室三中心”模式和“一站、两会、两室、一厅、一所”模式打造镇级社会管理服务中心和村级社会管理服务站。目前，轵城、沁园、北海等6个镇已高标准建成了社会管理服务中心。

3. 强化“两所一庭两室”建设

全市按照制式化、规范化、高标准建成派出所、司法所、人民法庭和检察室，实现了“规格、编制、经费”三落实。启动了社区警务室规范化建设，力争警务室为示范点，充实警力配备、落实资金保障、完善规章制度，进一步增强基层平安创建的硬件保障，牢筑维护国家安全和社会稳定的第一道防线。

4. 强化村（社区）党支部、村（居）委会责任

充分调动积极性，发挥主动性，激发创造性，明确责任，遵循党支部牵头、村委会主抓的思路，整合现有资源，进一步发挥基层协商民主制度优势，合力推进平安创建工作有效开展。

（二）维护社会大局和谐稳定

济源市为有效化解社会矛盾，采取一系列方法和措施，着力维护社会大局和谐稳定。

1. 完善矛盾源头治理机制

健全信息收集、报送、研判工作制度，完善“日排查、周汇总、月研判”

工作机制。对重大不稳定隐患实行专项治理，加大对重点隐患人群的教育转化和动态管控力度。将社会稳定风险评估工作纳入年度目标考核，先后对东关城中村改造、轵城镇东湖片区大郭庄改造等9个项目进行风险评估，确保项目顺利进展。提升矛盾化解效率，严格落实社会矛盾分析研判、台账管理、领导包案、挂牌督办、奖励追责等工作制度，社会矛盾化解质量持续提升，化解率达到95%以上。

2. 创新信访工作机制

切实落实领导接访、带案下访、联合接访和市委常委会、市政府常务会、市信访联席会研究解决重大信访问题等措施。施行后备干部包案制度。积极开展信访积案“单兵较量”活动、“积案化解月”活动，集中排查交办信访积案188起，在产业聚集区和镇（街道）推行信访工作“早碰头、晚汇报、日总结”制度。探索建立涉法涉诉信访问题依法终结制度。组织政法各部门，连续8个月集中开展联合接访工作，依法有效化解终结70余起涉法涉诉案件。

3. 统筹推进特殊利益群体工作

进一步健全沟通对话机制，畅通诉求表达渠道，运用政策落实、教育疏导、困难帮扶等综合措施，确保社会整体稳定。健全应急处理突发事件处置机制，完善应急处突预案，强化培训演练，加强应急队伍建设，加大应急专项经费投入，妥善处置多起群体性突发事件。

（三）提升社会管理服务水平

1. 深化网格化管理机制

进一步完善城市社区网格化管理机制，足额保障社区工作经费，推动21个城市社区“1+8”规范化建设达标，15项民生事务下沉社区，居民社区认同感进一步增强。出台了《济源市关于推进社区社会组织建设的意见》，坚持“党政干部带头、公职人员带头、社区党员带头”，以公益慈善、养老服务、治安防范等为主，指导每个社区建立5个以上的社会组织，丰富社区文化活动，促进邻里融合。编制“济源市社区工作指导手册”，组织社区网格员进行业务轮训，进一步强化服务理念，规范工作流程。以承留镇滨湖社区和王屋镇愚公社区为试点，推动流动人口集聚区、山区群众集中居住区探索社会管理

“五联机制”（组织联建、治安联防、纠纷联调、文化联创、事务联办），促进了居民融合，提升了管理服务水平。

2. 严格特殊群体管理服务

继续实行分级分类管理，坚持“日监督、周汇报、月见面”制度，严格请销假制度、定位手机 24 小时监控制度等。严格落实考核奖惩措施，对违反监管规定的 11 名社区矫正人员给予集中警告惩处，对 1 名表现良好的矫正人员给予表扬。对济源市 600 余名社区矫正人员档案资料进行统一规范，每人建立正档、副档和教育管理三套档案。建立了审前调查评估机制，对评估工作拟定规范、科学、细致的标准，保证社区矫正工作持续健康开展，目前，济源市已对 100 名调查对象进行了社会调查评估。建立公、检、法、司相关科室信息共享机制，实现资源和信息共享。目前，济源市共接收社区矫正对象 616 名，现已解矫 255 名，在矫 361 名，所有矫正对象均在管控范围之内，无脱管漏管现象发生。

（四）探索社会治理体制机制创新

济源市委市政府积极探索，锐意进取，以创新六项机制为抓手和切入点，坚持运用法治思维和方式进行系统治理、源头治理、综合治理、依法治理，不断破解政法工作面临的新问题，保障群众安居乐业，维护社会公平正义，服务经济快速健康发展。

1. 创新城乡网格化、精细化管理服务机制

城乡社区（村、居）是推进城乡社会治理的基本载体。济源市结合实际将城乡社区（村、居）分为城市社区（城中村）、产业集聚区、镇区和景区周边的人口集中居住区、边远农村。坚持“城市社区化、农村城镇化、管理网格化、服务社会化”，突出特色，分类推进。一是提升城市社区精细化管理水平，推动网格员职业化、网格管理精细化、社区服务组团化、特色社区精品化。二是推进产业集聚区、镇区和景区周边的人口集中居住区“五联”管理新机制。三是探索边远农村多村联片、联防联保的网格化管理新机制。

2. 创新立体化治安防控机制

建好用好基层综治专干、专职巡防队和保安、平安志愿者三支队伍，织好

护好“六张网”，抓好立体化治安防控。

（1）街面巡逻防控网。整合特警和各专职巡防队的力量，以每天的110接处警为导向，屯警街面，针对“两抢一盗”多发时段、地段实施网格化巡防。

（2）社区（村、居）防控网。以各产业集聚区（镇、街道）巡逻车GPS定位考核为抓手，推动专职巡防队向社区（村、居）延伸。

（3）单位内部防控网。以党政机关、金融网点、校园和水、电、气、电信等为重点，强化专职专业保安队伍建设，完善内部管理和安全防范制度。

（4）技术视频防控网。实施“天网工程”，持续推进城市技防800个点位建设任务，更新公安监控平台；完善城乡技防建设，增加视频监控的密度和覆盖率。

（5）重点人群防控网。加强刑释解教人员、社区矫正对象、精神病人、重点上访人等重点对象管控，防止失控漏管。切实做好社区矫正调查评估工作，确保“审”“矫”工作无缝对接。

（6）虚拟社会防控网。加强网络、短信微信等新媒体监管，依法打击网络犯罪、造谣煽动等违法犯罪行为，净化网络舆论空间。

3. 创新社会矛盾化解调处机制

（1）构建大调解格局。借鉴发展“枫桥经验”，建立市级调解中心，完善提升各集聚区、镇（街道）的调解中心，在各村（社区、居）建立调解小组，形成市、产业集聚区（镇、街道）、村（社区、居）三级调解组织，促进人民调解、行政调解、司法调解“三调联动”，推动矛盾纠纷和信访问题及时就地解决。

（2）拓宽信访渠道。完善绿色邮政、信访代理制度，推行电话、视频接访和职能部门联合接访工作，实行“一站式接待、一条龙办理、一揽子解决”，提高工作效率；建立网上信访受理平台，让“数据多跑腿，群众少走路”；建立健全人民建议征集制度，引导人民群众给党和政府的工作献计献策。

（3）依法规范信访秩序。把涉法涉诉信访纳入法治轨道解决；强化正面舆论宣传和依法处置工作，积极引导群众以理性合法的方式逐级表达诉求。健全疑难复杂信访事项公开听证制度，增加信访工作透明度。

（4）解决群众合理诉求。统筹督察督办信访事项，重点协调化解疑难复

杂信访事项。规范、有序开展信访事项复查复核工作，实现已终结信访事项的有序退出。改进考核方式，推动责任单位有效预防和解决问题。

4. 创新依法治市工作机制

（1）重点推进依法行政。在党政机关建立法律顾问制度，把公众参与、专家论证、稳定风险评估、合法性审查和集体讨论作为重大决策的必经程序。

（2）重点提升司法公信力。健全完善执法监督机制，大力推动阳光审判、阳光检务、阳光警务，探索深化司法体制改革新模式、新路径、新举措。

（3）重点深化队伍作风转变。结合群众路线教育活动，正风肃纪与提升素质同步推进，进一步落实“四个严格”即严格管理、严格教育、严格监督、严明纪律。

（4）重点强化全民法治观念。以“法律六进”等活动为载体，全面提高党员、干部、群众的法律意识、法律知识、法律素养。

5. 创新基层平安创建机制

（1）持续深化平安“双创”活动。调整充实村级治保会、调解会等基层综合治理组织，优化配置专（兼）职干部，强化巡逻队、护厂护院队、门栋关照小组等群防群治组织建设。落实基层平安创建的财政保障，加大对社会治理领域的财政投入。推进基层综合服务平台建设，落实安全防范、矛盾化解硬性措施，力争在2014年年底全市“平安村”“平安社区”合格率达到70%以上，2015年年底达到90%以上。

（2）持续强化行业平安创建。持续开展平安校园、平安医院、平安景区、平安网吧等平安行业建设，坚持“谁主管、谁负责，谁签字、谁负责”，从薄弱环节入手，建立隐患整改台账，定期督察、限期整改，堵塞漏洞，实现发案少、秩序好、社会稳定、群众满意的目标。

二　济源平安建设的初步成效

济源市平安建设适应全面深化改革所面临的新形势新任务新要求，积极服务全面深化改革所必需的平安法治环境，积极推动全面深化改革所需要的政法工作体制机制创新，科学部署，扎实推进，取得了明显成效。

（一）组织建设得到加强，工作效率进一步提高

组织体系建设是开展平安建设的基础。济源市各级党（工）委、政府统一了思想认识，充分调动村两委班子和社区党组织、居委会的积极性和创造性，通过创建促进组织体系建设，综治基层基础工作稳步推进。基层干部队伍素质得到有效提升，基层党组织工作凝聚力得到增强，民主集中制的制度优越性得到有效发挥，党风廉政建设工作得到加强，平安建设工作效率进一步提高。市法院法官人均结案在全省 163 家基层法院中位列前 10 名，受理案件审限内结案率 100%，执行案件实际执行率上升到 83.1%。司法行政工作取得突破，“人民调解进万家”“社区矫正执法质量年”等活动成效显著，法律援助工作实现应援尽援。涉及群众利益的重大事项，其社会稳定风险评估率达 100%。中央、省交办信访案件 107 起，涉法涉诉信访案件 94 起，按期结案率均达到 100%。

（二）体制机制得到完善，依法治市水平得到提升

体制机制建设是开展平安建设工作的关键。济源市委、市政府积极探索，运用法治思维和方式创新“六项机制”，坚持进行系统治理、源头治理、综合治理、依法治理，努力推动平安创建工作，各项工作扎实有序推进。明确责任分工，明晰工作流程，确保平安建设工作逐步实现制度化、规范化、法治化。济源市平安建设制度健全，机制完善，依法治市水平得到提升。

（三）社会治理得到创新，经济发展环境得到优化

济源市保稳定、保增长、保平安，以全力优化经济发展环境服务经济快速健康发展为目标，积极完善创新各项社会治理机制，尤其是对全市九大片区，84 家重点建设项目，62 家外来投资企业全部进行责任分包。济源市在三个产业集聚区成立社区警务队，主动服务沁北电厂三期铁路专用线工程、柿槟安置小区、王庄搬迁、第二污水处理厂等重点项目工程建设，打击处理阻工闹工、封门堵路违法人员 29 人，批评教育 414 人，调解涉企纠纷 445 起，及时消除

涉企不稳定因素 202 起。上级督办的 4 起经济犯罪案件全部破获，挽回经济损失 6000 多万元。

（四）法治环境得到改善，群众安全感显著增强

人民群众的安全感和对平安建设工作的满意度是衡量平安创建工作成效的唯一标准。济源市委、市政府以法治建设为抓手和切入点，不断持续强化法治环境建设工作，实施法治环境建设工作目标责任制，坚持抓大不放小，始终保持严打高压态势，破命案、打团伙、抓流窜、追逃犯，保障了人民群众的生命财产安全。人民群众对所居住地区的社会治安环境的总体满意度达到 95% 以上，安全感普遍增强。

三　进一步推进济源平安建设的对策建议

济源市通过开展平安建设活动，社会治安形势进一步好转，社会稳定局面进一步巩固，群众安全感和社会满意度进一步提升，平安建设工作取得了初步成效。目前，济源的平安建设还存在技防设施更新滞后、资金投入保障薄弱等矛盾和问题。因此，应以平安建设带动基层基础工作建设、加速社会矛盾化解、助推社会治理创新、营造社会和谐氛围，努力推进平安建设各项措施的强化落实，强力推动平安济源建设工作的深化发展。

（一）坚持以维护社会公平正义为核心价值目标

公平正义是中国特色社会主义的内在要求。习近平同志在中央政法工作会议上指出，促进社会公平正义是政法工作的核心价值追求。公平正义是政法工作的生命线，司法机关是维护社会公平正义的最后一道防线。行政机关和司法机关在执法司法活动过程中要让人民群众切实感受到公平正义就在身边。要使群众由衷感到权益受到了公平对待、利益得到了有效维护。只有将维护社会公平正义作为平安建设工作的核心价值目标，才能真正做到有法必依、执法必严、违法必究，才能解决好损害群众权益的突出问题，才能杜绝滥用权力侵犯群众合法权益，才能防止执法犯法造成冤假错案。

（二）着力优化区域法治环境

法治是区域协调发展的基础和根本保障。党的十八届三中全会指出，建设法治中国，必须坚持依法治国、依法执政、依法行政共同推进，坚持法治国家、法治政府、法治社会一体建设。法治区域是法治国家的特定地域，区域法治环境又是法治社会的重要组成部分。法治环境建设已是区域经济协调发展题中应有之义，法治环境的优化将会更好地促进经济社会的健康持续发展。

（三）以基层基础为重点推进社会治安防控体系建设

要着力强化“双基”，抓好基层、打牢基础，创新社会治理。立体化的社会治安防控体系建设是进一步深化济源平安建设的基本保障。一是把加强队伍建设作为基础性工程来抓，把建设平安济源、建设法治济源、打造过硬队伍作为平安建设工作的奋斗目标来追求，有效回应人民群众的新问题新期待，保障群众安居乐业。二是把社会治安防控体系建设纳入地方经济社会发展总体规划。健全完善以 110 指挥中心为龙头的快速反应机制，实施社区警务战略，推进警力下沉、警务前移，最大限度把警力摆到街面，加强对社会面的巡逻防控，提高动态条件下社会治安防控能力。三是加强以视频监控为主的技防建设，增加投入保障技防设施及时更新换代，实时推动视频监控设施升级改造、联网运行、资源共享和综合应用。

（四）加快推进执法司法体制机制改革

党的十八届三中全会指出，建设法治中国，必须深化司法体制改革，加快建设公正高效权威的社会主义司法制度，维护人民权益。确保依法独立公正行使审判权、检察权，健全司法权力运行机制，完善人权司法保障制度，强化司法基本保障。2014 年 1 月 1 日，济源市中级法院正式更名为河南省第二中级人民法院，省检察院济源分院更名为省检察院第二分院，管辖济源市、兰考县、滑县、长垣县。这是探索司法体制改革，推进司法机关垂直管理，建立与行政区划适当分离的司法管辖制度的重要步骤和举措。济源司法机关应先行先试，进一步进行理论创新和制度创新、实践创新，探索建立健全法官、检察官、人民警察统一招录、有序交流、逐级遴选机制，探索完善司法人员分类管理制度，改革审判委员会及检察委员会制度，完善新型合议庭制度，让审理者裁判、由裁判者负责。

（五）建立健全科学的法治环境建设指标体系和考核标准

党的十八届三中全会指出，建立科学的法治建设指标体系和考核标准推进法治中国建设。法治乡（镇、街道办事处）创建及其法治环境建设工作的指标体系，是全面建设“法治济源”“平安济源”的有效抓手和平台。一方面法治创建为乡（镇、街道办事处）经济社会发展提供潜质资源。另一方面法治创建为乡（镇、街道办事处）经济社会发展提供制度保障，为下一步探索济源市行业法治环境治理提供借鉴。着力发挥法律工具的事前预防、事中监督功能，将法治作为社会治理的基础模式，从而促进社会和谐稳定，提升“法治济源”“平安济源”的建设水平。

B.18

济源公共文化服务体系建设的成效与困境

李 娟*

摘 要：

济源市的公共文化服务体系建设虽然取得了长足发展，但依然面临一定的困境，如文化事业资金投入亟待增强，文化专业人才队伍堪忧，文化保障机制需要完善。为此，济源市公共文化服务体系建设要纳入地方发展总体规划，理顺公共文化主体关系，完善多元资金投入机制，建立绩效考核评估体系，加强文化人才发展战略，重视社会文化力量参与，形成公共文化服务体系多元共建格局。

关键词：

公共文化服务　体制机制　投入机制　评估体系

一　济源市公共文化服务体系建设的成效

公共文化服务体系以实现公民文化权利为起点，以满足社会公共文化需求为目的，向公众提供公共文化产品和服务行为及其相关制度与系统。经过近几年的积极努力，济源市的公共文化服务体系建设取得了长足发展，在文化体制改革稳步推进的前提下，紧抓机遇，长远谋划，全市公共文化服务体系建设得到全面提升。截至2013年，覆盖城乡、布局合理、功能完善的公共文化服务体系已经初步形成。

---

* 李娟，河南省社会科学院中原文化研究杂志社副研究员。

（一）文化惠民工程势头良好

为满足人民群众日益增长的精神和文化需求，提高全民文化素质，济源市深入推进文化惠民工程，取得了良好成效。

1. 广泛开展“舞台艺术送农民”活动

从2008年济源市启动“舞台艺术送农民”活动以来，按照“政府购买、院团演出、农民受惠”的原则，由省、市政府采购优秀的舞台艺术作品，专业院团组织演出，广大农民免费观看。截至2013年，济源市共开展“舞台艺术送农民”演出946场，极大地丰富了广大农民的精神文化生活。

2. 深入推动农村数字电影放映活动

从2007年济源市农村电影放映工程启动以来，全市共放映免费数字电影44300余场次，实现了全市所有行政村（居）“一村一月放映一场电影”的目标。2013年共完成6312场放映任务，惠及群众达47万余人次。为更好地丰富进城务工群众的业余文化生活，2013年5～10月在全市产业集聚区、重点建设工地等务工人员集中地，启动开展“百场电影送农民工”公益文化活动，共在市滨湖花园、龙潭花园、职教园区、裴村新型社区等地放映100余场，惠及群众8710人次。

3. 继续推进广播电视“村村通”工程

济源市先后投入400余万元分别实施了50户以上和20户以上已通电自然村广播电视“村村通”工程，2007年提前3年在全省实现了20户以上自然村广播电视“村村通”；2008年又投入100万元，实施完成了50个20户以下自然村的广播电视“村村通”工程。2013年专门提出“关于济源市2013年广播电视‘村村通’工程建设方案的请示”并通过审核，完成70个20户以下自然村广播电视无线覆盖，覆盖用户1000余户，入户率平均达到70%以上。目前，济源市共有电视发射台和转播台1座。广播人口综合覆盖率为98.07%，电视综合人口覆盖率为98.99%。全市有线电视用户7.58万户，其中市区4.58万户，通过2012～2013年全市数字电视整体转换，市区用户已基本实现有线电视整体转换。

4. 开展丰富多彩的群众性文化活动

2013年济源市围绕全市重点工作、重要节庆和重大活动，专门下发了《“欢乐中原　美丽济源”群众文化活动实施方案》，先后组织举办了济源市春节电视文艺晚会、济渎庙春节文化庙会、“春满中原·美丽济源”民间文艺汇演、第三届“金利杯”群众戏曲大赛、“梨园情满大中华”戏迷大奖赛、“青歌飞扬炫动自我”首届青年歌手大赛、承留镇第七届戏迷擂台赛、“风情·济源”民俗文化摄影大赛、创建国家森林城市书画展、百姓健康舞大赛等一系列群众性文化活动，全市参赛群众达到7500余人次。据不完全统计，2013年以来济源市各类赛事观看群众达到60余万人次，极大丰富和活跃了人民群众的精神文化生活。

（二）公共文化基础设施基本完备

济源市注重加强公共文化基础设施建设，不断完善公共文化服务体系。

1. 不断加快推进社区文化中心、农村文化中心建设

截至2013年，济源市共完成298个农村文化中心示范村建设，落实中央补助地方农村文化建设专项资金涉及全市526个村（居），共计289.3万元。2013年济源市共完成30个文化中心示范村和10个社区文化中心的建设，并对各村进行2万元的文化设施补助。

2. 继续扶持农家书屋建设

2010年以来，济源市在农家书屋工程建设中共争取补助资金892万元，建设农家书屋446个。2010年，济源市的农家书屋建设工作得到了国家新闻出版总署验收组的高度评价，并于2011年顺利通过河南省新闻出版局的验收，率先在全省实现农家书屋全覆盖。2013年全市16个镇（办）526个村（居）共建农家书屋526家，比全省要求提前一年完成。

3. 实施镇文化站和村（社区）文化大院工程

2013年济源市重点对邵原、思礼、王屋3个镇综合文化站进行改造提升，邵原综合文化站投资20万元重新调整，布设了文娱活动室、图书阅览室、展厅等；思礼镇投资10万余元完善功能布局，增设了部分文化活动器材；王屋镇投资8万元对综合文化站进行改造完善，增设了部分活动设施。镇综合文化站、街道文化中心利用已建成的图书室、多功能室、文化活动室等，推动了群众性免费读书、交谊舞大赛、象棋擂台赛等活动的开展。

4. 开展特色文化基地与文化综合体创建活动

济源市计划选取在书法、绘画、曲艺、杂技、魔术、民间文艺、民间工艺等方面有基础、有特色、有潜力、有影响的镇（街道）、村（居、社区），建立特色文化基地。2013 年，将打造“文化城 - 世纪广场 - 篮球城”和坡头镇连地村特色文化基地列入计划。同时，结合新型社区建设规划一批包括图书销售阅览、电影放映、文体活动等集文化消费、服务功能于一体的文化综合体。目前，已将裴村、玉阳湖、苗店、大河名苑等 10 个文化综合体列入计划，按照惠民、便民、利民的要求充分发挥资源效用。

（三）公共文化服务能力不断增强

济源市紧紧围绕提升公共文化服务能力，加强公共文化服务体系建设。

1. 深入推动公益性群众文化活动开展

公益性群众活动是济源市公共文化服务的重要内容，济源市围绕“三馆”重点打造各类公益活动品牌，如市图书馆打造公益性讲座品牌——“济图讲堂”；群艺馆打造公益性演出品牌——“济水韵”周末公益小舞台，免费开办戏曲骨干培训、“百姓健康舞”推广培训和基层文艺辅导活动，先后培训辅导文化骨干和业余文艺爱好者 1200 余名，提升了基层文艺队伍的整体水平；博物馆打造公益性陈展品牌——“汉代文明之光·古轵出土文物展”，2013 年实现免费开放 315 天，共接待游客 23.1 万人次。

2. 不断完善文化服务网络

济源市图书馆利用 25 个基层馆外服务网点，积极与学校、社区、部队、企业联合，开展系列读书活动，增加借阅图书的覆盖率；通过流动图书车，免费为老干部、残疾人、科研人员、农村专业户等特殊群体提供文化服务。镇综合文化站、街道文化中心利用已建成的农家书屋、多功能文化活动室、文化信息共享工程网点等场所开展群众性活动。此外，济源市图书馆还联合《东方今报》在王屋镇、邵原镇所辖的中小学校开展了“爱心图书漂流”活动，共有 1000 册图书参与漂流；同时开展“馆外服务点”品牌服务，打造以“书香

济源”为主题的“馆外服务点”服务品牌。

3. “三馆”公共文化设施免费开放

济源市采取措施确保“三馆”内所有公共空间、设施及服务项目全部免费开放。济源市图书馆于2008年10月建成并投入使用，建筑面积2.1万平方米，截至2013年藏书共计794203册，全年免费开放，实现无障碍、零门槛进入。市综合档案馆已开放各类档案18446卷（册）。群艺馆建筑面积1.03万平方米，室外活动面积6300平方米，设置了美术书法摄影室、文艺节目中心、文艺文学创作室、民俗展厅、多功能演艺厅等9个厅室。馆内功能齐全、布局合理，在实行免费开放的同时为单位和个人搞好相应服务。博物馆建筑面积3770平方米，博物馆馆藏文物近3.2万件，其中国家级珍贵文物3327件，2009年实现了免费对社会开放。

（四）文艺精品工程稳步推进

积极推进文化精品工程，提升地区文化软实力。

1. 现代豫剧《王屋山的女人》屡获大奖

现代豫剧《王屋山的女人》2011年荣获河南省第十二届戏剧大赛“河南省文华大奖”，音乐、舞美、导演也分获最高奖项，济源市获得“优秀组织奖”，赴京演出时受到河南省委宣传部、省文化厅通报表彰。2013年该剧主演喜获第26届中国戏剧梅花奖，成为本届比赛中河南唯一的获奖者，也是济源市豫剧团建团65年来唯一获得梅花奖的演员。

2. 认真做好精品创作工作

济源市特邀国家著名编剧对豫剧《愚公移山》进行编创，专门召开研讨会对剧本反复进行修改、加工、提炼。为增加剧团剧目储备，不断丰富下乡演出剧目，济源市还与天津评剧院三团达成《非常女人》的移植协议，广泛开展合作。

3. 组织开展创优工作

2012年，济源电台报送的成果分别获得省级新闻一等奖、栏目类二等奖、播出技术质量奖二等奖等；济源电视台选送的作品获河南省新闻奖一等奖、二等奖，省电视文艺“牡丹奖”二等奖等。济源市选手在“第六届河南省红梅奖”大赛中成绩斐然。此外，2013 年春节电视文艺晚会在文化城大剧院成功演出，成为历届中参与单位最广、参与人员最多的一次。

（五）文化信息资源共享初见成效

文化信息资源共享工程主要是借助现代信息技术手段，对各类优秀文化信息资源进行数字化加工和处理，实现文化信息资源的共建共享。济源市高度重视文化信息资源共享工程，先后建设了文化信息支中心，农村基层网点实现了100% 全覆盖，公共文化信息化发展迅速，数字服务网络初步形成。济源市先后共计投资 500 多万元，完成了文化信息资源共享工程与党员远程教育工程资源整合，实现了“高级扩展型”基层服务点的全覆盖。争取 68 万元设备配套资金，对文化信息资源共享工程支中心进行配套完善。通过文化信息资源共享工程，把群众喜闻乐见的优秀文化作品通过互联网方便快捷地传送到广大人民群众身边，填补了基层文化需求的空白。同时利用此平台开展了多种教育、培训活动，革新了基层传统文化、教育的活动方式，实现了以先进文化占领基层思想文化阵地，改造落后文化、抵制腐朽文化，丰富基层群众文化生活。

二　济源市公共文化服务体系建设面临的主要困境

通过近年来的不断探索，济源市在统筹推动城乡文化全面协调发展，建设“覆盖城乡、惠及全民”的公共文化服务体系方面取得了跨越式发展，公共文化服务体系建设取得明显成效。然而，与经济社会快速发展、城乡居民不断增长的精神文化需求和争当试点城市的功能定位相比，济源市公共文化服务体系建设还面临一些困境。应尽快建立和完善城乡各级、各类公共文化设施体系，让城乡群众充分享受到公共文化服务带来的满足感与幸福感。

（一）文化事业资金投入亟待加大

《河南文化发展报告（2014）》显示，济源市 2010 年和 2011 年的公共文化资金投入占本地财政支出比重均低于全省平均水平，2012 年济源市的文化事业费达到 0.7028 亿元，人均文化事业费达 100.40 元，文化事业费占本地财政支出比重为1.47%，略高于全省的平均值1.39%。与全国一样，济源市长期以来文化基础设施建设投入乏力，历史欠账较多，投入渠道不畅，文化基础设施滞后于经济发展。如济源市戏剧艺术发展中心成立于1948年，目前占地面积1615平方米，排练厅不足300平方米，办公面积狭小，演出和排练场地缺乏。济源市艺术学校自成立以后就没有固定校舍，不能满足艺术教学发展的要求和需要，并存在着严重安全隐患。由于基层文化事业财政投入基数小，公共文化服务财政投入占城乡公共文化服务财政投入的比例不大，一些镇文化站、村文化室依然存在设施设备落后陈旧、缺乏维护、利用率低等问题，许多公共文化活动因为缺乏基本经费而无法开展。作为市重点文化建设项目的市美术馆（荆浩艺术馆）、新建博物馆、传媒大厦也迫切需要大批资金的投入才能整体性推进。

（二）文化专业人才队伍需要加强

济源市的文化人才队伍整体上比较薄弱，基层文化单位普遍存在编制紧、人员少，文化低、业务弱，老人多、新人缺的现象。文化事业单位出现了文化专业人才断档的现象，特别是艺术导演、编剧、表演、创作、文博等专业文化人才更是青黄不接。基层文化工作条件差、待遇低，个人发展空间有限，从事基层公共文化服务工作的人员严重匮乏。基层文化站、文化室的文化工作者大都是身兼数职，经常被随意抽调，无法形成固定的文化队伍，基层文化事业人才队伍整体知识水平低、文化素质差、业务能力欠缺、人心浮动、大量流失。据相关资料显示，全市镇办文化中心编制人数55人，在编人员40人，实际在岗人员仅32人。文化人才的匮乏一定程度上导致了农村文化工作不能有效展开，文化活动无法有效组织，农村文化工作容易流于形式。

（三）文化保障机制应进一步完善

目前，济源市虽然已经出台了一些涉及公共文化服务的规范性文件，但大部分是从宏观的角度，提出公共文化服务的长远目标和主要任务。在各项文化保障机制方面，济源市公共文化服务的体制机制正处于起步摸索阶段，不具有系统性、战略性、成长性和整合性。公共文化服务体系建设中约束性政策还不够完善，科学考评体系尚不健全，没有将基层文化建设纳入领导干部政绩考核中，缺乏积极有效、以市场和人民群众评价为主要指标的绩效考评机制，存在“说起来重要，干起来次要，忙起来不要”现象。需要制订公共文化服务体系建设的考核措施，并将考核指标多样化，例如针对“舞台艺术送农民”与电影放映等活动的考核，应建立分层考核和双向考核机制，有助于公共文化服务体系建设出实效。文化管理经费缺乏相应的保障机制，大多数镇（街道）财政缺乏将每年的文化事业费纳入正常财政预算的方案，“重投入、轻管理”现象依然存在。公共文化政策法规刚性支撑体系欠缺，在微观操作层面上，特别是在经费保障、优惠政策、捐赠制度、管理体制、人才队伍建设等方面，急需出台一系列力度大、标准细、可操作、可考核的配套措施。

三　完善济源市公共文化服务体系的对策与建议

公共文化服务体系建设既是文化工程，也是民生工程，更是民心工程。《中共中央关于全面深化改革若干重大问题的决定》明确指出，要“构建现代公共文化服务体系，建立公共文化服务体系建设协调机制，统筹服务设施网络建设，促进基本公共文化服务的标准化、均等化”。济源市公共文化服务体系建设应纳入地方发展总体规划，理顺公共文化主体关系，完善多元资金投入机制，建立绩效考核评估体系，加强文化人才发展战略，重视社会文化力量参与，推动公共文化服务体系可持续发展，努力实现公共文化服务的平等、均衡、全覆盖。

（一）完善公共文化服务体系的体制机制

应把公共文化服务体系建设纳入济源市经济社会发展总体规划和党政主要领导政绩考核指标体系，为公共文化服务体系建设提供体制机制保障。济源市公共文化服务体系建设的当务之急，就是要对全市公共文化服务的发展现状进行全面调查，摸清公共文化服务的优势与短板，整体考虑如何完善公共文化服务设施网络、提高公共文化服务能力、丰富公共文化服务内容、打造公共文化服务品牌等问题。应高度重视公共文化服务体系建设，通过体制机制实现建设

的长期化、规范化和制度化。在推动各项事业发展的同时，注意确保每年公益性文化事业经费呈递增趋势，以文化发展专项资金、征收文化事业建设经费等方式形成稳定的增长机制。要在制定、完善文化发展的政策、法规体系和绩效评价指标的同时，逐步形成制度化、规范化、科学化的绩效管理和评估体系。要畅通基层群众对公共文化需求的表达途径与平台，建立并完善科学的公共文化服务决策机制。

（二）创新公共文化服务体系发展新模式

要以继续深化文化体制改革为契机，理顺公共文化主体之间的关系，创新济源市公共文化服务体系发展模式。推动政府部门由“管文化”向“办文化”转变，有所为有所不为，通过文化政策和文化监督对文化事业进行宏观管理。政府要从增加投入、改善服务、增强活力和转换机制等方面入手，推动文化事业走上良性循环、健康发展的轨道。发动社会力量推进公共文化服务，促进文化资源向地方和民间机构分散，明晰政府、企业、第三部门的职责和角色。要建立政府与社会联合协作的“共同治理”，注意提高专家、非政府组织及公民个人在公共文化服务决策中的参与程度，不断提高公共文化服务决策的民主化与专业化水平。积极探索和实践出符合实际的公共文化服务体系发展模式，实现公共文化服务的标准化、规范化、制度化建设，达到以管理促建设、以建设强功能的目的。

（三）探索公共文化服务资金投入新途径

政府作为提供公共文化服务的责任主体，要尽量逐步提高公共文化服务支出在公共财政支出中的总量和比重，建立、完善多元化的财政资金投入机制，逐步提高保障比例和水平。在公共文化服务的投资上，要积极鼓励和支持社会资金、社会资源的介入，形成多元化的文化资金投入格局，从而达到公共文化资源的有效配置。要采取减免税费、以奖代补、荣誉嘉奖等多种手段，鼓励社会资金参与公共文化设施的建设，推动公共财政投资机制逐步向公共服务型财政转变。积极探索文化项目基金管理模式，不断提高财政资金使用的透明度，完善财政投入绩效评估机制。采取税收优惠政策，扩大市场化投融资机制，对于营利性的文化企业通过税收调节、荣誉鼓励等政策鼓励其进入公共文化服务体系。

（四）建立客观科学的绩效考核评估体系

要以积极创建国家公共文化服务体系示范区为契机，建立科学合理的评估指标体系，通过基础文化设施建设指标、政府投入指标、社会参与指标、公众满意度指标，建立多元化的绩效评价机制，以推动公共文化服务体系的建设与发展。建立公共部门自我评估与外部财政、审计和中介机构相结合的监督评估体系，形成“政府主办、社会参与、功能互补、运转协调”的公共文化服务格局，从而激发出基层公共文化内部的活力。要建立科学而完善的监督评估机制，不断提高监督的有效性与评估的客观性与科学性，提高基层公共文化服务体系建设绩效。要克服“等、靠、要”思想，结合济源市特色旅游、特色农业等各项事业发展，适当降低公益性文化事业的准入门槛，将民营企业、民间组织和个人都纳入公共文化领域，支持民资、外资以合资、合作或者参股、招标等形式，参与公共文化事业的发展，逐渐形成设施完备、功能齐全的公共文化服务网络。

（五）加强公共文化服务人才队伍建设

人才队伍已经成为济源市建设公共文化服务体系的“瓶颈”。要实施文化人才战略，建构一支以专业人员为主、业余文化人才为辅的人才队伍，不断实现公共文化服务的专业化。要以济源市职业技术学院、黄河科技学院等院校为依托，不断加大对文化类专业文化人才的培养，建立激励竞争机制推动优秀文化人才的脱颖而出。要从“送文化”向“种文化”的理念转变，通过政策引导、培育和扶植文化专业户和民间文化团体，激发公共文化内部的活力。对文化人才要进行定期的专业培训，在资金上给予一定的倾斜与支持，使之成为公共文化服务中重要的补充性力量。深入改革人事制度与收入分配制度，革除制约文化人才成长的观念与制度，创造有利于文化人才成长与交流的外部环境，解决人才缺失、留人难等问题。不断加大对基层文化干部、文化骨干、文化人才和文化专业户的培训力度，以满足基层对文化人才的需要。

（六）鼓励社会文化力量参与公共文化建设

鼓励和扶持社会组织、企事业单位、民间团体和公民个人等社会力量，积极参与公共文化服务体系建设。在加强政府投资的同时，鼓励和吸引广大社会力量、社会资金加入文化事业建设中，逐渐形成政府主导、公众参与、市场竞争、多元共治的局面。要不断完善社会资金的投入与吸纳机制，构建多元化的投融资渠道，努力实现公共文化服务供给主体的多元化和供给方式的多样化。

B.19

济源文化产业滞后原因探析及对策建议

李孟舜*

摘　要：

济源历史文化资源丰富厚重，具备发展文化产业的基础优势，但长期以来偏重工业的经济模式造成文化产业起步相对较晚，发展较慢。究其原因，文化投入总量少、产业结构失衡、文化消费水平较低、资源开发利用滞后是造成这一困境的主要因素。面临一系列现实机遇与挑战，济源文化产业加速发展势在必行。应针对济源的实际情况，找到自身的比较优势，采取培育主导产业、重点项目带动、提升科技创新水平等措施，突破制约产业发展的瓶颈。

关键词：

济源　文化产业　滞后原因　对策建议

一　济源文化产业现状及发展滞后原因

随着文化强省战略目标的推进，河南省文化产业已经形成了跨越第二、三产业，涵盖国民经济120个行业较为完整的产业发展体系，具备了较好的产业基础。近年来各地市着力培育文化市场主体，文化产业整体实力和竞争力显著提升。在一些文化产业发展较快的地市中，文化产业已经成为经济发展的亮点，成为经济结构调整的重要着力点和提供就业机会的重要行业，为促进当地经济增长、加快经济发展方式转变做出了积极贡献。

* 李孟舜，河南省社会科学院中原文化研究杂志社助理研究员。

（一）济源文化产业发展现状

1. 经济基础及居民文化消费情况

随着国民经济持续快速发展，城乡居民收入水平上升，城乡居民家庭在教育文化娱乐方面的支出也存在不同程度的变化。2012 年，济源市人均 GDP 达到 64810.70 元，标志着居民对精神文化产品的需求不断增强。2012 年，河南城镇居民家庭人均可支配收入 20443 元，比上年增长 12.4%。同时，济源市城镇居民人均可支配收入达 21240 元，同比增长 12.9%，略高于全省平均水平。2012 年，济源市城镇居民人均消费性支出 14594 元，比 2011 年增长 17.1%。构成居民消费的八大类支出中，交通和通信类、教育文化娱乐类、医疗保健类、其他商品和服务消费支出增长较快，其中用于教育文化娱乐服务支出 1729 元，比 2011 年增长 14%。

2. 文化产业总量及行业情况

作为河南最年轻的城市，丰富的自然资源造就了济源雄厚的工业基础。与此同时，济源也是文化资源异常丰富的历史文化名城。然而，长期以来偏重工业的经济模式造成济源市文化产业的起步相对较晚，发展较慢，远远滞后于经济发展。2011 年济源市文化产业增加值 2.31 亿元，占 GDP 比重的 0.62%；2012 年济源市文化产业增加值为 3.02 亿元，占 GDP 比重为 0.7%。截至 2013 年 9 月，济源市共有各类文化经营单位 453 家，从业人数约为 3960 人，其中文化传媒公司 17 家、网吧 72 家、歌舞娱乐场所 22 家、游艺娱乐场所 15 家、出版物经营单位 142 家、演出经营单位 9 家、各类演出剧团 46 家、印刷装潢经营单位 126 家、旅游工艺品制作公司 4 家。根据济源市统计局的数据显示，目前文化产业法人单位中没有一家规模以上工业企业。

考虑到济源市的人口规模，即使将这一数据与其他省直管县相比，仍然排在兰考、巩义、滑县和邓州之后。尽管济源市文化产业发展呈现逐年增长的趋势，但与济源市同期 GDP 总量的迅速增长相比，文化产业的增长较为缓慢，这一数据也与全面建设小康社会指标体系的要求存在较大差距。因此，济源市文化产业的发展形势的确不容乐观，这一发展现状不但与济源工业的迅速发展对比鲜明，与省内文化产业发展较好的地区更是相去甚远，济源市文化产业需要尽快加大步伐，迎头赶上。

3. 与其他省辖市的比较情况

文化产业是决定区域文化竞争力的重要指标，构成了区域文化综合竞争力中的“硬实力”，也是未来促进济源市产业转型升级的决定性因素之一。尽管济源市委、市政府近年来在文化事业方面加大投入，有了一定成效，但由于济源市文化产业发展滞后的现状直接影响了济源市文化竞争力的有效提升。根据河南省社会科学院 2014 年 1 月发布的《河南省区域文化竞争力分析评价报告》显示，2010 ~ 2012 年，河南省各省辖市的文化产业增加值和文化产业增加值占当地 GDP 的比重呈逐年上升趋势，文化产业规模逐步扩大，但各地市文化产业的发展速度、发展质量并不均衡。2012 年文化产业增加值占当地 GDP 的比重超过 2% 的有开封、许昌、郑州、焦作、南阳、新乡 6 个省辖市。而济源市在 2010 ~ 2012 年文化产业增加值占 GDP 的比重连续三年在全省均排末位。2012 年河南省 18 个省辖市文化竞争力综合排名中排名第 14 位。

（二）文化产业滞后原因探析

1. 文化投入总量相对较少

济源的工业起步较早，20 世纪 50 年代即以“五小工业”闻名全国。改革开放以来，济源大力实施“工业立市、工业富市、工业兴市、工业强市”的发展战略，工业经济迅猛发展，形成了以钢铁、铅锌、建材等为主体的重工业产业基础，使济源由一个偏远的山区农业县发展成为一个现代化的工业城市。经济基础是文化产业发展的重要支撑，但由于长期以来文化建设经费不足，欠账较多，造成了济源市的文化产业底子薄、基础差、小散乱的困境。根据《济源 2008 ~ 2012 年统计年鉴》显示：济源市 5 年来用于文化、体育和娱乐业的投资额从 2007 年的 7590 万元增长到 2011 年的 11212 万元，但与此同时，文化、体育和娱乐业的投资额占全市固定资产投资额的比重却从 2007 年的 0.66% 下降到 2011 年的 0.49%。虽然近年来济源市各级政府对文化建设的投入逐年增加，但与人民群众的文化发展需求相比，与其他省辖市文化建设的投入相比，还存在不小的差距。

2. 文化产业结构失衡

济源市文化产业增加值总量小，占 GDP 比重过低等问题体现在产业结构方面是文化产业结构失衡，缺乏骨干企业带动。济源市文化产业增加值中文化产品和设备制造业、文化产品批发零售业和文化服务业的比重分别为 13.4∶6.2∶80.4。文化产品的生产和销售比重过小，文化服务业增加值比重较高但品种单一，如新闻出版主要依赖印刷品，文化娱乐主要靠网吧、歌舞厅等。传统文化产业占比较大，新闻出版发行服务、广播电视电影服务、文化艺术服务、文化创意和设计服务等新兴文化产业发展不足，不合理的产业结构在一定程度上制约了济源文化产业核心竞争力的提高。

从企业的规模构成来看，济源市文化产业领域内小型企业居多，资源相对分散，产业主体呈现“小、弱、散”的局面。根据济源市统计局 2012 年核查结果显示，济源市文化及相关产业增加值和构成中没有一家规模以上工业企业，限额以上批发和零售业企业也只有 4 家。

3. 文化消费水平较低

提高文化消费水平是文化产业发展的根本动力。从国外的发展经验看，当人均 GDP 超过 1000 美元时，经济将进入新的发展阶段，社会消费结构将向发展型、享受型升级。但从济源市城镇居民住户调查资料来看，2010 ~ 2012 年济源市城镇居民人均文化娱乐用品和服务消费支出分别为 1119 元、1515 元、1729 元，占人均消费支出的比重分别为 11.03%、12.18%、11.85%。这一比重虽然略高于全省平均水平，但其中耐用机电消费品比例和参观游览、健身和团体旅游的消费比例均超过 30%，而书报杂志的消费比例却不到 5%。由此可见，济源文化消费结构并不合理，居民文化消费层次有待继续提升。

4. 文化资源开发利用滞后

开发利用文化资源是一项系统性工程，对推进济源市文化建设和整个经济社会发展具有重要意义。然而，与济源市文化资源的丰富形成鲜明对比的是，文化资源的开发利用明显较为滞后。客观上，济源市的历史文化资源时间跨度长、地点分散，开发与利用难度较大。近年来，济源市各级政府开发利用文化资源的力度确实在不断加大，但还难以完全适应文化产业化、市场化要求，制约文化产业发展的体制机制因素依然存在。一是文化资源市场化开发运作机制虽逐渐形成，但市场机制作用需要进一步发挥。二是文化事业单位与文化产业单位仍然相互交织，在管理体制上也无法把两者完全分开，仍有部分人员缺乏经营理念和竞争意识。三是由于文化资源的部门分割、条块管理仍然存在，各部门之间资源整合的力度不够。

二　济源发展文化产业的必要性与紧迫性

（一）文化强国与文化强省战略提供了重要机遇

党的十八大对扎实推进社会主义文化强国建设做出了战略部署。十八届三中全会《中共中央关于全面深化改革若干重大问题的决定》进一步提出推进文化体制机制创新，建设社会主义文化强国，增强国家文化软实力。河南省委、省政府高度重视文化强省建设，近年来，河南省委出台了《关于贯彻落实中共中央〈关于深化文化体制改革推动社会主义文化大发展大繁荣若干重大问题的决定〉的实施意见》，河南省人民政府发布了《关于批转河南省文化产业“双十”工程实施方案的通知》等，就全省打造华夏历史文明传承创新区、推动文化事业和文化产业发展等问题做出了专门部署。济源市委《关于学习贯彻党的十七届六中全会和省委九届二次全会精神加快文化繁荣发展的实施意见》，对济源市加快文化繁荣发展作出了具体安排。在建设文化强国和文化强省的大背景下，济源市文化产业迎来了重要发展机遇。

（二）经济发展方式转变与产业结构转型面临的巨大挑战

2014 年济源市《政府工作报告》着重指出：“经济转型升级任务繁重。传统重化工业面临着淘汰产能、行业重组的生存考验，重点骨干企业尚处于改造提升、爬坡过坎的关键时期，多数中小企业自主创新能力弱、市场抗风险能力低，经营状况不容乐观。战略性新兴产业尚处于培育期，第三产业总量偏小、占比较低。”传统产业在为经济发展做出贡献的同时，也正经受多种制约因素的影响，其中资源约束和环境约束尤为突出，产业标准门槛越来越高，区域经济竞争你追我赶，迫切需要加快转变经济发展方式，推动产业发展转型升级。

转变经济发展方式，促进产业转型升级是济源市加快建设中原经济区新型“三化”协调发展先行区和城乡一体化示范区的必然选择。文化产业对自然资源依赖程度低，需求弹性大，产品附加值高，产业链条长，发展文化产业，是转变发展方式、调整经济结构的重要内容。济源市要实现经济转型发展，必须大力培育和发展文化产业。随着济源市经济发展方式转变和产业转型升级步伐不断加快，必将为文化产业发展提供更强大的动力和活力。

（三）人民群众快速增长的精神文化需求提出的必然要求

随着经济社会的快速发展，济源市居民收入水平不断提高，2012 年济源市人均 GDP 达到 6.5 万元。从马斯洛的需求层次理论来看，当人们满足了基本的生存需求后，便开始向更高层次发展，文化消费将逐步上升为消费增长的重要部分。随着物质财富的增长，居民对精神文化产品的需求不断增强，发展性消费、娱乐性消费和精神文化需求消费的比例将大幅度提高，从而为济源市文化产业发展提供了更大的市场空间。与此同时，也存在着部分经营性文化事业单位活力不足、竞争力不强，文化产业结构不尽合理、产品不够丰富、服务层次不高等诸多问题，文化产业发展还面临着难以满足人民群众多样化、多层次文化需求的挑战。

（四）区域文化竞争力的重要体现

济源不仅是全国闻名的愚公移山精神的发源地，还是济水文化的活水源头和道教文化的中原重镇。济源是河南的文物大市，拥有丰富的文物遗存，尤其是境内的古代木构建筑价值之高、数量之多居全省前列。早在 2005 年，济源市就被省政府批准为省级历史文化名城。近年来，济源市委、市政府着眼于城市整体水平的提升，先后荣获了国家卫生城市、国家园林城市、中国优秀旅游城市、全国科技进步先进市、全国创建文明城市工作先进城市等一系列荣誉称号。这些荣誉的获得，虽然说明了济源市的文化建设取得了突出成就，但并不能说明济源市就是真正的文化之城。文化强国战略的实施，对全国各省市的文化发展提出了更高的要求，各省市、各地区从体制、机制、政策、创新、金融、税收等方面对文化建设予以强力支持，区域文化竞争日趋激烈。在省内，一些省辖市围绕打造华夏历史文明传承创新区，主动寻找自身定位，先后出台了文化建设规划或推进意见。在区域文化竞争日趋激烈的背景下，济源市文化发展尤其是文化产业发展面临竞争不断加剧的严峻挑战。

三　济源市文化产业发展的对策建议

党的十八大提出："推动文化事业全面繁荣，文化产业快速发展……促进文化和科技融合，发展新型文化业态，提高文化产业规模化、集约化、专业化水平。"2014 年河南省《政府工作报告》进一步指出未来河南文化产业的发展方向是"做大做强文化产业。实施文化产业'双十'工程，加快文化产业示范园区、文化改革发展试验区建设，壮大出版传媒、演艺娱乐等传统优势文化产业，发展文化创意、动漫游戏、移动多媒体等新兴文化产业，推动文化产业规模化、专业化、品牌化发展"。根据国家和河南省文化产业的方针政策，以及济源文化产业的发展现状，济源推进文化产业发展，应从以下几个方面加大力度。

（一）大力培育文化主导产业

济源发展文化产业不能面面俱到，全面出击，而应根据实际情况找到自身的比较优势和竞争优势，优化产业结构，精心选择突破方向。济源在历史文化资源上优势比较明显，在科技、人才、资金上则实力相对较弱。鉴于此，需要扬长避短，选择适宜的文化产业门类作为切入点。发挥愚公文化、济水文化、道教文化、名人文化、红色文化等资源优势，大力发展文化旅游、影视演艺、文化创意、休闲娱乐和工艺美术等产业，打造文化产业核心竞争力。

整合开发历史文化、现代文明、自然山水等资源要素，挖掘济源文化特质，推动文化旅游产业集群发展。深度挖掘地方文化资源，创作一批反映济源地域特色的文化精品，培育一批上档次、上规模的演艺企业和连锁网点，发挥市场的决定性作用，做大、做强、做活演艺市场。采用现代高科技手段，活化文化资源，培育发展工艺设计、雕塑、环境艺术、广告装潢、软件和计算机服

务等文化创意产业，打造全省知名的特色文化创意产业集聚区。加大文化娱乐业扶持力度，促进电影院线、歌舞表演、网吧、酒吧等文化休闲娱乐业健康发展，引导文化娱乐企业连锁化、规模化、品牌化经营。

（二）着力推进重点项目带动

以愚公文化产业园、济水文化产业园等为载体，加快发展文化旅游、文化创意、工艺美术等文化产业集群，形成特色化、品牌化、集聚化发展优势。加快建设济源传媒大厦、沁河峡谷、林山河漂流、孟良寨开发、紫微宫及化城寺重建等项目，深入实施“济源文化走出去”工程，坚持引企、引资、引智相结合，培育一批龙头型、基地型、旗舰型文化产业项目，力争到2015年培育超千万元项目2个。加大招商引资力度，出台文化产业项目招商引资考核奖励办法，包装和推出一批优质文化产业项目，争取引进落户一批知名文化企业。加大项目开发力度。建立文化产业项目库，通过“储备项目抓谋划、签约项目抓开工、新开项目抓进度、在建项目抓竣工、投产项目抓达效”，为产业发展提供有力的项目支撑。

（三）加快提升产业科技创新水平

2014年1月9日，河南省科技厅、河南省委宣传部等单位联合下发了《河南省文化科技创新工程实施方案》，这标志着河南省文化科技创新工程正式启动。根据方案要求，河南省文化科技产业将以加快转变文化产业发展方式为主线，积极构建文化与科技融合发展的体制机制，建立健全文化科技创新体系，增强中原文化的创造力、影响力和传播力。

大力推进现代科技在文化领域的应用，着力加强文化与科技融合，创新文化表现形式，增强文化的表现力和感染力。依托高新区、可持续发展试验区等平台，建立文化和科技融合示范基地，促进文化与科技创新资源及要素互动衔接、协同创新。健全以企业为主体、市场为导向、产学研相结合的文化技术创新体系，培育一批特色鲜明、创新能力强的文化科技企业，支持文化与科技相互融合的产学研战略联盟和公共服务平台建设。推动有关科技领域的先进、共性、关键技术成果向文化领域的转化应用，利用高新技术创新文化产品及服务模式。实施文化数字化建设工程，推动文化资源、文化生产、文化传播和文化消费的数字化，培育发展文化新业态。

（四）推动文化产业与相关产业的融合发展

党的十七届六中全会提出："推动文化产业与旅游、体育、信息、物流、建筑等产业融合发展，增加相关产业文化含量，延伸文化产业链，提高附加值。"文化产业是综合性、渗透性和关联性比较突出的产业，具有融合发展的深厚基础和广阔空间。因此，推动文化产业与相关产业融合发展是发展文化产业的重要路径之一。

促进文化与旅游相结合，以文化提升旅游的内涵，以旅游扩大文化的传播和消费，着力打造文化旅游系列活动品牌，扶持具有济源特色的文化旅游项目。深度挖掘济渎庙、阳台宫、奉仙观、大明寺、盘谷寺等古迹的历史文化内涵，加大宣传推介力度，壮大文物旅游产业。大力发展文物展览和文物仿（复）制品经营产业，提高其经济效益和社会效益。挖掘、整理、研究重要碑碣、石刻，筛选比较重要的拓片进行影印装裱成册，形成品位高档的文化产品。加强对邵原神话群、愚公移山传说、女娲补天传说、王屋琴书、黄河船工号子、天仙配传说等非物质文化遗产的挖掘和整理，开发文化旅游产品。

（五）积极促进文化品牌提升和龙头企业培育

河南省政府2013年12月10日公布的《关于加快推进产业结构战略性调整的指导意见》明确指出："实施文化精品工程，打造具有全国影响力的影视、媒体、动漫、演艺、工艺美术、名家等文化品牌。培育一批大品牌。支持骨干企业跨区域、跨行业、跨所有制发展，培育文化企业集团。"在文化产业从规模增长走向质量提升的关键时期，文化品牌的打造和龙头企业的培育将对济源文化产业的升级转型起到重要作用。

突出愚公移山文化，发掘和培育一批创新力强、富有潜力的高成长性文化企业，形成一批具有自主知识产权和核心竞争力的文化品牌。引导和支持文化名街、名镇、名村建设，打造一批文化旅游特色街区品牌。推动骨干文化企业开展跨区域、跨行业、跨所有制资源整合、兼并重组，培育文化领域的大型骨干企业和战略投资者。以省级文化产业“双十”工程为抓手，重点培育2~3家具有较强综合实力的龙头文化企业，重点支持王屋山品牌文化公司等骨干文化企业，提升济源文化产业发展规模和速度。

（六）加大政策支持资金投入

认真落实国家、省关于文化产业发展的各项政策，制定完善文化产业的配套政策，鼓励和推动文化创新。制定完善对新办文化企业、新兴文化企业、高新技术文化企业的优惠政策，促进文化产业发展。鼓励和引导金融机构加大对文化企业的信贷支持，鼓励和支持符合条件的文化企业上市融资和通过债券市场融资。放宽文化产业市场准入条件，鼓励个人、企业、外资、社会团体进入国家政策法规准许的文化领域。鼓励有实力的企业、团体、个人依法发起组建各类文化产业投资公司和文化产业投资基金。

转变投入方式，通过政府购买服务、项目补贴、以奖代补等方式，鼓励和引导社会力量提供公共文化产品和服务，促进文化产业发展。积极争取中央、省文化产业发展专项资金，支持战略性、先导性、带动性文化产业项目建设，支持文化科技研发应用和提高文化企业技术装备水平。

（七）加快完善人才队伍建设

人才是文化产业发展的核心资源，对于文化产业发展具有至关重要的作用。实施人才强文战略，坚持以高素质人才的聚集和人才竞争力的提升引领文化竞争力的提升，着力提高人才对文化产业的贡献率。完善高层次人才的引进、培养和选拔机制，适应新兴文化产业发展需要，加速培养引进文化创意、动漫游戏、广告会展、文化经济、传播和营销等专业人才及复合型管理人才。通过跨地区机构联合、项目协作、信息交流、资源共享等途径，加强与国内省内文化产业发达地区、重点高校和研究机构、重点文化企业的联系，加强人才培养引进方面的合作交流。以“人才优先、用好用活、高端引领、全面开花”为方针，培养和造就规模适当、结构优化、布局合理、素质优良的人才队伍。

B. 20

济源历史文化资源保护与开发报告

李立新*

摘　要：

济源市位于河洛文化的核心地带，优越的地理位置和自然环境，悠久的历史文化，积淀了丰厚的文物遗存和非物质文化遗产，诸如邵原神话群、愚公移山传说、济水文化、道教文化、古代建筑等都是济源市独具特色的文化资源，品位高、影响大、分布密集，无论对于民族人文精神、核心价值观的构建，还是对于促进地方经济社会发展，都具有重要的价值，亟待大力保护和开发。本文概括了济源市最具特色的历史文化资源，总结了对其保护开发的重要性和紧迫性、成绩和挑战，并提出了3点对策建议。

关键词：

济源　历史文化资源　保护开发

济源市位于河南省西北部，黄河中游北岸，北依太行山，西临王屋山，黄河、济水、沁河、溴水等河流贯穿境内，山重水复，气聚风藏，地理位置和自然环境非常优越，属古代所称的“三河之地”，为历代帝王建都的王畿之所，司马迁在《史记》中说：“夫三河在天下之中，若鼎足，王者所更居也，建国各数百千岁。”西北隔山与山西晋城、垣曲两市交界，南临黄河与古都洛阳隔河相望，东接一望无际的华北大平原，自古为交通要道、军事要塞、政治经济文化中心地带，河洛文化的核心区域，历史悠久，文化厚重，是华夏文明的重要发祥地。

---

* 李立新，河南省社会科学院中原文化研究所研究员。

一　济源市历史文化资源状况分析

济源曾是夏代中期夏都所在地。春秋战国时期，先为韩国都城，后为魏之重镇。两汉时期，公上不害、薄昭、刘朝等先后被分封于此。东汉明帝刘庄封其女刘致为沁水公主，在此建造了沁水公主园。自隋朝设县，距今已有1400余年的历史。秀丽山水和丰富的人文景观吸引了古代众多的文人墨客，李白、杜甫、白居易、李商隐、苏轼、黄庭坚、元好问、王铎等著名文人墨客都先后慕名来游，留下了500余篇脍炙人口的诗篇。灿烂辉煌的历史使济源积淀了丰厚的文物遗存，地上文物和地下出土文物十分丰富，目前已确认保留下来的地上不可移动文物点有948余处，其中全国重点文物保护单位7处，省级文物保护单位17处，市级文物保护单位133处。现有馆藏文物32000件，其中珍贵文物3327件，尤其以汉代的釉陶明器和近现代的革命文物最具特色。悠久厚重的文化使济源形成了众多非物质文化遗产，这里有闻名于世的邵原神话群，有愚公移山故事的发生地，不仅是皇帝祭水之所，还是道教文化圣地。

（一）邵原神话：中华民族人文精神的源头活水

位于济源市西部的邵原是历史文化古镇，历史上有召、郫邵、邵郡、邵州、邵伯县、邵原县、王屋县、邵原关、邵原镇等诸多名称，自古就流传着盘古开天辟地、女娲炼石补天抟土造人、伏羲画八卦、神农尝百草播五谷、轩辕祭天、战神蚩尤、颛顼、共工、大禹治水等神话传说。邵原的盘古寺和地方名产“盘砚”都出自盘古传说；镇北有被斩孽龙的黑龙山、断鳌足立四极的鳌背山、芦灰锁积的锁泉岭、炼石补天的银河峡等神话原型物及古地名、古文物、古遗存，被认定为中国创世神话及神话原型物。邵原神话内容十分丰富，表现了中华民族在人与自然、人与社会、人与人、人自身之间的关系以及矛盾、冲突和抗争，并在磨合过程中走向和谐，沉淀着民族人文精神，邵原神话被誉为“唯美”的神话，兼具道德、伦理、哲理的魅力，被列入第二批国家级非物质文化遗产名录。

邵原神话人文底蕴厚重，哲理思想古今传承。盘古、女娲、伏羲、黄帝、

蚩尤、颛顼、共工、大禹都是中华民族的人文始祖，他们蕴涵的开天辟地、开拓创新、无所畏惧、勇往直前、自强不息、继往开来的精神，他们表现的鞠躬尽瘁、垂死化身、甘于奉献、不怕牺牲的美德，他们禀赋的造福人类、惩恶扬善、以人为本、护民佑民的高贵品格，他们坚守的自强、自信、自勤、自爱的精神，都对中华民族人文精神的形成和丰富产生了深远影响。

（二）愚公移山：民族精神孕育生成的神圣摇篮

济源是愚公移山故事的发源地。愚公移山是《列子·汤问》记载的一个著名寓言故事。自从毛泽东同志在中共七大做了题为《愚公移山》的闭幕词之后，这个典故逐渐变得家喻户晓，“愚公移山”从此也成为表现中国人坚忍不拔，奋斗不止，不懈怠、不放弃、不言败的精神特质的典型用语。愚公移山精神是中华民族宝贵的精神财富，愚公移山故事是济源市民间文学的代表作、志气篇，具有很高的学术价值和强烈的现实意义。改革开放以来，河南省委、省政府和济源市委、市政府，每年 6 月 11 日都要举行盛大活动，纪念毛泽东同志《愚公移山》的发表；济源建立了一批标志性设施，如愚公碑林、雕塑、展馆等；创作了不少鼓舞人心的优秀文学作品和文艺节目，如大型歌舞《愚公魂》，并在国家级和省级比赛中屡获大奖；形成了浓郁的愚公文化氛围。为了保护和宣传《愚公移山》，成立了“愚公移山”工作领导小组；制订了保护和丰富“愚公移山”内容的工作规划；组织创作力量深入王屋山采风，全面细致地摸清了“愚公移山”的形成和发展过程，建立了“愚公档案”；并将普查所获资料分类整理存档，丰富完善了《中国民间故事集成·愚公移山》内容。

（三）济渎灵光：农耕文明祭水文化的浓缩标本

济水发源于王屋山上的太乙池，济源因济水而得名。古济水流经河南、山东两省入海，途中时而潜入地下，时而浮出地面，三隐三现，百折入海，神秘莫测，在山东留下了济宁、济阳、济南等地名。济水是一条历史之河、文化之河，在历史上声名显赫，与中国最知名的黄河、长江、淮河并称为“四渎”。早在唐代，唐太宗李世民就对此很有疑问，他问大臣许敬宗：“天下洪流巨谷

不载祀典，济水甚细而尊四渎，何也?”许敬宗答道：“渎之为言独也，不因余水独能赴海也，济潜流屡绝，状虽微细，独而尊也。”水是人类生活生产不可或缺的必需品，和农业关系更为密切，所以中国古人对水崇拜的观念起源很早，在商代甲骨卜辞中就有大量祭祀水神的辞例，济渎庙济水神的寝宫门口有副对联“河神高枕农无患；黎庶安康民长歌”，讲的就是人们渴望水与农业和谐、风调雨顺、五谷丰登。

济渎庙，全称济渎北海庙，位于济源市区西北的庙街村，创建于隋开皇二年，是隋文帝杨坚为祭祀济水敕建的庙宇，历代又有重修和续建。是中国历史上历代政府祭祀济水水神的场所，全国重点文物保护单位。该庙坐北朝南，总体平面呈“甲”字形，古建筑排列在三条中轴线上，形成前有济渎庙，后为北海祠，左列御香院，西傍天庆宫的总体格局，占地面积86255平方米。现存宋、元、明、清各代古建筑20余座，堪称自宋代以来古代建筑系列博物馆。庙内济渎寝宫建于北宋开宝六年，为河南省现存时代最早的木结构建筑。其他的古迹还有济渎庙山门，即清源洞府门，是明代重修的四柱三楼悬山造木构牌坊。龙亭，又名水殿，是一座元代构件、明代重修的歇山建筑。灵渊阁前石勾栏，为罕见的符合宋代《营造法式》所记载的遗构。另外，庙内还遗存有渊德大殿遗址，临渊门西还保留有27米长的唐代夯土围墙以及40余件各代珍贵碑碣石刻。

（四）王屋毓秀：“道教天下第一洞天”

王屋山因“山形如王者车盖”，故称王屋山，是我国古代九大名山之一，是一个以道教文化为特色的宗教圣地。相传这里有轩辕黄帝祈天之所，名曰“天坛”；被称为道教鼻祖的老子李耳，也曾入王屋山修炼，天坛山绝顶至今尚有“老子炼丹池”遗迹；道教早期的著名人物，如王子晋、王褒、于吉、魏华存、葛洪、孙思邈等都曾修道于王屋山。唐开元十二年，著名道士司马承祯奉唐玄宗李隆基命入住王屋山修道，他潜心研究唐以前的道教洞天福地说，提出了天下“十大洞天、三十六小洞天、七十二福地之说”，并把王屋山列为“天下第一洞天”。后唐玄宗又派胞妹玉真公主拜司马承祯为师，入王屋山修道，王屋山从此名声大振，道风大盛。王屋山上修建了规模庞大的皇家道观建筑群，从天坛山的三清殿、玉皇殿、轩辕殿、王母洞到十方院、阳台宫、紫薇宫、清虚宫、迎恩宫、三官殿、玄台殿等方圆数十里。千百年来，王屋山不仅是道家人物的修炼之所，还吸引了众多文人墨客来此寻幽探胜，游历抒怀。李白、杜甫、白居易、李商隐、韩愈等都曾来此探访，并留下了许多名篇佳句。鲁迅先生说："中国文化的根底全在道教。"作为道教圣地的王屋山，在中国文化史上的意义十分重大。

（五）古建宝库："中原古建筑系列博物馆"

济源市保留了众多古建筑群，许多单体建筑规模宏大，构思精巧，堪称古代建筑艺术精品，弥足珍贵。济渎庙为国内现存规模最大、保留最完整的古四渎庙宇。阳台宫、紫微宫、清虚宫、奉仙观等道教建筑群，彰显道教"第一洞天"厚重底蕴。阳台宫三清殿、玉皇阁的明代高浮雕道教故事石柱，刻画得栩栩如生，具有极高的艺术价值。北宋济渎寝宫是河南省最早的木结构古建筑，受到著名古建筑专家梁思成、刘敦桢等人的高度评价。国家文物局古建筑专家组组长罗哲文赞誉道："济源是中原地区古代建筑的系列博物馆。"济源山清水秀，自然风光旖旎迷人，各类古代建筑与自然生态和谐共生，相得益彰，体现出天人合一的传统理念，古人有"洞府有灵深莫测，溪山环秀画难工"之赞。

中国古代建筑雕梁画栋、巧夺天工，被称为"凝固的音乐"，但是由于中国古建筑多以土木为材料，不如西方的石构建筑易于保存，所以能够存留下来的古代建筑比较稀少，特别是唐宋时期的建筑更是凤毛麟角。济源的古建筑群不仅规模庞大，建筑华美，保存较好，而且时代序列比较齐全，特别适合发展文化旅游业，是济源市最宝贵最值得开发的文化资源。

二　济源市历史文化资源保护开发的重要性与紧迫性

济源市历史文化资源丰富，但是当下发展迅猛的文化产业和旅游业却显得滞后，随着经济社会的发展，对这些资源的保护和开发也越来越显得重要和紧迫。

（一）大力发展文化产业的基础条件

近年来，从中央到地方对文化的发展越来越重视，我国文化产业得到长足的发展。然而济源市的文化产业仍然是经济社会发展中的短板，这与济源丰厚的历史文化资源是不相匹配的。当今社会，发展文化产业符合时代潮流，是大势所趋，也将是济源市今后调结构、稳增长、促发展的重要一环，而要大力发展文化产业，历史文化资源是基础条件，对其有效的保护和合理的开发，就显得十分重要。

（二）加快发展旅游业的迫切要求

根据国际规律，人均 GDP 达到 3000～5000 美元时，就将进入休闲消费、旅游消费的爆发性增长期。中国 2008 年人均 GDP 就已经超过 3000 美元，2013 年更达到 6700 美元，正处于休闲、旅游消费爆发期，可以说中国旅游业的黄金时代已经到来。济源市不仅历史文化资源丰富多彩，而且自然环境也山河秀美、风景如画，发展旅游业有得天独厚的条件，但是济源市的旅游业还比较落后。让那些国家级、世界级的文化遗产藏在深山人不识，是十分可惜的。机不可失，时不我待，错过了我国旅游业发展的黄金时代，是要遗恨无穷的。

（三）新型城镇化对古建保护冲击严重

2013 年 12 月，中共河南省委九届六次全会通过了《中共河南省委关于科学推进新型城镇化的指导意见》，河南的城镇化进程加快了步伐。城镇化是当今社会的大趋势，在促进社会发展，给人们的生活带来方便的同时，拆旧建新也不可避免地对传统乡村甚至文物古迹造成破坏，有人就形容城镇化是推土机。济源市古建筑很多，占不可移动文物总数的 60% 以上。在旧城改造、撤村并社区、大型工程建设等城镇化进程中，一些古民居、古村落等古建筑缺乏保护和管理，得不到修缮，甚至被拆除，情况相当严重。古建筑是中国优秀传统文化的载体，在快速推进新型城镇化过程中，如何保护好祖先留下来的珍贵古代建筑，对于济源市是一个十分迫切的问题。

三　济源市历史文化资源保护开发的成绩与挑战

（一）取得的成绩

多年来，济源市文物部门在资金少、人员不足的条件下，做了大量的工作，文物保护工作取得了不俗的成绩。

1. 文物修缮和文物普查成就显著

“十一五”期间，济源市以抢救濒临倒塌的重要古建筑和加快修缮已经开放和具备开放条件的文物保护单位为指导思想，精心组织、科学部署，已经形成了开工维修一批、立项审批一批、方案制作一批的文物维修模式，文保单位维修工作成效明显。重点对大明寺、奉仙观、济渎庙、轵城关帝庙、西关汤帝庙、静林寺、盘谷寺等十余处文物保护单位进行了维修，并积极创造条件对外开放。还对轵城关帝庙、静林寺、盘谷寺、张家祠、北勋石佛寺、阳台宫玉皇阁、大罗三境殿、清虚宫、马头报恩寺、柏林长春观、西石露头玉皇庙钟鼓楼等省、市级文物保护单位 20 余座古建筑进行了修缮保护，使之初步具备了对外开放条件。

顺利完成“十一五”期间国家确定的文物普查任务，共普查不可移动文物 948 处（新发现 890 处），其中古遗址 157 处，古建筑 460 处，古墓葬 137 处，近现代史迹及代表性建筑 185 处，石窟寺及石刻 91 处，其他 17 处，较全面地反映了全市物质文化遗产的全貌，摸清了全市文化遗产的全部家底。2008 年国家文物局编印出版的《第三次全国文物普查重要新发现》一书中，济源市东逯寨三皇庙、高庄白鹤堂两处重要古建筑荣列其中。2013 年，济源市组织力量开展第一次可移动文物普查工作，查明全市共 6 家单位收藏有可移动文物，数量达 17700 余件（套）。此外还对全市的 10 余处重要古代民居建筑进行了调查，其中秦家大院被列为河南省价值最高的古代民居建筑之一。

2. 文化旅游产业稳步推进

济源市积极探索适合本市文化旅游开发的新路子，通过民间庙会、古玩市场、传统节庆等活动增加旅游人气；积极参加全国各类旅游交易会进行推介活

动，文物、旅游等各单位协调合作、共同发展，逐步扩大市文物景点济渎庙、阳台宫、奉仙观的行业知名度和社会影响力。在古建维修的基础上，大力投入进行道路硬化、绿化、旅游设施建设、匾额楹联布置、讲解员培训等工作，对济渎庙、阳台宫、奉仙观、大明寺、盘谷寺、济源市博物馆等进行综合提升，各景点的旅游环境和旅游配套设施逐年健全，服务质量和意识得到改善，对外开发利用力度加大，景区已较为成熟，2012 年接待游客 107.9 万人。2013 年调整理顺旅游管理体制，旅游业加快发展态势明显，全年接待游客增长 28%，旅游综合收入增长 31%。目前，济源市已经形成以济渎庙为龙头，阳台宫、奉仙观、大明寺竞相发展的良好局面。

3. 民间传统文化日趋活跃

近年来，济源市举办了济渎庙春节文化庙会、奉仙观民间民俗文化庙会、阳台宫“三月三”庙会、王屋山道教论坛、国庆节济渎庙祭祀济水大典等活动。这些活动，丰富和活跃了济源市的文化生活。比如一年一度的济渎庙春节文化庙会，是豫北地区影响广泛、传承久远、规模最大的文化盛会，也是一项集全民性、开放性、公益性的大型庙会文化活动。活动从每年的农历正月初一至正月十五，在全国重点文物保护单位济渎庙隆重举行。以“逛济渎庙会，祈平安和谐”为主题，继续秉承公益、开放、共享的文化理念，以注重传统文化、突出民俗特色、活跃民间文艺为载体，形式包括谜语竞猜、民间花会、戏曲大舞、马戏表演、万人相亲会等，庙会成为老百姓的文化大餐。

（二）面临的挑战

济源市近年来虽然在历史文化资源保护与开发方面取得了很大成绩，但与文化资源大市还不能匹配，还面临着不少挑战。

1. 人才资金瓶颈凸显

文物专业技术人才力量薄弱。文物的专业管理人员、专业技术人员和创意研发人员相对不足，基本的研究开发工作难以有效开展；文物保护资金匮乏。虽然近年来各级财政加大了文物保护的投入，但由于全市文物资源丰厚、文物建筑众多、保护任务繁重，文物保护经费的投入仍然严重不足，特别是省、市级文物保护单位尤为突出。

2. 缺少知名文化旅游品牌

品牌是竞争力的关键因素，文化品牌是发展文化旅游的核心内容。济源市有很多国家级甚至世界级的文化资源，但是还缺乏包装、宣传推广意识，还没有成为知名的文化品牌，缺少文化品牌是济源市文化旅游发展缓慢的主要原因之一。

3. 宗教活动与文化管理矛盾突出

济源市比较成熟的文物旅游景区已面向社会开放。然而，济渎庙、奉仙观、大明寺已经有宗教人士入驻，在共同开发的过程中，文物部门在对建筑工艺、历史价值、科学价值的研究与传播，以及文物保护前提下的合理开发等方面，和宗教人士关注创收的理念难以协调一致，有效的文化管理难以实施。

四　济源市历史文化资源保护开发的对策建议

济源市的历史文化资源保护与开发，首先应该提高认识，真正重视起来。可以从以下三个方面入手，执简御繁，寻求突破。

（一）以邵原神话、愚公移山等为依托涵养核心价值观

党的十八大报告提出了“建设优秀传统文化传承体系，弘扬中华优秀传统文化”的重大任务。习近平总书记在不同场合发表了一系列关于传统文化的讲话，都从不同侧面强调了中国传统文化的重要性。2014 年 2 月，在中共中央政治局就培育和弘扬社会主义核心价值观、弘扬中华传统美德进行第 13 次集体学习中，习总书记再次强调：“要讲清楚中华优秀传统文化的历史渊源、发展脉络、基本走向，讲清楚中华文化的独特创造、价值理念、鲜明特色，增强文化自信和价值观自信。要认真汲取中华优秀传统文化的思想精华和道德精髓，大力弘扬以爱国主义为核心的民族精神和以改革创新为核心的时代精神，深入挖掘和阐发中华优秀传统文化讲仁爱、重民本、守诚信、崇正义、尚和合、求大同的时代价值，使中华优秀传统文化成为涵养社会主义核心价值观的重要源泉。”济源的邵原神话群和愚公移山寓言等，蕴涵着丰富的中华民

族人文精神，应予以高度重视，充分研究其深刻内涵，挖掘其重要价值，使之作为涵养社会主义核心价值观的源头活水。

（二）以古代建筑群等为依托发展文化旅游业

旅游业是当今的朝阳产业，其杠杆效应显著。发展旅游业，可以带动吃、住、行、游、购、娱等相关服务行业，从而带动产业链，搞活地方经济。比如一个云台山，就带火了整个焦作市的经济，使焦作成功实现了从“黑色印象”向“绿色主题”的华丽转身，形成了“焦作模式”和“焦作现象”。其实论山水，济源山水的旅游价值不比焦作差，论历史文化，济源的积淀要厚重得多，但是济源的旅游业没有发展上去，是因为济源人对发展旅游的认识不够，打造旅游品牌的决心不大，对文化建设的投入不多。古代建筑的可视效果好，文化容量大，最易于打造成优良旅游产品，济源市应利用济水文化、道教文化等所形成的“中原地区古建筑系列博物馆”的优势，秉持“保护为主，抢救第一，合理利用，加强管理”的工作方针，依托优美的自然景观，把文化旅游做大做强。

（三）以济犊庙庙会等为依托发展节会经济

济源市小人少，人气不足，是制约经济文化发展的瓶颈。发展节会经济是解决这一问题的有效途径。近年来济源市依托济犊庙和王屋山道教洞天福地，举办了济渎庙春节文化庙会、奉仙观民间民俗文化庙会等一系列会展活动，取得了不错的成绩，但是与浚县的正月庙会和淮阳的太昊陵庙会还有一定的差距。政府应秉承“参与不干预、引导不主导、服务不添乱、到位不越位”的原则，引入市场机制，积极引导企业参与运作，发挥市场的决定性作用，通过精心的策划和运作，给古老的庙会注入新的生机。

生态文明篇

Ecology and Civilization

B.21

济源坚持低碳发展的主要经验与启示

李建华*

摘　要：

为应对全球气候变暖，越来越多的国家和地区选择了低碳发展模式。河南省正处在工业化、城镇化的加速发展阶段，低碳减排的压力与日俱增，资源环境的约束要求河南必须走低碳发展的道路。济源是一个重工业城市，在低碳发展道路上率先走在了全省的前列，被列为国家低碳试点城市。济源在低碳经济发展、低碳试点城市建设方面做出了许多积极探索，总结济源的成功经验和做法，对全省转变经济发展模式，走低碳发展道路有较强的借鉴意义和示范作用。

关键词：

济源　低碳　启示

* 李建华，河南省社会科学院城市与环境研究所助理研究员。

济源是一个以重工业为主导的城市，金属冶炼、电力、炼焦、化工、建材和煤炭等行业是拉动全市工业增长的主要力量，这些大都是传统的高能耗、高排放行业。如何在这样一个重工业城市走出一条低能耗、低污染、低排放的可持续发展道路，实现高碳产业低碳发展，济源做了许多积极探索，并取得了卓有成效的成绩。2012 年济源市被国家确定为第二批低碳城市试点之一，同时还被国家确定为低碳发展宏观战略案例研究市。总结济源在坚持低碳发展方面的实践经验，能够为“美丽河南”建设提供有益的借鉴和启示。

一　济源坚持低碳发展的主要经验和做法

（一）统一思想认识，确立低碳发展战略目标

济源在 2010 年正式启动低碳城市建设工作，2012 年被国家确定为第二批低碳试点城市，市委、市政府号召全市各镇（街道）及市政府各组成部门、各产业集聚区、各企业一定要站在全局的、长远的和战略的高度，充分认识建设低碳城市的重大意义，切实把低碳城市建设作为城市转型发展的重要内容。在统一思想认识的基础上，市委、市政府明确提出了低碳发展战略目标，即以科学发展观为指导，以构建资源节约型、环境友好型社会建设“美丽济源”，争创中原经济区“三化”协调发展先行区和城乡一体化示范市为目标，把发展低碳经济与经济结构调整、发展方式转变结合起来，统筹推进低碳城市建设各项工作。为此确定了到 2015 年单位生产总值能耗比 2010 年降低 17%，单位生产总值二氧化碳排放比 2010 年降低 19%，第三产业占经济总量比重提高到 28% 左右，森林覆盖率达到 45%，非化石能源占一次能源消费比重提高到 5%，2020 年二氧化碳排放基本达到峰值的目标任务。

（二）成立领导小组，建立工作机制

1. 成立领导小组

济源市被确定为低碳城市试点后，迅速成立了由市长任组长，市政府各有关部门负责人为成员的低碳工作领导小组，统筹全市工业、交通、建筑等各领

域的低碳建设工作。要求相关单位、企业相应成立工作机构，明确专人负责低碳试点工作。

2. 建立工作考核制度

将国家批复的《低碳城市试点工作实施方案》中的目标任务及实施的重点项目，按年度分解到各有关部门。确定各相关单位的目标任务和工作职责，列入市委、市政府年度绩效考核。同时确定“月上报、季通报”的工作制度，对各有关单位的任务完成情况进行评估和通报。

3. 出台政策强化工作落实

先后出台了《济源市委、市政府关于建设低碳城市的指导意见》《济源市“十二五”控制温室气体排放工作实施方案》《济源市低碳城市建设专项资金实施方案》等政策文件，确保工作落实到位，推进低碳城市建设。

（三）编制战略规划，构建基础能力支撑体系

1. 制订规划

组织编制《济源市低碳城市中长期发展规划（2012～2020年）》，突出规划的引导作用。通过对目标、方向、任务的确定，更加清晰地指导济源市的低碳发展。

2. 开展重点企业碳排查工作

从济源市企业中选定24家重点企业，由广东赛宝认证中心组织开展碳排查工作。目前，碳盘查报告已经完成，这将为准确编制碳排放清单和碳排放总量控制管理工作奠定基础。

3. 编制《济源市重点低碳示范园区实施方案》

根据济源市玉川、虎岭、高新技术三个省级产业聚集区不同的产业和功能定位，按照集约、节约、循环发展的理念，积极探索低碳发展的有效路径，从而进一步拉长产业链条，提高产品附加值，降低碳排放。

（四）改造传统产业，推进工业由“重”变“轻”

1. 淘汰落后产能

2005年以来，济源市先后关停了小火电、小水泥、小炼铅、小建材等落

后产能企业80余家，累计淘汰落后产能水泥100万吨、火电15万千瓦、焦炭80万吨、粗铅30万吨。2013年又提前关停了两条水泥熟料生产线，淘汰水泥产能80万吨，减少能源消耗50万吨标准煤，实现减碳130余万吨。

2. 改造提升传统产业

重点围绕钢铁、有色、化工等行业实施了一批节能改造项目，使济源传统产业的能源利用效率大幅提高，单位产品能耗达到行业先进水平，有力推动了济源传统产业的改造升级，年节约55万吨标准煤，实现减碳143余万吨。

3. 大力发展战略新兴产业

先后引进了中国煤科、富士康科技集团、伊利集团等国内知名企业，合作建设了机电产业园、国家矿用机电检测中心、富士康济源产业园、冬凌草生物产业园等一批战略新兴产业项目。

4. 大力发展现代服务业

重点开展现代服务业发展三年行动计划和“233”服务业提升工程，着力打造旅游、现代物流两大支撑服务业，着力壮大商贸、房地产、社区三大重点服务业，着力培育金融、健康、创意三大新兴服务业。

（五）实施建筑、交通、能源等领域节能工程，推进低碳示范区建设

1. 在建筑节能方面，大力发展可再生能源在建筑中的规模化应用

目前，已完成既有建筑节能改造15万平方米，对新建建筑严格执行绿色建筑标准，并实行星级评定。开展济东新区低碳示范区建设，打造低碳经济发展带动区。

2. 在交通节能方面，积极发展绿色交通

推广使用新能源和清洁能源车辆，对市内公交车、出租车实施“油改气”工程；实施“公交优先”战略，完成了城乡客运一体化，优化城乡客运服务线网布局和站场布局，建成公共自行车租赁系统，实现了客运“零换乘”，为居民低碳出行提供了便利。

3. 在能源利用方面，合理控制能源消费

在生产、生活领域积极推广风能、太阳能、生物质能、地热能、天然气等

清洁能源的合理利用。一是大力推进“气化济源”工程建设。建设天然气调峰储备站和加气站等配套工程，提高天然气的应急保障能力。重点实施168工程，即投入1亿元加大燃气基础设施建设，确保6个镇全部用上天然气，新增燃气居民用户8000户。目前，济源市城市居民燃气普及率达到88%，居河南省前列。二是大力发展可再生能源项目建设。近年来，济源市加大垃圾填埋气发电、沼气利用工程、风电、光电以及金太阳示范等新能源项目建设。目前，已完成和正在建设的风电项目150MW、光电项目137MW。这些项目的建成，将极大地改善济源的能源结构，提高可再生能源的使用比例，有效降低二氧化碳排放。

（六）加强低碳技术创新，积极建立对外经济技术合作机制

济源积极拓展与国外的技术合作渠道，有效引进、消化、吸收国内外先进低碳技术。豫光锌业与华睿集团合作开展CDM项目，实现了减排3万吨二氧化碳指标的转让交易。济源市与丹麦丹佛斯集团签署了战略合作协议，将在节能减排和低碳经济建设方面展开合作。丹佛斯是全球最大的供暖成套设备及控制零件供应商，也是全球唯一同时提供水地暖及电地暖设备的供应商，已经为全球多个城市和项目提供了非常成功的供热节能解决方案。济源与丹佛斯集团开展合作，把现代、高效的节能供热技术引进到济源，大大降低了城市供热能耗，并且带动了相关产业低碳发展。

二　济源低碳发展的经验对河南转型发展的启示

（一）低碳发展必须坚持政府主导，制定明确的低碳发展目标

发展低碳经济需要政府发挥主导作用。低碳发展的核心是在市场机制基础上，通过制度框架和政策措施的制定，形成明确、稳定和长期的发展方向与发展目标，引导、鼓励和推动提高能效技术、节约能源技术、可再生能源技术和温室气体减排技术的开发及运用，并促进经济社会向高能效、低能耗、低碳排放的模式转变。这个过程不仅要依靠市场的调节、企业的支持和社会的自觉行

动，更需要发挥政府强有力的主导作用。因为低碳经济发展过程中存在诸多市场失灵的领域，比如在高耗能产业节能减排方面，就面临技术研发投入成本高、投资风险大、产品市场推广存在障碍等问题，仅仅依靠市场作用是解决不了这些问题的，必须由政府发挥应有的作用，积极干预。济源在坚持低碳发展中充分发挥了政府的积极作用。政府制订了低碳城市建设的发展规划和低碳城市建设的实施方案，明确了产业结构调整、工业减排、建筑节能等方面的目标和任务，并将目标任务具体分解到各个单位，使得在低碳城市建设的各个环节都有责任单位抓落实，这样能够从整体上形成合力，统筹推进低碳城市建设。

（二）低碳发展必须坚持政策先行，引导和规范低碳城市建设

低碳发展是一个复杂的系统工程，目前河南省新型城镇化走低碳发展的道路仍处于初始阶段，需要政策先行、政策引领、政策支撑和政策保障。政策先行就是通过地方政府先行一步出台相关政策，引领扶持相关产业和企业发展，调动干部群众和企业走低碳发展道路的积极性，激发创新发展的能动性。政策先行要立足于组织低碳城市建设的全局性、宏观性和战略性问题的研究，制定推动低碳城市建设的基本方针和重大政策，审订低碳城市建设规划，通过制度上的顶层设计和系统设计，完善法规政策体系和激励机制，明确低碳发展的路径、依据、保障和支撑，从而引导和规范低碳城市建设。

（三）低碳发展必须坚持结构调整，降低资源能源消耗

低碳发展有两个基本特征，一是社会再生产全过程的低碳化，在生产、交换、分配和消费等环节实现二氧化碳排放最小化或零排放，获得最大的生态经济效益。二是倡导能源消费低碳化，形成低碳能源和无碳能源的国民经济体系，真正实现生态经济社会的清洁发展、绿化发展和可持续发展。近年来，河南产业结构不断进行调整，虽得到一定程度的优化，但还存在一些深层次的矛盾和问题。河南的经济增长过多地依赖第二产业，特别是依赖工业中的重工业，2013 年河南的三次产业结构为 12.6∶55.4∶32.0，具有低能耗特征的第三产业和高新技术产业发展滞后，所占比重偏低，致使全社会能耗强度偏高。在能源消费上，过多依赖化石能源，尤其是对煤炭的依赖，目前煤炭约占河南省

能源消费总量的80%，比全国平均水平高15个百分点左右，对节能减排造成巨大压力。因此，要实现低碳发展，必须继续进行结构调整，走新型工业化、新型城镇化道路，加快淘汰高能耗、高排放、低附加值的传统重化工业，加快传统产业技术改造、管理创新、产业重组和优化布局，提升传统产业整体素质，提高水电、太阳能、生物质能等优质能源的生产和消费比重，提高能源利用效率，降低资源能源消耗，实现低碳发展。

（四）低碳发展必须坚持科技支撑，以技术创新来引领低碳发展

要实现低能耗、低污染的低碳发展目标，就离不开科学技术力量的支撑，尤其是低碳技术。低碳技术涉及电力、交通、建筑、冶金、化工、石化等传统部门，也涉及可再生能源及新能源、煤的清洁高效利用、二氧化碳捕捉与埋存等众多新领域。低碳技术几乎涉及了国民经济发展的所有支柱产业，因此，坚持低碳发展必须掌握低碳核心技术，通过科技创新攻克和突破低碳产业发展中关键核心技术问题，以技术创新来引领低碳发展。河南目前处在工业化、城镇化的快速发展阶段，无论是工业生产还是生活消费，所需能源和产生的碳排放量都相当大。河南由于受制于能源结构、资金和技术以及经济发展阶段等的限制，低碳技术整体水平落后，自主创新与技术储备不足，关键设备制造能力差，低碳产业体系薄弱。要想由“高碳”向“低碳”转变，就必须加快形成河南的低碳技术体系，为发展方式转变提供强有力的技术支撑。现阶段要根据省情省力，基于现有低碳技术发展水平，优先发展先进实用低碳技术，推进传统产业低碳化改造和培育新兴低碳产业，加快生产和生活方式转变。同时要积极引进国内外先进技术，减少研发成本、缩短研发周期，加快培育一批具有自主知识产权的技术成果。

（五）低碳发展必须坚持公众参与，共同推广低碳的生产生活方式

城市是人口、建筑、交通、工业、物流的集中地，也是高耗能、高碳排放的集中地，其中广大城市居民在交通出行、娱乐生活、照明取暖等衣食住行方面的耗能是碳排放的一个重要来源。尤其是随着人们生活水平的提高，越来越多的居民选择使用家庭轿车出行，选择购买大面积的住房，甚至别墅，

追求恒温恒湿的居住环境，追捧消费奢侈品等。这些消费变化会对能源消耗产生新的需求，导致碳排放的增长。因此，低碳发展只有政府政策法规是远远不够的，还需要社会公众的广泛参与，共同推广低碳的生产生活方式。目前，河南低碳城市建设更多的是政府在倡导推进，在公众参与方面还有待提高。主要是因为全面系统的低碳知识普及不够，一些公众缺乏低碳意识，另外，低碳生活方式与公众习惯的生活方式有冲突，低碳生活方式的时间成本较高，公众有急功近利的心理，所以低碳生活方式还没有得到推广。这就需要政府加大宣传力度，鼓励公众参与，壮大城市低碳建设的群众基础，共同推进低碳社会建设。

三　济源坚持低碳发展的对策建议

济源的低碳发展实践已初见成效，但低碳发展任重道远，还需要在今后的实践探索中不断完善和创新。

（一）完善相关政策法规体系，保障低碳城市建设

低碳城市建设是一项系统工程，其建设需要完善的政策体系来保障。低碳城市建设政策体系的设计首先要立足于省情、市情，以政府为主导，充分发挥政府在低碳城市建设中的作用。一是要用好用足国家低碳试点城市的相关优惠政策和省内关于节能、循环经济、新能源等方面的优惠政策，研究制定建设低碳城市试点配套的科技、产业、金融、价格、税收、消费等政策和措施，鼓励低碳经济率先发展，建立政府主导、市场推动、社会参与的低碳发展政策体系。二是要建立和完善温室气体排放统计、核算和考核制度。探索建立低碳城市发展统计指标体系，加强温室气体统计核算工作，组织编制温室气体排放清单，为济源制定相应的低碳规划和政策，落实减排目标任务提供科学依据和基础。三是要制定促进低碳发展的地方技术规范，在一些基础良好条件好、示范意义突出，低碳发展目标领先、实施方案完备的单位，开展市级低碳社区、低碳学校、低碳建筑、低碳交通的试点示范，探索和积累不同层面、不同类型的低碳发展有益经验。

（二）加大财政支持力度，鼓励引导低碳产业发展

加大市财政对低碳经济的支持力度，将重点项目和示范工程优先纳入国民经济和社会发展规划及财政预算，并引导社会资金和银行信贷多元化、多层次投向低碳经济领域。一是鼓励不同经济成分和各类投资主体，以各种形式参与低碳经济发展，探索建设有利于节能减排和低碳产业发展的长效机制。二是积极引导金融机构增加对低碳产业的信贷支持。将银行机构对低碳产业的信贷支持情况纳入每年对银行机构的评价考核，引导和激励金融机构创新产品，协助做好银企对接工作，支持低碳产业的发展。三是积极支持低碳经济重点项目申报，争取国家、省专项资金支持，重点支持低碳技术研发、低碳示范和产业化项目建设。四是建立低碳城市发展专项资金，专项用于低碳产业、低碳建筑、低碳交通、低碳生活、低碳环境、低碳社会“六位一体”低碳政策的落实和实施。

（三）开展碳排放权交易试点，探索建立低碳市场运作机制

借鉴一些发达国家的经验，逐步建立碳排放交易市场，探索运用市场机制的办法以较低成本来实现节能减碳。一是加强组织领导，研究制订符合地方实际情况、体现地方特色的碳排放权交易试点工作实施方案，在国家确立的自愿减排交易机制的基本管理框架下，加快建立包括总量目标、配额管理、监测报告核查、交易、政策法规和市场监管等要素的基本框架体系，有效推进碳排放权交易支撑体系建设。二是建立自愿碳减排交易体系。积极开展自愿碳减排交易体系建设，逐步建立规范的自愿碳减排管理体制，建立健全配套的登记结算、信息发布、核证认证等制度，积极开发交易产品，完善交易服务，培育交易市场。三是加强对碳排放权交易活动的监督管理，保障碳排放权交易的顺利开展。

（四）加强考核评价工作，建立低碳城市试点考核体系

逐步建立和完善低碳发展绩效评估考核体系，落实各镇政府部门低碳发展的目标责任，评估控制温室气体排放政策措施的有效性。一是节能减排指标要

纳入政府年度考核内容，对能耗大的企业进行了重点监控，成立专门部门建立严格的节能减排指标体系和监测体系。二是针对不同的考核责任主体，综合考虑 GDP 和碳排放量对于考核指标的影响，通过采用数据核算、现场监测等技术手段，对减排任务完成情况进行判定，并形成相应的考核评价制度。三是在全市温室气体排放清单编制及监测统计的基础上，将目标分解落实到各镇及各重点行业、企业，建立济源市碳强度下降指标目标责任考核评价机制。四是建立低碳城市试点要求的目标体系和考核制度，强化评价结果在领导干部政绩考核中的应用。要将低碳城市建设综合评价结果作为干部管理的重要依据，实行严格的问责制，充分发挥考核的引导、激励和约束作用。

（五）扩展国际合作，提高低碳技术创新应用能力

借助济源市入围国家低碳发展宏观战略案例研究市和国务院发展研究中心负责济源市低碳发展案例研究的机遇，进一步拓展应对气候变化国际合作渠道，有效利用外资，有效引进、消化、吸收国外先进的低碳和气候友好技术，发展壮大济源市低碳经济和相关新兴产业。一是积极参与国际上关于低碳能源的技术转让和交流对话等活动，尤其是要加强与丹佛斯公司的战略合作，充分利用联合国气候变化框架公约下的各种机制，增强国际先进低碳技术、先进管理技术和资金的引进、消化和吸收能力，拓宽对外合作范围和渠道。二是政府应搭建国际合作平台，鼓励、支持企业和科研机构开展与具有国际经验和最佳实践的国外团体、组织、企业进行对接。三是制定优惠政策，吸引国外的先进技术和资金进入济源，为济源低碳技术发展创造条件。

（六）加强舆论宣传引导，倡导低碳生活方式

加强舆论宣传，倡导形成低碳消费、低碳生产的理念，形成低碳的生产生活方式。强化广播电视、报刊、互联网等媒体对低碳城市试点建设工作的宣传力度，大力开展形式多样的宣传活动，转变公众和社会观念，提高全社会对发展低碳经济、建设低碳城市重大意义的认识。对个人来说，要培养节约是美德的观念，彻底改变诸如餐饮浪费等与节能减排背道而驰的陋习。倡导大家使用节能灯，随手关灯、拔插头；使用节水型洁具，循环节约用水；尽量减少使用

高耗能的电器和塑料袋，尽量不用一次性餐具，尽量利用公共交通出行。对企业来说，要推行低碳生产经营的理念，强化企业在低碳发展中的社会责任，促进企业加大对低碳技术的研发和推广力度，实施清洁生产，开发节能产品，提供低碳服务，实现低碳生产、经营和管理。

参考文献

孙粤文：《建设低碳城市路径研究——基于常州建设低碳城市的分析》，《常州大学学报》（社会科学版）2011 年第 2 期。

杨浚：《强化低碳城市建设的多维视域》，《学术交流》2012 年第 11 期。

沈费伟：《低碳城市发展中的地方政府策略选择研究——以杭州市为例》，《北京城市学院学报》2013 年第 3 期。

河南省统计局：《河南统计年鉴（2013）》，中国统计出版社，2013。

河南省统计局：《2013 年河南省国民经济和社会发展统计公报》，2013。

B.22

济源资源环境承载力评价与建议

王新涛*

摘　要：

以河南全省作为参照区域，运用相对资源环境承载力评价方法对济源水、土地等自然资源和环境容量的承载状况进行分析。当前济源资源环境处于超载状况，需要采取开展专项治理、优化产业结构、完善资源节约集约利用和环境保护体制机制等标本兼治的综合性措施，有效缓解资源环境供给量与需求量之间的矛盾。

关键词：

济源　资源环境承载力　评价　建议

资源环境作为人口容量和经济社会发展的承载体，其可持续利用是城市和区域存在和发展的基础。根据我国主体功能区划的要求，资源环境承载力状况是划分重点开发地区、优化开发地区、限制开发地区和禁止开发地区的重要因素，在一定程度上反映出区域的发展潜力和可持续发展能力。由于地形地貌、产业结构多方面因素制约，济源正面临人口聚集、经济发展与资源环境承载能力不足的矛盾，迫切需要对资源环境供给量与需求量之间的供求状况进行分析评价，提出增强资源环境承载能力的对策和建议。

一　济源资源环境现状分析

济源地势北高南低，西高东低，三面环山，呈簸箕形，不利于污染物的扩

* 王新涛，河南省社会科学院城市与环境研究所副研究员。

散；同时，电力、钢铁、有色、焦化、建材等支柱产业资源能源消耗大、污染物排放强度高，资源环境约束不断加剧。

（一）水资源总量和利用现状分析

济源是水资源总量相对丰裕的城市，基本能够实现供求平衡，但是近年来水资源呈现出逐年减少的趋势。2012 年，济源水资源总量为 $3.6585\times10^8m^3$，比 2011 年减少 13.64%；地表水资源量为 $2.8891\times10^8m^3$，比 2011 年减少 12.6%；地下水资源量为 $2.9703\times10^8m^3$，比 2011 年减少 17.34%，平原地区的地下水位比 2011 年普遍下降。从水资源供给量上看，2012 年全市总供水量为 $2.6467\times10^8m^3$，其中蓄水工程供水 $0.148\times10^8m^3$，引水工程供水 $1.3256\times10^8m^3$，提水工程供水 $0.0927\times10^8m^3$，开采地下水 $0.9709\times10^8m^3$。从用水量看，2012 年全市总用水量为 $2.6467\times10^8m^3$，工业用水 $0.7903\times10^8m^3$，农田灌溉用水 $1.3004\times10^8m^3$；林木渔畜用水 $0.2728\times10^8m^3$，城镇公共用水 $0.13\times10^8m^3$，居民生活用水 $0.151\times10^8m^3$，生态环境用水 $0.0022\times10^8m^3$。从耗水量看，2012 年全市总耗水量为 $1.767\times10^8m^3$，占总用水量的 66.76%（见图 1）。

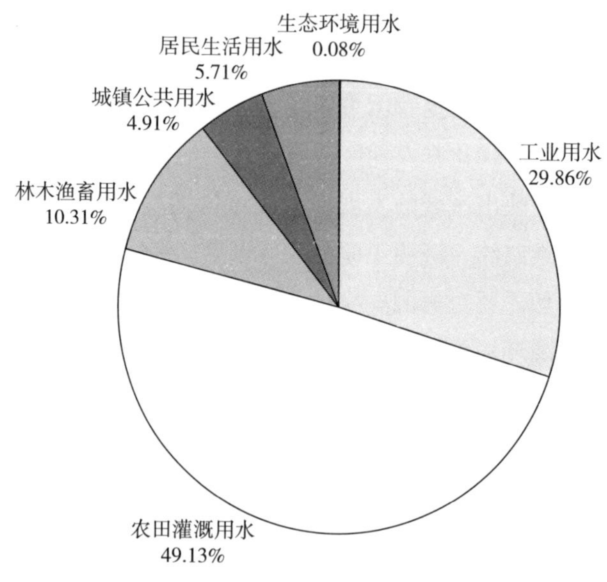

图 1　2012 年济源市用水结构比例

（二）土地资源利用现状分析

2012 年济源土地总面积为 1898.71 平方公里，人口密度为 362.9 人/平方公里，低于全省平均人口密度。按照地势划分，山区丘陵面积和平原面积分别为 1534.16 平方公里和 364.55 平方公里，占国土总面积的比重分别为 80.8% 和 19.2%。总体来看，济源土地资源及其利用呈现出如下特征，一是山地多平原少，山地丘陵地面积占土地资源总量的比重超过 80%，且荒山荒坡利用率低。二是土地自然环境条件较差，水土流失较严重。三是林地面积较大，森林覆盖率高。四是未利用土地和耕地后备资源少。全市未利用地仅占国土总面积的 8.65%，且未利用地大部分分布在山地丘陵区，受自然条件制约，耕地后备资源十分缺乏。

（三）生态环境治理和容量分析

2012 年，济源以解决影响可持续发展和损害群众健康的突出环境问题为重点，持续推进污染减排，强化责任考核，严格环境执法监督，全面加强农村环境保护和生态保护，深入开展环保专项行动和重金属污染专项整治，为全市经济社会又好又快发展和“美丽济源”建设做出贡献。2012 年，全市森林覆盖率达到 42.4%，高于全省平均水平 19.4 个百分点；城市环境空气质量达到优、良天数的比例为 86.1%，城市集中式饮用水源地取水水质达标率为 100%，城市功能区噪声测点达标率为 93.5%，道路交通噪声路段达标率为 95.2%，城市降水酸雨发生率为零。全年电离辐射环境质量保持在天然本底水平，电磁辐射环境质量状况持续保持良好水平。重点调查企业工业废气排放总量为 1763 亿立方米，其中二氧化硫排放量为 39183 吨，工业烟（粉）尘排放量为 11787 吨，氮氧化物排放量为 54308 吨。全年共削减化学需氧量 0.185 万吨、氨氮 0.0211 万吨、二氧化硫 0.64 万吨、氮氧化物 0.34 万吨，完成了省政府下达的年度总减排量目标。

二　济源资源环境承载力评价

资源环境承载力的评价方法较多，包括状态空间法、综合评价法以及借鉴系统动力学模型构建指标体系等方法，还有从事生态学研究的专家学者从生态足迹的角度对资源环境承载力进行测算。但是，由于我国人口众多，土地、水等自然资源有限，人口和产业分布不均，采用传统绝对资源环境承载力方法来衡量资源环境的可承载人口数量或经济总量时，无法客观有效地评价出资源环境承载能力的现状。因此，运用相对资源环境承载力评价方法，通过选定资源环境承载力的宏观区域作为参照区域，以该参照区域人均资源拥有量为标准，将研究区域与参照区域的资源存量进行对比，从而确定研究区域内资源相对可承载的适度人口数量和经济规模。

（一）指标选取与测算

将河南全省作为参照区域，以全省平均水平为基准，根据全省主要资源环境指标的人均拥有量或消费量，研究济源的资源存量，计算出济源各类相对资源环境承载力。相对资源环境承载力的计算公式如下：

$$I_0 = Q_m/Q_n$$
$$C = I_0 \times Q_j$$

其中：C 表示研究区域该项资源环境的相对承载力，I_0 表示该项资源环境的承载指数，Q_m 表示参照区域的人口数量或经济规模，Q_n 表示该项资源环境量。

选择2012年河南全省和济源市的国土面积、总人口、地区生产总值、水资源总量、耕地面积、规模以上工业增加值、工业氮氧化物排放量作为对比指标，计算水资源、土地资源、环境容量等各项指标的相对承载力，通过与实际资源承载人口数量或经济总量的比较，获取济源主要资源环境指标相对于全省平均水平的承载状态，包括四种类型。一是严重超载：实际资源环境承载量超过相对资源环境承载量50%以上。二是相对超载：实际资源承载量大于相对资源环境承载量，但尚未进入严重超载状态。三是相对平衡：实际资源承载量等于相对资源环境承载量。四是相对富余：实际资源承载量小于相对资源环境承载量。根据指标体系，测算出2012年济源相对资源环境承载状况（见表1）。

表 1　2012 年济源市相对资源环境承载状况

单位：万人，亿元

承载项	相对值	实际值	承载状况
土地资源的人口相对承载力	119.87	68.90	相对富余
水资源的人口相对承载力	145.28	68.90	相对富余
耕地资源的人口相对承载力	55.55	68.90	相对超载
生态资源的人口相对承载力	61.52	68.90	相对超载
土地资源的经济相对承载力	120.77	430.86	严重超载
水资源的经济相对承载力	174.38	430.86	严重超载
环境容量的经济相对承载力	148.28	277.90	严重超载

数据来源：《河南统计年鉴（2013）》和《济源统计年鉴（2013）》。

（二）结果分析

1. 人口相对承载状况

从土地资源的人口承载状况分析，和全省相比，济源土地资源可以容纳119.87 万人，高于 2012 年实际总人口 50.97 万人，土地资源的人口相对承载力较强，从这一指标来看，济源还具备继续吸纳人口的能力。但是，由于济源土地资源比例结构不合理，山地丘陵地面积较大，耕地资源的人口相对承载力仅为 55.55 万人，超载率为 19.4%，因此判断济源土地资源可以容纳的人口处于相对超载状态。从水资源的人口承载状况分析，由于济源水资源相对丰富，境内有 22 条主要河流，21 座大型水库，黄河小浪底水库水域面积达到272 平方公里，水资源可承载的人口总量为 145.28 万人，承载能力较强。再加上正在建设的河口村水库，使控制流域未来有望达到 9000 平方公里，水资源总量进一步增加，因此水资源将是济源资源环境承载系统中最强的资源要素之一。从生态资源的人口相对承载力看，济源生态资源可承载的合理人口规模为 61.52 万人，实际人口超过合理人口规模 7.38 万人，达到 68.9 万人，承载状况为相对超载，处于弱平衡状态。

2. 经济相对承载状况分析

从土地资源的经济相对承载力分析，和全省相比，济源土地资源的经济相对承载力为 120.77 亿元，但是 2012 年济源市实现地区生产总值达到430.86 亿元，虽然在一定程度上反映出济源土地资源承载的经济总量规模

大，经济密度高，土地集约节约利用水平较高的优势，但是也反映出济源土地资源相对短缺，土地开发利用强度较高，后备土地资源不足的劣势。从主体功能区划的角度看，不适合作为重点开发地区，发展潜力容易受限。从水资源的经济相对承载力分析，当前济源的水资源总量可以承载的经济规模为174.38亿元，和实际情况相比，超载256.48亿元，这一点和水资源人口相对承载力相对富裕的状况不同，反映出尽管济源水资源较为丰裕，但是由于产业结构不合理，部分行业耗水量较高，水资源不能长期承载不合理产业结构的持续增长。从环境容量的经济相对承载力分析，和全省平均水平相比，济源工业企业的工业氮氧化物排放量较多，环境所能容纳的最大工业增加值规模为148.28亿元，低于2012年实际工业增加值277.9亿元，处于严重超载状态，进一步反映出济源产业结构不优、经济发展资源消耗较高的特征。

三　济源面临的主要资源环境约束

根据相对资源环境承载力的7个指标，对济源的资源环境承载状况进行了分析，总体上看，济源的土地资源、生态资源、水资源、环境容量均处于超载状态，结合产业布局、人口分布、土地利用、环境污染等问题，济源经济社会发展主要面临以下资源环境约束。

（一）水资源约束

总体上看，济源虽然水资源较为丰裕，但在时空分布和利用上存在一些问题。

1. 境内产生的水资源有限

济源水资源多数均来自上游境外产流。济源过境水量多，主要为黄河干流过境水量和沁河过境水量，但过境水的利用受国家水资源调配和工程措施限制，分配给济源的水资源量极为有限。

2. 年内分配不均

济源处于暖温带大陆性季风气候，季风进退与四季交替比较明显，导致水资源年内分配极不均匀。根据历年统计资料，全市 6 ~9 月的降水量约占全年的68%。洪水期河水量大，却无骨干拦蓄工程，水量白白流失，而枯水期河水很小，甚至断流干枯，无水可用。

3. 水资源地域分布不均，与产业布局和城镇分布不协调

济源市的人口和产业多分布于平原地区，但是从水资源空间分布来看，水资源主要分布在山丘区。2012 年，山丘区地下水资源量为 $2.5133 \times 10^8 m^3$，是平原区地下水资源量的 2.48 倍。

4. 水资源工业利用效率不高

济源工业以钢铁、有色、煤化等为传统支柱产业，水资源消耗需求非常大，万元工业增加值耗水量亟待降低。

（二）土地资源约束

济源土地资源利用中的问题主要是结构性问题。

1. 耕地资源严重不足

2012 年济源耕地面积占国土总面积的比重仅为 24.8%，人均耕地面积为 0.59 亩，低于全省和全国平均水平。预计未来几年随着产业发展、矿产开采、城市建设、交通用地的增加，济源人均耕地仍会下降。

2. 用地计划指标缺口较大

2012 年，济源通过采取各种措施和手段，共供应土地近 4000 亩，有力地保障了富士康项目、三个产业集聚区建设、职教园区建设、保障性住房项目、第二污水处理厂等省市重点项目及乡镇建设项目用地需求。但是，考虑到城镇化、工业化快速推进和生态建设用地需求持续增加的因素，用地高峰时年度缺口仍然可能达到 1 万亩以上。

3. 土地资源紧张

虽然济源尚有库存土地，但土地供应率偏低，造成了新的土地闲置和浪费，加速了土地资源的紧张局面。

（三）生态环境面临严峻形势

济源经济发展与环境保护的矛盾突出，污染减排压力持续增大，为新建项目腾出环境容量任务艰巨。

1. 结构性污染问题日益凸显

济源的电力、钢铁、有色、焦化、建材等支柱产业资源能源消耗大、污染物排放强度高，由此带来的结构性污染问题难以在短时期内得到根本解决。

2. 水环境形势不容乐观

虽然济源出境水断面水质达到了省定指标要求，但仍处于低位水平，蟒河水质符合省定指标要求，但仍为劣五类。

3. 大气污染压力增大

尽管济源市大气环境质量完成了省定目标，但仍在全省后三位徘徊。主要原因是90%的企业主要分布在占市域面积19.2%的平原地区，加上机动车增多引发的机动车尾气污染问题，城区及周边部分建筑施工单位防尘措施落实不到位，产生了大量二次扬尘，加重了城区污染负荷。

4. 涉重金属企业整治力度亟须加大

济源涉重金属企业比较集中，多年的富集使重金属超标问题凸显，生态环境承受着很大压力。

四 提升济源资源环境承载力的对策建议

济源资源环境承载普遍超载，迫切需要坚持标本兼治的原则，采取综合性应对措施，充分发挥市场机制在资源节约集约利用和环境保护中的决定性作用，完善部门协同推进减排制度，提高资源节约集约利用水平，严格控制污染物排放增量，以支撑更大的经济总量、更快的发展速度和更持久的发展空间来建设美丽济源。

（一）开展专项治理

持续开展整治违法排污企业、保障群众健康环保专项行动，把重金属污染防治、城市大气环境质量改善、饮用水水源地和重点断面水质达标、主要污染物总量减排、重点污染源环境风险防范、农村环境综合整治作为专项治理重点，对重金属排放企业、危险废物产生企业、污染减排重点行业存在的环境违法问题进行集中整治，解决好影响群众生产生活的突出环境问题，切实保障群众的环境权益。

（二）强化污染防治

以水、大气、噪声和固体废弃物治理为重点，坚持防、治并举，确保环境质量进一步改善。加大流域水污染防治力度，采取深化治理、依法关停等措施，改善东湖水系水质。以城市人口集中区、产业集聚区和农村新型社区为重点，完善污水配套管网，推进雨污分流。推进大气污染联防、联控、联治，大力开展集中供热、供气管网建设，以煤气、天然气等清洁能源逐步取代燃煤，提高清洁能源使用率；严格控制各类建筑施工扬尘，减少二次扬尘。落实各项噪声污染防治措施，严防噪声扰民。抓好危险废物产生、贮存、运输、转移、处置、利用等各个环节的规范化管理。强化一般固体废物的环境监管，做好粉煤灰、电石渣、磷石膏、炼钢渣、水淬渣堆存场所的“三防”（防扬散、防流失、防渗漏）和处置利用等工作。强化涉重金属行业综合整治，合理调整涉重金属企业布局，完成污染物排放总量削减目标。

（三）优化产业结构

改变高耗能、高污染的产业结构是增强济源资源环境承载力的根本性举措。要调整优化产业结构和布局，研究建立区域资源环境承载能力预警机制，支持节能环保产业、现代服务业等重大结构调整项目建设，采用先进适用的环保技术加强对传统高耗能、高污染支柱产业的改造升级，严禁新上产能过剩项目。优先发展高新技术产业，做大做强新兴产业。制订重大节能、环保、资源循环利用等技术装备产业化工程实施方案，推进工业、建筑、交通和公共机构等重点领域节能。

（四）提高资源节约集约利用水平

进一步促进市场在促进资源节约和生态环境保护中的作用，健全资源节约集约使用制度，加快资源节约先进技术推广应用。制订发布资源节约高效利用技术、工艺和设备导向目录。着力提高存量建设用地利用效率，严格清理处置闲置建设用地，合理开发未利用地和废弃地，在符合规划、保护环境的前提下，将适宜开发的未利用地或废弃地优先开发为建设用地，并安排项目建设。加强水资源管理和统筹规划，合理利用非常规水资源，加强公共用水管理，推广节水型器具，提高用水效率。

（五）完善资源节约集约利用和环境保护体制机制

建立完善耕地保护补偿机制，探索建立土地节约集约利用的评价机制，从基本农田保护、土地出让金收缴、土地出让方式规范、农地转用计划使用、土地利用规划实施以及用地项目投资强度、产出率等方面研究制定评价机制，推动土地资源节约集约利用。严格实行各种资源税费制度，完善有利于资源节约的资源价格形成机制。健全生态保护激励约束机制，完善环境保护政策法规标准体系，完善环评机制，建立生态环境损害责任终身追究机制。加快市场化改革，推进环境污染第三方治理。

参考文献

刘兆德、虞孝感：《长江流域相对资源承载力与可持续发展研究》，《长江流域资源与环境》2002 年第 1 期。

张红：《国内外资源环境承载力研究述评》，《理论学刊》2007 年第 10 期。

彭再德、杨凯、王云：《区域环境承载力研究方法初探》，《中国环境科学》2006 年第 1 期。

曾维华、杨月梅、陈荣昌、李菲菲：《环境承载力理论在区域规划环境影响评价中的应用》，《中国人口资源与环境》2008 年第 6 期。

B. 23

济源水土保持综合效益评价及对策建议

郭志远*

摘　要：

近年来，济源市水土保持工作取得了巨大成就，累计治理水土流失面积1075平方公里，完成造林43万多亩，森林覆盖率达到42.38%，环境保护初见成效；水土保持工作产生了巨大的生态效益、经济效益和社会效益。但是由于济源复杂的地形地貌以及人口、经济的快速增长，造成济源水土流失现象仍较为严重，水土保持工作面临严峻的形势和艰巨的挑战。今后一段时间，济源水土保持工作需要从创新水土保持责任约束机制、落实推广小流域治理模式、提高水土保持信息化水平、加强水土保持政策宣传力度等五个方面继续努力。

关键词：

济源　水土保持　综合效益

水土保持是山区发展的生命线，是国土整治、江河治理的根本，是国民经济和社会发展的基础，是必须长期坚持的一项基本国策。济源水土保持工作在河南省一直处于先进行列，比较具有典型性。在历届市委、市政府领导下，通过全市人民的共同努力，济源市水土保持生态建设工作取得了瞩目的成就，并于2012年获评为“国家水土保持生态文明示范市”。总结济源水土保持的独特经验和存在的不足，对于今后河南省乃至全国开展水土保持工作都有很好的借鉴意义。

* 郭志远，河南省社会科学院城市与环境研究所助理研究员。

一　济源水土保持基本情况

（一）自然地理条件概况

1. 地理位置

济源市地处豫西北、晋东南交汇处，北倚太行，与山西省晋城市毗邻；南邻黄河，与洛阳市隔河相望；西踞王屋，与山西省运城市接壤；东临华北平原，与焦作市相连。地处东经112°01′～112°46′，北纬35°17′～34°53′，市域面积1898.71平方公里。

2. 自然条件

济源市在地质构造上，东临太行山复背斜南缘，西接中条山台凸隆起带的东部，处于两个单元的交接地带。境内地形条件复杂，切割强烈，褶皱、断裂带相伴而生，形成复杂的地形条件。境内地貌变化多样，中山、低山、丘陵、平原兼而有之。

济源市地形北高南低，北部为太行山脉，太行山区岩层组成底部为片麻岩、片岩与石英岩，中部多为石灰岩、夹页岩及部分砂岩，上部为厚层石灰岩。西部低山丘陵区主要为砂页岩、灰岩及泥浆；东南部为黄土丘陵区，大部分为新生界第四系黄土及黄土状物质；东部为平原区，地面普遍为新生界第四系黄土覆盖。李八庄以西及西南部为低山丘陵，境内山峦起伏，沟壑纵横；东南部为沟壑纵横起伏的黄土丘陵；李八庄以东为山前倾斜平原。北部崇山峻岭，西部群山连绵，南部丘陵起伏，三面环山形成西高东低的簸箕形盆地，最高处海拔1955米，最低处海拔131米。属于华北平原的边缘地带。

3. 气候条件

济源市属暖温带大陆季风性气候，季风进退与四季替换比较明显，由于受季风和地形的影响，地区气候差异性较大，总的特点是：四季分明，干旱或半干旱季节明显，春季气温回升快，多风少雨干旱；夏季炎热，光照充足，降水集中；秋季秋高气爽；冬季寒冷，干燥少雪。年平均气温14.3℃，年均降雨量600.3毫米，年均蒸发量1611.2毫米，无霜期223天。

4. 水文情况

济源市年均降水量为600.3毫米，历年最大1107毫米，最小389毫米，因受季风影响，降水年内分配很不均匀，夏秋两季，太平洋暖湿气团活跃，6~9月多雨，年平均降水量为471毫米，占全年降水量的60%以上。而且降水在地域分布上也不均匀，由北向南呈递减趋势。全市多年平均蒸发量为1700毫米，干旱指数$Y=1.72$。

全市年平均地表径流量3.12亿立方米，在地区分布上，山区大于平原，与降水量的分布大体一致。境内有大小河流200余条，皆属于黄河流域，除黄河、莽河、沁河外，干流在10公里以上的河流有34条。

（二）水土保持生态环境建设情况

1. 水土流失综合治理硕果累累

全市水土流失治理累计投入资金6.82亿元，其中国家投资2.96亿元，地方投资1.18亿元，群众投资和投入劳动折款2.68亿元。济源原有水土流失面积1515平方公里，占济源土地面积的78.4%，累计治理水土流失面积1075平方公里，建设基本农田11134.1公顷，其中梯田9026.9公顷，沟坝地2073.8公顷；建设水土保持林36978.9公顷，经济林3832.6公顷；封禁治理26454.3公顷；修筑淤积坝340座，其中水土保持治沟骨干工程10座。全市水土流失治理面积高达71%。

2. 林业生态建设稳步推进

济源长期以来非常注重林业生态建设，截至2011年，全市完成造林43.73万亩，其中退耕地造林14.68万亩，宜林荒山荒地造林22.45万亩，封山育林6.6万亩。2006年以来，济源连续5年坚持大力推进“五大工程”全面加快林业生态建设步伐：一是山区生态林体系建设工程，二是农田防护林工程，三是中心城区绿化工程，四是村镇绿化工程，五是绿色单位建设工程。通过这五大工程建设，济源的林业生态建设水平逐年提高。

3. 环境保护初见成效

济源在保持经济高速增长的同时，严抓环境污染治理，主要措施体现在以下3个方面。

1. 高度重视水源地保护

科学划定济源饮用水源一级保护区、二级保护区，凡在饮用水源地一、二级保护区内，严禁审批任何与供水设施及饮用水源地保护无关的项目。

2. 严格治理环境污染企业

2001 年以来，济源对环境污染严重的造纸、制革、水泥等行业及落后的铅冶炼烧结锅炉生产工艺进行了全面调整，先后关闭 3 家小造纸厂、5 条草类化学制浆生产线、8 家小制革企业、2 家小水泥厂、2 家酒精酿造企业和 8 家铅冶炼企业 70 余口烧结锅；对严重影响城市生态环境的济源钢铁公司等 9 家企业的废气和恒通化工公司、人民医院等 15 家单位的废水进行了限期治理；此外投入 3 亿多元资金进行污水处理厂、垃圾处理厂、供气、供热管网建设。

3. 加强环境监测能力建设

通过装备水平和技术人员水平的提高，济源环境监测站已经发展成为一个功能齐全的二级站，监测能力目前已经达到 94 项。通过一系列措施，济源生态环境治理初见成效，万元 GDP 能耗逐年下降，废气排放量有了大幅度削减，饮用水源地水质达标率 100%，城市空气质量优良天数达到 300 天以上。

（三）水土保持独特经验介绍

1. 成立专门领导小组，形成高效的协调机制

为创建国家水土保持示范生态文明城市，济源市成立以市长为组长、分管副市长为副组长、相关部门及 16 个镇办主要负责人为成员的市创建工作领导小组，全面加强对水土保持示范生态文明城市建设工作的领导和协调。镇一级成立“水保预防监督组”，每个镇选配 2 ~ 3 人，每村 1 ~ 2 人，基本建成了结构合理、人员齐全的市、镇、村三级水土保持监督执法网络。各级专门领导小组的成立，协调机制的建立，为水土保持工作的顺利开展奠定了基础。

2. 围绕重点项目，实施小流域治理模式

我国小流域治理起始于 20 世纪 80 年代，经过 30 多年的实践，逐渐探索出一条以小流域为单元进行综合治理的模式，即将一条大流域划分为成百上千条甚至上万条小流域进行综合治理。十多年来，济源市紧紧抓住国家实施黄河上中游水保重点治理工程、太行山重点治理工程、中央财政专项资金水保治理项目、重点地区生态环境建设综合治理项目的机遇，累计投入资金近3亿元，治理水土流失面积340.7公里。其中2001年对王屋山区24条河流实施生态修复工程，完成生态修复面积485公里；2001～2005年，实施白马河小流域综合治理，完成治理水土流失面积27.9公里；2003～2006年先后开展了王庄河、七里桥、交粮河、毛岭河小流域和北蟒河两岸面上水保治理工程，共治理水土流失面积146公里；2011年5月开始建设清洛河小流域坝系工程。小流域治理模式在济源市得到了很好的贯彻实施，是济源水土保持生态建设的重要途径。

3. 成立水土保持机构和队伍，建立管理服务体系

水土保持机构、队伍建设是济源水土保持取得显著成效的重要保障。20世纪80年代，济源水利局就专门设立了水土保持科（股），专门负责全市水土流失治理；后来为了加强水土保持监督工作，设立了“济源市水土保持监督管理站”，负责水土保持宣传和监督执法工作；2010年设立了“济源市水政监察支队”，负责水土保持监督执法和水政监察工作。水土保持机构现有事业编制人员15人，全部经过执法上岗培训，持证上岗。此外，全市各镇设有水土保持管理服务岗，每镇定编1人，327个行政村都配有水保管理员。水土保持执法人员每年都要进行一次相关法律培训，以便及时掌握执法监督上的新理念、新知识，全面提高执法人员的能力和素质。健全、完整的水保机构和专业的人才队伍建设，为济源市水土保持工作发挥了关键性的作用。

4. 建立法规制度，规范开展水土保持监督执法

为了保证济源进行水土保持治理和建设顺利运行，济源市制定了一系列水土保持法规制度，济源市以市政府名义先后修订、下发了《关于实行水土保持工作报告暨领导任期内水土保持工作目标责任制的通知》《关于划分水土流失重点防治区的通知》《济源市水土保持规划》；为了保证水土保持执法监督、监测有章可循、有法可依，济源市先后出台了《济源市水土保持监督管理暂行规定》《济源市水土保持工作报告制度》《济源市开发建设项目水土保持设施竣工验收规定》《济源市水土保持规费征收管理使用规定》《济源市水土保持方案监督检查制度》《济源市水土保持监督执法人员管理制度》《济源市水土保持监督执法人员培训制度》等一系列规章制度。完善的法规制度为济源水土保持建设的顺利开展，提供了有力保障。

二　济源水土保持生态环境建设综合效益评价

济源市水土保持生态建设经过30多年的历程，取得了显著的生态效益、明显的经济效益和巨大的社会效益。

（一）生态效益

1. 水土流失量减少

济源市1983年水土流失面积1515公里，年均流失水土达433万吨。通过近30年的努力，截至2011年，累计治理水土流失面积1075公里，年水土流失量下降为292.65万吨。据《河南林业生态效益评价》和相关研究资料，济源每年可减少土壤流失量270.1万吨，折合功能价值9723.6万元。

2. 生物多样性及资源丰富度提高

随着生态环境的改善，济源市生物多样性有了很大提高。据2011年末统计，济源拥有各种动物资源近700种，被列入国家重点保护的珍稀动物有34种，其中一类保护动物有白鹳、黑鹳、金雕、金钱豹等6种，二类保护动物有大鲵、猕猴、青羊等28种。济源还拥有植物资源1800多种，其中列入国家和省级保护的珍稀植物有红豆杉、连香树、山白树、太行花、青檀等34种，济源已经成为太行山区多种植物重要集中分布地。

据相关部门测算，济源市通过水土保持生态建设，蓄积养分功能价值2042.2万元，涵养水源功能价值3346.0万元，固碳释氧价值30423.3万元；降尘功能价值123.8万元，杀菌功能价值14840.0万元，森林保护野生动物功能价值10671.0万元，每年减少地质灾害功能价值168.0万元。济源生态系统涵养水源、保持水土、固碳释氧、节能减排、净化空气、保护生物多样性等生态服务价值共计约为9.78亿元。

（二）直接经济效益

1. 森林资源直接经济效益

经过30多年的努力建设，济源现有林地面积达到122万亩，按照每亩年均生长量为2立方米计算，年产活木蓄积244万立方米，按照500元/立方米计算，每年可产生直接经济价值12.2亿元。

2. 特色产业直接经济效益

经过多年的水土保持治理，济源生态环境有了很大的改善，这为当地发展特色产业提供了良好的自然资源。济源已初步形成了养殖、蔬菜、核桃、烟叶和冬凌草五大特色产业基地。其中畜牧业规模迅速扩大，产值占农业总产值的比重达到40%以上，蔬菜种植面积达到6.4万亩，核桃种植面积达到10万亩，烟叶种植面积突破了5万亩，冬凌草种植面积2万亩，仅其中10万亩核桃一项，每年可以为农民创收3亿元。

（三）社会效益

1. 人居环境得到改善

通过持续的生态建设投入，济源城乡人居环境得到了很大改善。目前，济源森林覆盖率达到42.38%，市区绿化覆盖率39.97%，人均公共绿地面积达到14.2平方米。相继获得了“中国优秀旅游城市”“国家卫生城市”“国家园林城市”“中国人居环境范例奖”“全国水土保持示范城市”“中国最具投资价值城市”等荣誉称号。

2. 景观旅游、休闲娱乐功能价值提高

通过水土保持生态建设，济源市生态环境有了很大改善，形成了以十里野杏沟、百亩翠竹园、千亩石榴村、万亩槐花林以及莽河生态景区等为代表的一批风景优美的景点，并获得了“天然氧吧”的美誉。良好的生态环境，吸引了大批游客到来，带动了济源休闲旅游产业的不断发展壮大。其中仅森林景观休闲功能价值就达到1.8亿元。

3. 景观带来的地产增值功能

人们自古“择水而居”，风水理论中亦有“吉地不可无水”一说，可见水对于古人有着强烈的吸引力。今天的人们受传统文化的影响以及追求宜人自然环境需求的影响下，在选址居住地时同样喜欢亲近水，在城市中宜人的景观作为稀缺资源，在人们购房择业时尤受热捧。同样条件下，周围有景观的楼盘价格相比其他地区更高。靠近公园绿地和河道等景观的地产和房屋的市场价格要比同等条件下其他地段的价格要高，根据国内外学者研究资料显示，景观带来的房地产增值价值约占其总价值的6%。

三　济源水土保持建设面临的主要问题分析

（一）地形条件复杂，水土保持难度大

济源境内地形条件复杂，北区山区山高坡陡、沟壑纵横，易受水流侵蚀；土石山区岩体完整性差、构造松散、断裂发育，易于解体；黄土丘陵区土壤质地松散、沟谷遍布，地形破碎严重，为土壤侵蚀提供了客观条件；黄土平原区土壤质地疏松，有机质少，胶结力差，抗蚀能力低，地表难以承受各种外营力的作用，易形成严重的水土流失。

此外，济源降水多集中在夏秋两节，6～9月降水占全年降水的60%～70%，且多以暴雨形式出现。在暴雨形成径流的作用下，大量土壤被带走，形成严重的水土流失。

（二）人为破坏严重，水土流失现象没有得到有效控制

水土流失现象的发生往往是自然因素和人为因素共同作用的结果。复杂的地形条件是造成济源水土流失的内因，而人类不合理的水资源和土地资源的开发利用则是诱发和加剧水土流失的外因，人为因素又往往成为水土流失的主要因素。一方面随着人口的激增，对粮食、畜牧等的需求量急剧增加，加大了对自然资源的索取，乱砍滥伐、开荒垦坡等破坏植被活动依然存在；另一方面采矿、建材等行业的迅速发展，对地表植被造成破坏，随意倾倒的废土、废渣，挤占良田，遇到下雨，顺流而下，又会造成河道淤塞，泥沙下泻，造成严重的水土流失。此外，山区和丘陵地区修建道路等基础设施对植被也会造成一定的破坏，并产生一定程度的水土流失。

（三）治理任务艰巨，投入严重不足

近年来，随着对生态环境认识的加深和重视，国家加大了对水土保持生态

建设的资金投入，但就济源目前情况来看，投入资金远远不能满足水土治理需要，济源的水土生态治理速度远不能满足人们生产生活实践的需要，严重制约了济源经济、社会和生态环境的协调发展。目前，济源还有400多平方公里水土流失面积亟须治理，加上新增水土流失面积，未来济源水土流失治理任务依然艰巨，不仅需要各级政府加大资金投入，而且需要创新水土保持生态建设融资机制，广泛吸收社会资本的全面参与。

四　济源水土保持生态环境建设的对策研究

（一）创新水土保持责任约束机制

1. 要建立健全水土保持政府目标责任制

将水土保持任务纳入济源国民经济和社会发展规划，根据济源水土流失治理总体任务，制订近、中、远期水土流失治理的目标及年度实施计划。建立地方政府任期水土保持目标责任制，将水土保持工作纳入地方政府的单项目标管理。坚持把水土保持监督执法工作、水土保持“三同时”制度的落实列为政府考核重要内容，水土保持政府目标责任制的实施将促进水土保持工作由单一部门行为向统一的政府行为、社会行为转变，充分调动各级政府保护水土资源的积极性。

2. 要建立土地使用者、经营者水土保持责任制

土地使用者、经营者在获得土地使用权的同时，必须承担相应的水土保持的义务和责任。政府应当对土地使用者、经营者的开发行为进行全程监督，如果发现有违反水土保持政策的行为，造成土地沙化、水土流失的，应当按照一定的补偿标准或者根据土地破坏程度处以罚款，情节严重或不悔改的应当及时收回土地使用权或经营权。

3. 强化建设项目水土保持责任制

对于从事各种营利性或非营利性活动的企事业单位和法人，依法实行责任追究制。严格按照“谁开发谁保护，谁破坏谁治理”的原则，完善法规，加强监管，实施责任追究制度。

（二）落实推广小流域治理模式

实践证明，以小流域为单元实施综合治理在济源市是完全可行的，因此济源今后进行水土保持生态建设时，应继续坚持以大流域规划为单位，以小流域治理为单元，进行山、水、田、林、路综合规划，将各项治理措施优化配置，做到水土保持的治理、开发和保护相结合，在保证生态可持续发展的前提下追求经济效益，实现生态效益、经济效益和社会效益的统一。

（三）加强水土保持预防监督工作

党的十八大提出要把生态文明建设融入经济建设、政治建设、文化建设、社会建设各方面和全过程。济源应当牢固树立生态文明的理念，充分认识水土保持生态建设的重要意义，进一步提高对水土保持预防监督工作重要性的认识。济源地形复杂，水土保持工作任务艰巨，仅靠单个部门的“单打独斗”难以胜任，必须通过政府引导，依托全社会形成合力，才能取得根本成效。一是各部门要牢固树立生态文明理念，认真履行法定职责，坚持依法水保，加大水土保持预防监督力度。二是要在行政管理层面建立协调机制，由负责水土保持工作的行政部分牵头，组成由水利、农业、林业、环保等相关机构组成的协调机构，对水土保持工作进行综合协调。三是要认真抓好各类建设项目中水土保持设施与主体工程“三同时”制度的落实，加大对破坏水土保持设施造成水土流失行为的查处力度。四是要调动全社会的积极性进行水土保持预防监督，充分发挥大自然生态自我修复能力，促进人与自然和谐相处。

（四）提高水土保持信息化水平

目前，我国已经初步建成了国家级水土保持办公自动化系统、全国水土保持监测管理信息系统，全国范围的水土保持监测网络和信息系统也正在建设中，济源市应当抓住这一机遇，为水土保持结构配备基本的数据采集与处理设备、数据管理与传输设备，并为基层监测机构配备水土流失试验监测设施设备；应当从促进水土保持信息化、现代化的高度认识水土保持信息化工作的重要性，积极参与河南省和黄河流域水土保持信息化建设规划，加强与高校和科

研机构的合作，加大资金投入，采取有效措施，引进和培养技术人才，完善信息化实施设备；尽早建立覆盖全市的水土保持监测网络和信息系统，实现对全市水土流失及治理的动态监测与预报，确保济源水土保持信息化工作的健康发展。

（五）加强水土保持政策宣传力度

各级水行政主管部门要根据水土保持生态环境建设形势，积极协调各有关部门或单位，以开展中华人民共和国水土保持法颁布周年纪念日和水土保持宣传月等活动为契机，结合“普法宣传”“中小学水土保持普及宣传教育”和监督执法工作，多渠道、多层次、多形式深入开展水土保持法律法规宣传活动。宣传普法工作重点要面向领导、面向企事业单位、面向生产建设一线人员、面向中小学生。要与监督执法工作相结合，充分利用案例，宣法释法，提高宣传的针对性和有效性，增强全社会水土保持意识及法制观念，为水土保持法律法规的贯彻实施创造良好的社会环境，切实加强水土保持政策宣传力度，增强全市人民水土保持意识。①

参考文献

袁隆、蔡琳：《论黄河防洪长治久安之策》，《人民黄河》1997 年第 8 期。

史志刚、昝霞：《水土保持与安徽省农业发展分析》，《水土保持研究》1997 年第 3 期。

郭超颖等：《水土保持生态补偿的生态学与系统学基础》，《中国水土保》2009 年第 11 期。

① 王兴义：《浅谈如何做好水土保持预防监督工作》，《价值工程》2011 年第 12 期。

Abstract

This book is complied by a group of researchers from Henan Academy of Social Sciences and Jiyuan city. Using " Comprehensively Deepening Reforms and Construction of Four Jiyuan" as the theme, we make in-depth and systematic analysis on the features of the economic and social development during the period of 2013 – 2014 in Jiyuan city. Then we multi-dimensionally research and discuss the practice and effects of comprehensively deepening reforms in Jiyuan, and also give some policy advice on the construction of prosperous Jiyuan, civilized Jiyuan, safe Jiyuan, beautiful Jiyuan.

The general report in this book is written by the research group of Henan Academy of Social Sciences. It represents the basic view of this book on analyzing and forecasting the economic-social development in Jiyuan during the period of 2013 – 2014. In the report, the Jiyuan government fully implemented the Guiding Principles of the 18th National Congress of the CPC, tightly centered on the main theme, insisted on the " General positioning", adhered to the " General targets", and grasped the " General requirements", with trying to sustain the steady growth, adjust structure, promote reform, and benefit the people's livelihood. In the end, the economic operation of the whole city maintained a smooth and steady rising trend. The Jiyuan's GDP was 46 billion yuan in 2013, which was 12% higher compared with last year, and 3% higher than the whole province level, ranking the second in the province. Meanwhile, the economic structure and quality index, the people's livelihood index, and the environmental ecological indicators are in coordination with each other. With the economic and social development sustainable, the Jiyuan city is playing more and more important part in the regional development strategic position. In 2014, the GDP will grow by 11%, the economy will maintain the steady and rapid development trends, the society will maintain a harmonious and stable character, the cultural undertakings and cultural industries will be of great progress, and the ecological environment will be

continuous improvement. All the economic-social aspects are expected to continue to maintain a good trend, a good situation, a equitable momentum.

The report part of this book, is mainly based on the analysis and outlook of economic and social development situation in key areas and industries in Jiyuan city, and gives the advising ideas with respect to current development style. In order to fully understand the reform exploration of the economic, social, cultural, ecological development, and discuss how to break the obstacles of the development, seek the solution of development problem, and cultivate the development advantage in Jiyuan, the report is divided into different categories and industries in economic and social part, cultural and political part, ecological and environment part.

In the background of comprehensively deepening reforms in China, aiming at some concerns on the Four Jiyuan Construction, the book invites the famous experts and scholars, which is from relevant scientific fields, to research and analyze the key and difficult points in the areas of the economic, social, cultural, ecological fields and so on. In the end, the report proposes the countermeasures and suggestions of speed up the Four Jiyuan Construction in different aspect.

Contents

B I General Report

Abstract: In 2013, Jiyuan's economy and society made a good progress, presented a good momentum of steady and fast development. The city's GDP reached 46 billion yuan, up by 12%, 3 percents higher than the average in Henan, ranking the second place in the province. Jiyuan's economic structure indexes, economic quality and efficiency indexes, people's livelihood indexes, environmental and ecological indicators all became more coordinated. Jiyuan showed great potential for sustainable economic and social development. The strategic position of Jiyuan city in the regional map rise significantly. In 2014, the city will continue to promote construction of the 'Prosperous Jiyuan, Civilized Jiyuan, Peaceful Jiyuan, Beautiful Jiyuan'. The GDP growth is expected to reach 11%. The city will maintain steady and fast economic development, and keep the society harmonious and stable. The cultural undertakings and cultural industries will make a great progress, the ecological environment will be better and better.

Keywords: Jiyuan; Economic and Social Development; Analysis and Outlook

Ⅱ Reform and Experiment

Abstract: Recently years, in the promotion of a series of major policies and reform measures the integration of urban and rural areas development in JiYuan got an outstanding result, and accumulated some successful experience, but it also has some prominent contradictions and problems. At the current and in the future, in order to promote the develop of the integration of urban and rural areas, JiYuan should start and make great efforts in integrating into the regional development, implementing the plan of population doubling, promoting urban and rural balanced allocation of public resources, focusing on improving the urban and rural elements support capability, innovating institutional mechanisms of urban and rural integration .

Keywords: Urban-rural Integration; Innovation Value; Countermeasures and Suggestions

Abstract: Since the outbreak of the international financial crisis, the pace of Jiyuan's industrial transformation and upgrading is to speed up. Industrial structure has been continuously optimized, continue to extend the industrial chain, the rapid growth of emerging industries, the level of products significantly improve, upgrade speed transformation of enterprises, improving the quality and efficiency of industrial development, excessive dependence on the industrial structure of resource consumption and investment driven preliminary improvement. At the next period, to facing the new situation and trend, Jiyuan's industry should transform to "new", "light", "wisdom", "green", selecting upgraded path which is consistent with regional industry practice, building new industrial system, improving policies and measures, and striving to walk in the forefront of Henan's industrial transformation and upgrading.

Keywords: Industrial Transformation and Upgrading; Industrial Structure; Industrial System

B. 4 A Report of Rural Property Rights System Reform in Jiyuan City

Wu Wenchao / 055

Abstract: In recent years, in order to get rid of the urban-rural dual structure as soon as possible, accelerating the urban and rural integration development, increasing farmers' income and agricultural efficiency, making rural areas harmonious, Jiyuan city insists on actively and steadily carry out rural property rights system reform step by step, and establishes the scheme of "six rights two shares two reforms two builds" as the main task. This paper introduces Jiyuan rurals' practices, achievements and experience of the property right system reform. Finally, we put forward some targeted advices.

Keywords: Jiyuan City; Rural Property Rights System Reform; Urban-rural Integration; Six Rights Two Shares Two Reforms Two Builds.

B. 5 Report of the New Urbanization in Jiyuan

Wang Jianguo / 070

Abstract: From its own reality, Jiyuan City right adheres to the guiding ideology of "whole planning and integrated development", planning the development of both urban and rural, by a holistic idea, overseeing the development of economy and society in a integrated way. It has kept a balance in urbanization of Jiyuan as a characteristics formed the balance of urbanization development pattern with Jiyuan characteristics. In the future, Jiyuan should pay more attention of the less prosperity in the city centre, the shackles of compartment, the insufficiency in reform of rural lend system, the lag of services development, and so on, Promoting JiYuan's new urbanization development in a sustainable way .

Keywords: Jiyuan; New Urbanization; Model and Countermeasures

Ⅲ Economic and Society

Abstract: In, 2013, the industrial economy of Jiyuan has maintained steady and growth rapidly, but the main industry such as zinc, steel, coal, chemical and other industries are still in the predicament, the main problem is the traditional industry becoming more difficult and the business pressures increased. In 2014, there are favorable factors and unfavorable factors of the city's industrial development at the same time, the industrial economic still uncertainties, while it is in the steady growth, we should to speed up the construction of advanced manufacturing industry in Henan Province as a opportunity, in order to accelerate the construction of the advanced manufacturing heights, driven industry transformation and upgrading, to promote the industrial economy to maintain steady growth.

Keywords: Jiyuan; Industrial Economy; Advanced Manufacturing Industry

Abstract: In rencent years the industrial cluster has embed into the process of high quality and continuous development in the city of Jiyuan, and the carrier capacity enhanced continuously, the integrated dynamical effect incurred gradually, the development trend of industrial cluster strengthened continuously, the interaction between the industry and city developed steadily, the breakthrough in management system innovation made greatly, and the major economic index had entered the forefront seat in Henan province. However, compared with the new assessment index in the article named "*Annual Assessment Trial Scheme of Industrial Cluster in Henan Province*" which introduced by the government recently, there are still some obstacles to be rid in the industrial cluster development of Jiyuan. Generally speaking, in the next stage, the three industrial cluster areas in Jiyuan should be highlighted the leading driven, efficiency extension, self-innovation, quality enhancement, element security, and take multi-strategy to speed up the "promotion" pace simultaneously.

Keywords: Jiyuan; Industry Cluster; Assessment System

B. 8 Modern Agricultural Development Report of Jiyuan

Gao Xuan / 107

Abstract: Modern agriculture is the upgrades of agricultural economic development. In recent years, along with Henan province comprehensively promote the construction of the Central Plains Economic Area and Jiyuan to promote the construction of national modern agricultural demonstration zone, Jiyuan modern agriculture has made great progress, constantly upgrading of agricultural industrialization, the agricultural structure improving steadily, the subject of agricultural management constant innovation, the equipment of agricultural comprehensive be upgraded. In the new stage, the development of modern agriculture in Jiyuan should focus on the development of agriculture industrialization development, agriculture branding development, agricultural marketing mode innovation and agricultural security system.

Keywords: Jiyuan; Modern Agriculture; Development

B. 9 Thoughts and Suggestions on the Development of High-growth Service Industry in Jiyuan

Wang Fang / 118

Abstract: High-growth service industry is the important symbol of a development level of a country or a region. As a typical industrial city, level of Jiyuan's service development is lagging behind, there exists lower proportion, the industrial level is not high, products less competitive power, a relative lack in funding, shortage of professionals and other issues. But at the same time, strong industrial base, higher level of income, rich cultural tourism resources, accelerating of urbanization, and government support provides advantages and opportunities for the development of high-growth service industry. To achieve breakthroughs in high-growth service industry development of Jiyuan, with the fact of this city, we should focus on the development of cultural tourism, modern logistics, modern commerce, healthy and financial service five high-growth service industry. We should make a efforts on strengthen government guidance, increase investment, implement the project driven, optimize the development environment, so as to promote Jiyuan's high-growth service industry sound and rapid development.

Keywords: Jiyuan; High-growth Service Industry; Suggestions

The fixed assets investments in Jiyuan City have overall maintained a rapid growth, continued to optimize the structure, enhanced the development aftereffect. The scale of fixed assets investments should maintain stable; the structures should be optimized; benefits should remain improved; potential needs to be strengthened; the environment needs to be breakthrough. The strategic opportunities need to be accurately grasped, large projects to be the starting point, the industrial agglomeration area to be investment platform promotion, reform and innovation to be the driving force to improve and optimize the investment structure.

Keywords: Fixed Assets; Investment Improve

Abstract: Rich tourism resources and significant regional advantages are the foundations of Jiyuan's tourism Industries. In these years, Jiyuan's tourism Industries are developing well. However, there are some obstacles. For the points of the

development of Jiyuan's tourism Industry, Jiyuan should seize the opportunities of Central Plains Economic Zone's construction, improve understanding of the development of tourism industries based on the first area of Central Plains Economic Zone "three" coordinated development, take practical ways to breakthrough the bottleneck of the tourism industry development and enhance the level of Jiyuan's Tourism Industry.

Keywords: Jiyuan City; Tourism Industries; Development Issues; Suggestions

Abstract: Employment has a vital bearing on the people's livelihood. The policy, actively implementing the development strategy of expanding employment and promoting employment by starting ventures, which is presented by the Henan provincial Party committee and government, has been followed by the Jiyuan local government very well. The local government strengthens its employment guidance and service management while improving the market mechanism for employment. The employment situation of Jiyuan becomes better and more stable around the towns and development zones with the economic development and growth.

Keywords: Employment; Situation Analysis; Countermeasure Research

Abstract: In recent years, according to the requests of urban and rural integration, the voluntary participation of the general public, concentration and intension, reform and the law, Jiyuan government and the local people have tried to promote the construction of new rural communities in the light of local conditions with policies as the guidance, a scientific planning as the structure, local industries as the base, employment as the root, and pilots as models. The local residents are happier and more satisfied with the following great changes after that, which have taken place in both urban and rural communities in Jiyuan.

Keywords: Construction of New Rural Communities; Management System; Countermeasure Research

Abstract: As the "18th CPC National Congress" proposed to implement innovation drive development strategy, the technology innovation is placed in the core position concerning the overall situation of national development, Jiyuan is in the transition period of economic and new urbanization, development economic growth, structure, adjusting transformation, promoting breakthrough and citizen benefits has put forward the new request to the science and technology innovation. Based on the analysis of the Jiyuan science and technology innovation present situation, This paper analyzes the restriction factors existing in Jiyuan science and technology innovation, and presented in the new historical period, the city of Jiyuan to play a role in leading and supporting technology innovation, countermeasures and suggestions to implement innovation drive development strategy.

Keywords: Science and Technology Innovation; New Urbanization; Innovation Drive

B IV Culture and Politics

Abstract: Jiyuan In the reform of the administrative examination and approval system, made a unique exploration, has obtained the good effect, is worth summarizing and using for reference. The characteristics of reform at Jiyuan including innovative ways of examination and approval, take the lead in the province to implement simulation mechanism of examination and approval. Improve the method of examination and approval, vigorously carry out joint examination and approval. To strengthen the real-time supervision, build online government affairs service hall. Improving the six public, reduce the randomness of examination and approval. Keep up with the superior deployment, in management innovation. The experience was that actively study advanced. To solve the highlight problems. To ensure the standard operation; Optimal management method and establishing incentive mechanism.

Keywords: Administrative Approval; System Reform; Efficiency; Convenience

Abstract: In recent years, Jiyuan enterprise has improved the institution, built a new pattern of party construction in enterprise, made innovation in model, realized a complete coverage of the enterprise party construction and found the gripper to vivify the big article of the enterprise party construction, based on deeply comprehending the central spirit, accurately grasping the development of local enterprise, adhering to the "to grasp the party construction around the enterprise development, to pay special attention to promoting the development of the enterprise and the construction of the party." Through constructing the solid party, Jiyuan city has overaly promoted the quality of the party members in enterprise, enhanced the party's cohesive and centripetal force, and therefore provided a powerful guarantee for the production and operation of an enterprise to realize the interactive win-win between the party construction in enterprise and the development in local economy and society. The suggestions as follows are further the party construction in Jiyuan enterprise, raising ideological understanding, improving the related system, guiding the party members to play a model role and taking great efforts to put the enterprise party construction into visible productivity.

Keywords: Jiyuan; Party Construction in Enterprise; Investigation and Thinking

Abstract: To people's satisfaction as basic standards, in order to enhance the security and greater public satisfaction as the ultimate purpose, Jiyuan adhere the safe, and the rule of law, Jiyuan for spindle core, solid efforts to promote safe and security work, has achieved initial success. However, there are still busy facilities update lag, funding guarantee weak, contradictions and problems. The author suggested that Jiyuan deepen the safe and security, maintain social fairness and justice should be as the core value of safety construction work target, regional environment under the rule of law should be further optimized, three-dimensional should strengthen public security prevention and control system of construction, at the same time, promoting the enforcement of the judicial system reform, establishing and perfecting the science of the rule of law environment construction index system and assessment standards.

Keywords: Safe Jiyuan; Practice Exploration; Countermeasures and Suggestions

Abstract: The public cultural service system construction of Jiyuan has made great progress, but still faces some difficulties. For example, the cultural undertakings capital investment needs to increase, the team of cultural professional talent needs to strengthen, the cultural security system needs to improve. So, the public cultural service system construction of Jiyuan needs into the overall regional development planning, straighten out the cultural main body relations, needs to complete multiple investment mechanism, needs to establish a performance evaluation assessment system, needs to strengthen cultural talent development strategy, needs to attache great importance to the social and cultural forces, in order to form the pattern of diversity in build.

Keywords: Public Cultural Service; Systems and Mechanisms; Input Mechanism; Evaluation System

Abstract: Jiyuan have rich historical and cultural resources, and have basic advantages of the development of cultural industries. Therefore, the economical model which relies heavily upon traditional industry caused the lagging cultural industry in Jiyuan. Such as the few cultural investment, imbalance industrial structure, low-level cultural consumptions, backward use of cultural resources are the main factors contributing to this dilemma. Facing on those kinds of opportunities and challenges, Jiyuan's cultural industries could achieve accelerated development. According to this case, Jiyuan could find the comparative advantages and use different ways like bringing up the leading industry, improving the technological level to break thought development bottlenecks.

Keywords: Jiyuan; Cultural Industries; Lagging Reasons; Suggestions

Abstract: Jiyuan, a city of Henan Province, lies in the heartland of Ho Lo Culture. The excellent geographical location, natural environment and long historical culture reward it with rich cultural relics and intangible cultural heritage, such as Shaoyuan Mythology Group, the Legend of Yugong, Ji Water (River) Culture, Taoism Culture and ancient architecture which are all characteristic culture resources with high quality, far-reaching influence and dense existence. These resources need great protection and development because they have important value in constructing the national humanism and core socialist values, and in promoting local economy as well. This article gives an overview on the most characteristic resources of historical culture in Jiyuan, generalizes the necessity to protect, the achievement got by the local government and the challenge they are faced with. Besides, it also promotes suggestions from three aspects.

Keywords: Jiyuan; Historical Culture Resources; Protection and Development

B V Ecology and Civilization

Abstract: To deal with the global climate warming, more and more countries and regions choose low carbon development model. Henan province is in the accelerating development stage of industrialization and urbanization, carbon emission reduction pressures is increasing. The constraint of resources and environment demands that Henan must also be low carbon development path. Jiyuan is a heavy industrial city, it has walked in forefront of the province about low carbon development, and had been listed as a national low carbon pilot city. Jiyuan city, in aspect of low carbon development, has made many positive exploration. The successful experiences and practices of Jiyuan change the mode of economic development of the province, have a strong reference and demonstration effect of low carbon development road.

Keywords: Jiyuan; Low Carbon; Enlightenment

Abstract: By using the research method of the relative carrying capacity of

resources and environments, the relative carrying capacity of water, land and other natural resources and environmental in Jiyuan have been calculated comparing to the capacity level in Henan province. The result shows that the relative carrying capacity of resources and environments of Jiyuan is overloading. It must be carry out special countermeasures such as optimization of industrial structure, improving the system of economical and intensive utilization of resources and environmental protection mechanism, and so on.

Keywords: Jiyuan; Carrying Capacity of Resources and Environments; Evaluation; Suggestions

B. 23 Comprehensive Evaluation of Soil and Water Conservation and Countermeasures in Jiyuan *Guo Zhiyuan* / 263

Abstract: Recently years, Jiyuan has made great achievement in soil and water conservation, cumulative tackled soil erosion area 1075km^2, completed more than 43 acres of afforestation, the forest coverage rate reached 42.38%, environmental protection has achieved initial success. It has got enormous ecological benefits, economic benefits and social benefits. However, due to the complex topography and with the rapid growth of economy and population, soil erosion phenomenon is still serious. Jiyuan is facing the grim situation and challenges of soil and water conservation. From now on, the soil and water conservation in Jiyuan need to take effort from the innovation of soil and water conservation responsibility system, promoting governance model of small watershed soil and water conservation, improve the level of information, strengthen the soil and water conservation policy advocacy efforts.

Keywords: Jiyuan; Soil and Water Conservation; Comprehensive Evaluation

中国皮书网

www.pishu.cn

发布皮书研创资讯，传播皮书精彩内容
引领皮书出版潮流，打造皮书服务平台

栏目设置：

- □ 资讯：皮书动态、皮书观点、皮书数据、 皮书报道、皮书新书发布会、电子期刊
- □ 标准：皮书评价、皮书研究、皮书规范、皮书专家、编撰团队
- □ 服务：最新皮书、皮书书目、重点推荐、在线购书
- □ 链接：皮书数据库、皮书博客、皮书微博、出版社首页、在线书城
- □ 搜索：资讯、图书、研究动态
- □ 互动：皮书论坛

中国皮书网依托皮书系列“权威、前沿、原创”的优质内容资源，通过文字、图片、音频、视频等多种元素，在皮书研创者、使用者之间搭建了一个成果展示、资源共享的互动平台。

自2005年12月正式上线以来，中国皮书网的IP访问量、PV浏览量与日俱增，受到海内外研究者、公务人员、商务人士以及专业读者的广泛关注。

2008年、2011年中国皮书网均在全国新闻出版业网站荣誉评选中获得“最具商业价值网站”称号。

2012年，中国皮书网在全国新闻出版业网站系列荣誉评选中获得“出版业网站百强”称号。

社会科学文献出版社

皮书系列

“皮书”起源于十七、十八世纪的英国，主要指官方或社会组织正式发表的重要文件或报告，多以“白皮书”命名。在中国，“皮书”这一概念被社会广泛接受，并被成功运作、发展成为一种全新的出版形态，则源于中国社会科学院社会科学文献出版社。

皮书是对中国与世界发展状况和热点问题进行年度监测，以专业的角度、专家的视野和实证研究方法，针对某一领域或区域现状与发展态势展开分析和预测，具备权威性、前沿性、原创性、实证性、时效性等特点的连续性公开出版物，由一系列权威研究报告组成。皮书系列是社会科学文献出版社编辑出版的蓝皮书、绿皮书、黄皮书等的统称。

皮书系列的作者以中国社会科学院、著名高校、地方社会科学院的研究人员为主，多为国内一流研究机构的权威专家学者，他们的看法和观点代表了学界对中国与世界的现实和未来最高水平的解读与分析。

自 20 世纪 90 年代末推出以《经济蓝皮书》为开端的皮书系列以来，社会科学文献出版社至今已累计出版皮书千余部，内容涵盖经济、社会、政法、文化传媒、行业、地方发展、国际形势等领域。皮书系列已成为社会科学文献出版社的著名图书品牌和中国社会科学院的知名学术品牌。

皮书系列在数字出版和国际出版方面成就斐然。皮书数据库被评为“2008~2009 年度数字出版知名品牌”;《经济蓝皮书》《社会蓝皮书》等十几种皮书每年还由国外知名学术出版机构出版英文版、俄文版、韩文版和日文版，面向全球发行。

2011 年，皮书系列正式列入“十二五”国家重点出版规划项目；2012 年，部分重点皮书列入中国社会科学院承担的国家哲学社会科学创新工程项目；2014 年，35 种院外皮书使用“中国社会科学院创新工程学术出版项目”标识。